Kettner/Mentz (Hg.)
Theorie als Kritik

Fabian Kettner/Paul Mentz (Hg.)
# Theorie als Kritik

ça ira

Gesamtverzeichnis, Leseproben, Texte:
www.isf-freiburg.org

Dieses Buch ist *Henrik Motakef* gewidmet, einem früh verstorbenen Mitglied des Arbeitskreises rote ruhr uni.

© ça ira-Verlag 2008
79002 Freiburg
Postfach 273
info@isf-freiburg.org
www.isf-freiburg.org

Umschlaggestaltung: Martin Janz, Freiburg, unter Verwendung eines Fotos von Bernd Reinink
Druck: Jungbluth digital + print, Freiburg

ISBN: 978-3-924627-97-3

Die Deutsche Nationalbibliothek verzeichnet diese Publikation in der Deutschen Nationalbibliografie; detaillierte bibliografische Daten sind im Internet über http://dnb.d-nb.de abrufbar.

# Inhalt

„Hört auf zu studieren – fangt an zu begreifen!"
*Die Rote Ruhr Uni*
*7*

Fabian Kettner
„Wenn ich verzweifelt bin, was geht's mich an?"
*Über Theorie und Praxis*
*11*

Dirk Braunstein
Kritik üben
*31*

Sven Ellmers
Korporation und Sittlichkeit
*Zu Hegels Versöhnung der entzweiten bürgerlichen Gesellschaft
in den „Grundlinien der Philosophie des Rechts"*
*59*

Ingo Elbe
„Umwälzungsmomente der alten Gesellschaft"
*Revolutionstheorie und ihre Kritik bei Marx*
*93*

Christoph Hesse
Warenfetisch und Kulturindustrie
*125*

Paul Mentz
Das Gerücht über die Juden
*Die Antisemitismuskritik bei Horkheimer und Adorno
und ihre Aktualität*
*147*

Literatur
*177*

Die Autoren
*193*

# „Hört auf zu studieren – fangt an zu begreifen!"
## Die Rote Ruhr Uni

Die hier versammelten Beiträge stammen von Mitgliedern des Arbeitskreises rote ruhr-uni (ak rru). Der ak rru ist ein Kreis von momentan dreizehn Personen, ein loser Verband, der stets darauf verzichtet hat, eine gemeinsame und verbindliche Linie zu formulieren. Nie formierte sich daraus eine Gruppe, die sich am liebsten mit dem eigenen Profil und dem anderer Gruppen beschäftigt. Der ak rru gab den einzelnen die Möglichkeit zur Diskussion, zur Erprobung und zur Kontrolle neuer Ideen, Konzepte und Thesen.

Gegründet wurde er Mitte der neunziger Jahre von Studenten, die sich zufällig fanden und die das Interesse an Gesellschaftskritik verband. Er bestand zunächst nur als Lesegruppe, in der Texte diskutiert wurden, die in akademischen Seminaren keine Beachtung fanden.

Der Name „Rote Ruhr Uni" rührte von einem bereits bestehenden Projekt her: einer Veranstaltungsreihe an der Ruhr-Universität Bochum, die zu Ehren Leo Koflers, der von 1972 bis 1991 dort gelehrt hatte, seit 1993 jährlich im Wintersemester stattfand. Einfluß auf das Programm der Roten Ruhr Uni, für die der ak rru seit 1996 verantwortlich war, nahm – nebst jenen ehemaligen Kofler-Studenten – anfangs auch der AStA, der das nötige Geld bereitstellte und offiziell als Veranstalter auftrat.[1]

Der Charakter der Roten Ruhr Uni änderte sich jedoch bald. Relativ schnell ließ der Druck von außen nach, die Veranstaltung ebenso wie der gleichnamige Kreis hatten sich etabliert. Relativ schnell auch wurde das anfängliche Konzept verabschiedet, die Rote Ruhr Uni als Gegen-Universität zu proklamieren und dafür ein zweiwöchiges, jeweils tagesdeckendes Veranstaltungsprogramm zu entwerfen. Fortgesetzt wurde sie als Abendveranstaltungsreihe, die nicht mehr vor allem Studenten der Ruhr-Uni, sondern allen Leuten aus der Umgebung offenstehen sollte, die sich für die angebotenen Themen interessierten.

Der linksradikale ebenso wie der marxistische Traditionalismus verschwanden allmählich aus den Programmen. Die Beschäftigung mit Theorie wurde mit einer Kritik auch der Linken verbunden, ihres

Begriffs von Gesellschaft, ihres Verständnisses von Kritik, ihrer Rezeption kritischer Gesellschaftstheorie und ihrer Objektwahl. Beibehalten wurde indes der Name des Kreises und der Veranstaltungsreihe – einerlei, ob aus Ehrfurcht oder Bequemlichkeit. Man kann sich an der „Roten Ruhr" stören (weil sie die Assoziation Ruhrgebiet/Arbeiterbewegung hervorruft) oder, wie andere, an der „Universität". Vorm sprichwörtlichen Elfenbeinturm, gegen den das antiintellektuelle Ressentiment, auch das als Antiakademismus drapierte, sich kehrt, hat der ak rru keine Scheu; ganz gleich, ob einer nun selber gerade drinnen oder draußen ist. Aufklärung, die sich aus Schwäche im Theoretischen herumtreibt, ist bisweilen nicht die schlechteste Maßnahme gegen „die Schwäche einer Art von Kritik, welche die Gegenwart zu be- und zu verurteilen, aber nicht zu begreifen weiß" (Marx). Mit Akademismus hat er im übrigen so wenig am Hut wie mit der gleichermaßen berüchtigten Kleingruppenarbeit, zu der sich Intellektuelle in freier Wildbahn gerne zusammentun.

Die Rote Ruhr Uni in Gegenwart und Vergangenheit kann auf *www.rote-ruhr-uni.com* betrachtet werden.

Für die finanzielle Unterstützung dieser Publikation danken wir dem AStA der Ruhr-Universität Bochum.

*Zu den einzelnen Beiträgen*

Die Frage nach dem Verhältnis von Theorie und Praxis stellt sich jedem, der an gesellschaftlicher Veränderung ein Interesse hat. Einführend greift *Fabian Kettner* deshalb gängige Vorstellungen über dieses Verhältnis auf, entwickelt ihre Logik und bestimmt so ihre Konstellation.

War Kritik seit jeher die schneidendste Waffe der Aufklärung im Kampf um Mündigkeit, Freiheit und Emanzipation, so wurde sie mittlerweile zur Allzweckfloskel, wenn es darum geht, ohne Wagnis und Gedanken auf breitester Front Einverständnis zu erzielen. Kritische Politiker geben sich froh, wenn sie von kritischen Journalisten kritisch hinterfragt werden, und in den Wissenschaften geht ohne das rechte Maß an Kritik eh' nichts mehr. Kritik ist Pop, will sagen: auf den Hund gekommen – das kann Gesellschaftskritik schwerlich unbeschadet lassen. Die Frage lautet also: Was kann getan werden, um Kritik ihre Stärke zurückzugeben, die sie doch dereinst hatte. Die Antwort von *Dirk Braunstein* lautet: Kritik üben.

Mit dem Verhältnis von bürgerlicher Gesellschaft und Staat befaßt sich der Beitrag von *Sven Ellmers*. Hier wird vor dem Hintergrund von Marx' Kritik der politischen Ökonomie gezeigt, daß Hegels Versuch, die bürgerliche Subjektivität mit einem an der antiken Polis orientierten Begriff von Sittlichkeit zu vermitteln, des Rückgriffs auf vorrevolutionäre Verfassungselemente bedarf und deshalb scheitert.

*Ingo Elbe* zeichnet in seinem Beitrag Grundannahmen der Revolutionstheorie des frühen Marx nach. Anschließend zeigt er, daß sämtliche dieser revolutionstheoretischen Vorstellungen und Kriterien von Marx' ausgearbeiteter Ökonomiekritik systematisch widerlegt werden. Neben den werkimmanenten Lernprozessen, die Marx als Kritiker der geschichtsphilosophisch aufgeladenen Revolutionstheorien und Sozialismusvorstellungen der Arbeiterbewegung ausweisen, analysiert Ingo Elbe zudem Marx' ambivalent bleibendes Verhältnis zur Geschichtsphilosophie.

Die Kulturindustrie, deren Begriff die in ihr Beschäftigten inzwischen durch den der Massenmedien oder der Populärkultur ersetzt haben, ist in spätkapitalistischen Gesellschaften allgegenwärtig. Daß die ganze Welt durch den Filter der Kulturindustrie geleitet werde, wie Horkheimer und Adorno vor sechzig Jahren polemisch behaupteten, hat sich als Befund längst bestätigt. Unbeantwortet bleibt allerdings die Frage, was der Zauber der Kulturindustrie mit jenem Bann zu tun hat, von dem Adorno gelegentlich in bezug auf die ökonomischen Fetischformen gesprochen hat. *Christoph Hesse* erläutert, inwiefern die Produkte dieser Industrie als Fetischobjekte besonderer Art gelten können und inwiefern sie als Waren sans façon in Betracht kommen.

Abschließend stellt *Paul Mentz* die Kritische Theorie des Antisemitismus von Max Horkheimer und Theodor W. Adorno einführend dar. Er zeigt, daß angesichts des radikalen Islamismus die Kritik des Antisemitismus wieder an Bedeutung gewinnen muß. Er plädiert für eine Theorie des Antisemitismus als kritischer Intervention, die nicht den Fehler begeht, den Antisemitismus zu rationalisieren.

*Die Herausgeber*

[1] Mit einer Ausnahme: 1999, als der AStA einmal nicht zahlen wollte, konnte die Veranstaltung mit Unterstützung auswärtiger ASten sowie der Rosa Luxemburg-Stiftung im Kulturzentrum Bahnhof Langendreer stattfinden. Insbesondere Dagmar Wolf und Reinhard Wegener sei dafür noch einmal gedankt.

# Fabian Kettner
# „Wenn ich verzweifelt bin, was geht's mich an?"
*Über Theorie und Praxis*

Mut? Davon weiß ich nichts. Der ist für mein Tun kaum erforderlich. Und Trost? Den benötige ich nicht. Und Hoffnung? Da kann ich nur antworten: Kenne ich prinzipiell nicht.

*Günther Anders*[1]

Das Problem ist bekannt: Theorie und Praxis sind auseinander. Gäbe es das Problem nicht, müßte man nicht darüber streiten, in welchem „Verhältnis" die beiden zueinander stehen, und nicht darüber beraten, wie die beiden miteinander „vermittelt" werden können. Auf beiden Seiten ist man ratlos: Was soll man tun? Man hat eine Theorie, man möchte was verändern – aber man weiß nicht, was man tun soll.

## I.

Theorie, das sei das, was der Kopf macht. Der Kopf denkt, er leistet Kopfarbeit. Man sitzt zu Hause, liest Bücher; macht sich schlau, nimmt Informationen auf; eignet sich vielleicht auch eine Denkweise an, eine Methode.

Die Theorie erkennt das Bestehende und kritisiert es. Weiß sie darüber hinaus um ein Besseres? Schließlich heißt es, der Theoretiker erkenne das schlechte Bestehende und entwerfe ein besseres Kommendes oder zeige zumindest den Weg dahin. Theorie heißt hier: sich Strategien oder bessere Zustände ausdenken.

Praxis ist das, was der Körper macht. Zwar geschieht dies natürlich nie ohne den Kopf, aber wenn man praktisch wird, dann lasse man das Denken *Denken* sein und höre auf mit dem Überlegen, mit dem Analysieren und dem Ordnen, mit dem Reden und dem Erörtern, sei's zur Eigenverständigung, sei's zur Überzeugung anderer. Praxis ist, wenn man „was tut", also körperliche Arbeit. Praxis führt das aus, was der Kopf gedacht und erkannt hat. Sie kommt dann zum Tragen, wenn „der Unterdrückte", so erklären es gestandene Praktiker wie die ehemalige terroristische Vereinigung *Revolutionäre Zellen* (RZ), „Widerstand leistet – und zwar nicht nur mit dem Maul."[2] Sie will das Bestehende verändern, will die Realität „umbauen", nicht lediglich durchdenken und kritisieren.

Der Praktiker kritisiert den Theoretiker. Er sei „faul", „ängstlich": da wird „immer nur geredet und gewartet: daß andere das Richtige tun."[3] Sein Handeln ist „abgehoben" und „inkonsequent", denn er weiß doch alles, tut aber nichts zur Veränderung. Er weiß, wie schlimm alles ist, lehnt sich aber zurück und will sich weiter besinnen, gar noch die Praxis kritisieren, während das Elend andauert. Indem er sich so verhält, indem er sich von der Praxis abwendet, zu der es ihn doch hintreibt oder hintreiben muß, trägt er zum Fortbestehen des Elends mit bei.[4]

Der Praktiker hingegen möchte – nein: er *fordert* sogar – das, was er bereits erreicht habe: die sagenhafte „Einheit von Theorie und Praxis". Und dies bedeutet, daß die revolutionäre Haltung einer kritisierenden Theorie (= im Kopf gegen das System sein) auch in revolutionären Taten geübt werden solle. Theoretisches Treiben sei „Hirnwichserei".[5] Oder, wie der erfahrene Praktiker Klaus Viehmann (Bewegung 2. Juni, antiimperialistische Linke, *Triple Oppression*-Theoretiker) es verächtlich formuliert: „auf der Glatze irgendwelcher Abstraktionen oder Megatheorien Locken drehen",[6] also realitätsfernes, sinn- und gegenstandsloses Tun. Mao Tse-Tung wußte: Theorie ist von Bedeutung, „*weil*" sie „Anleitung zum Handeln" sei. Und Theorie, so Mao weiter, die nicht in Praxis umgesetzt wird, werde „bedeutungslos".[7] Diesen Satz kennt jeder in vielen Sprachen und in mannigfacher Abwandlung, der durch Jugendsubkulturen und deren Musik sozialisiert wurde und auch mal auf die Texte gehört hat. An dieser Stelle zeigt sich dreierlei:

*Erstens,* was unter Theorie verstanden wird: nämlich sich bewußt machen, was für „Schweinereien" in der Welt passieren; also Informiertsein, wie im Grunde alle, nur eben anders und besser, sei's weil man sich der „richtigen" Medien bedient, sei's weil man die „richtige

Einstellung" hat. Dieses Verständnis von Theorie bezeichnete Marx als „die Schwäche einer Art von Kritik, welche die Gegenwart zu beund verurteilen, aber nicht zu begreifen weiß."[8] Wenn dies alles ist: Erkennen des Bestehenden, Abbilden des Offensichtlichen, Wahrnehmen des Elends, das auf der Straße liegt, damit dieses Bild Anlaß zur Empörung und zum Handeln ist – wenn Theorie also nicht mehr ist als *Registrieren*, wozu braucht man dann „Theorie"? Ein paar Augen, ein Hirn und ein sie verknüpfender Reiz-Reaktions-Mechanismus genügten, um erwünschtes Verhalten hervorzurufen. Weil unter Theorie immer nur dies verstanden wurde, stellte sich den Antreibern einer politischen Bewegung das Verhältnis von Theorie und Praxis stets in der Form der Agitation: wie bringe ich meine Inhalte an den Menschen, und welcher – werbewirksamen – Mittel kann ich mich dabei bedienen, um dies möglichst effektiv zu erreichen?

*Zweitens* soll Theorie eine Anleitung sein, ein Vorspiel zur Praxis, nicht mehr. Theorie sei auf Praxis ausgerichtet: nicht mit ihr identisch, aber insofern deckungsgleich, als sie von dieser gänzlich umfaßt und erst zur Wahrheit gebracht werde. Auch wenn man zugesteht, daß Theorie als Kritik „einen wertvollen Beitrag leisten" könne, indem sie beispielsweise auf eine verkürzte Kapitalismuskritik hinweist, so habe sie dabei aber konstruktiv zu sein und nicht nur einen „abstrakten Vorwurf" zu erheben. Sie habe „das Radikalisierungspotential [...] auszuloten und in diesem Sinne an einer Weiterentwicklung von Bewegungspolitik mitzuwirken."[9] Wer dies nicht unterschreibt, darf nicht mitmachen.

*Drittens* zeigt sich hier schon, worum es den Praktikern geht: um einen Persilschein. „Aber man muß doch irgendwas tun!", heißt es immer wieder. Ja, natürlich! – Aber was? Egal, genug Ziele gibt es ja, Hauptsache, man trägt sein Scherflein bei, und sei es nur die eingeworfene Scheibe des Ortsverbandes einer Partei oder die der zwei Schalter starken Filiale eines Kreditinstituts im Vorort. Der anherrschende Satz ist Ausdruck eines Gewissensnotstands, eines inneren Konflikts, eines Gewissenszwangs.

Wenn die Rote Armee Fraktion (RAF) 1971 im 'Konzept Stadtguerilla' schrieb, daß die Nicht-Praktiker durch die Taten der RAF „in einen unerträglichen Rechtfertigungsdruck" gerieten[10], dann hatte sie damit recht; denn die Theoretiker, auf die sie sich bezog, waren vom gleichen Schlage wie sie selber, also miserable Theoretiker, nur wirklich oder bequemer. Die peinliche Frage: „und was tust du, Genosse?", die will sich der Praktiker nicht mehr stellen lassen müssen. Er habe aus „Einsichten, Erfahrungen und bewußt erlebten Veränderungen begonnen, Konsequenzen für's Verhalten, für's Handeln" zu ziehen,[11] und nun habe er endlich das, worum Deutsche sich immer bemüht haben: *Identität*. „Politische Identität", so definierte die RAF gleich zu Beginn ihres ersten Manifests, das sei „die permanente Integration von individuellem Charakter und politischer Motivation."[12] Was das denn ist und wie das geht, das brauchte nicht erklärt zu werden. Deswegen beteten die RZ es einfach nach: beim Guerillero seien „Persönlichkeit, Gedanken, Gefühle und Handlungen deckungsgleich", er arbeite daran, „identisch zu werden".[13] Stadtguerilla bedeute „sich völlig identifizieren mit dieser Art Dasein [als Guerillero], heißt völlige Deckungsgleichheit zwischen Leben und Politik."[14] Offenbar hat damals jeder gewußt, was damit gemeint war. Erklärt werden kann es nicht, denn es ist wenig mehr als *Beschwörung*: von Wohlfühlen, von „Echt-" oder „Authentischsein", von Widerspruchslosigkeit.[15] Das Problem beim Vorhaben der „politischen Identität" besteht darin, daß es weniger um verändernde Praxis geht als um einen selbst. Die Sorge um die Realisierung der „politischen Identität" ist ein narzißtisches Um-sich-selbst-Kreisen. Aber es geht auch um mehr als um das eigene Bedürfnis, nämlich darum, die Zerrissenheit aufzuheben, die eigenen Ideale mit den alltäglichen Zwängen nicht vereinbaren zu können.

Indem beispielsweise der Veganer darüber wacht, was in und an seinen Körper gelangt, reguliert er unmittelbar sinnfällig seine eigene Identität. Aber seine egozentrische Sorge um sich dient nicht nur ihm. Seine Existenz wird zum Demonstrationsort einer vorweggenommenen gesellschaftlichen Veränderung. Er handelt so, weil er dasselbe Problem wie der linksradikale Revolutionär hat. Beide behaupten, sich für eine Allgemeinheit einzusetzen, ohne daß ihnen ein relevanter Teil dieser Allgemeinheit folgte oder wenigstens Gehör schenkte. Wer sich keine Projektionsfläche für die eigenen Wünsche (sei's in Form der Arbeiterklasse, sei's der „Massen", sei's der Bewegung) wählen mag, weil er diese Illusion vielleicht schon aufgegeben hat, der kann sich immerhin noch auf sich selbst zurückziehen. Der Revolutionär kann so die verloren geglaubte Möglichkeit der Revolution an sich selbst demonstrieren. Die Existenz des Kämpfers wird zur Materiatur der Glaubwürdigkeit seines Einsatzes. Deswegen ging auch nach der Inhaftierung der RAF-Mitglieder der Kampf angeblich „weiter". Das Bild des Kämpfers wird zur Ikone, sein Körper, nach seinem Ableben, zur Reliquie.[16]

Dieses Elend ist aus der Logik von „politischer Identität" entwikkelbar. Denn sie bedeutet immer eine „Reduktion der moralischen Forderung auf nichts anderes als auf das bloße Man-selbst-Sein", wodurch „jeder bestimmte Inhalt, wie man zu sein habe, zu verschwinden" beginnt.[17] Es geht nur um die reine Form, vor allem Inhalt. Aus dieser Haltung heraus, mit dieser Entschlossenheit folgte man traumwandlerisch dem Existenzialismus Heideggers denn auch tatsächlich bis zum „Sein zum Tode".[18] Es ist so, daß, „nur wer gewissermaßen sich rein erhält, [...] Haß, Nerven, Freiheit und Beweglichkeit genug [hat], der Welt zu widerstehen." Aber andererseits läßt er „gerade vermöge der Illusion der Reinheit [...] die Welt nicht draußen bloß, sondern noch im Innersten seiner Gedanken triumphieren."[19] Man fügt sich im Widerstand eine Verhärtung zu und fordert sie dann auch von anderen, die die Welt in anderer Form an einem auch vollzogen hätte.[20] Aus dieser problematischen Konstitution der „politischen Identität" rührt die Empfindlichkeit der Praktiker gegen Kritik. Sie müssen die eigene inhaltliche Schwäche verbergen, und v.a. müssen sie die eigene Person schützen, die sie so tief und dicht mit diesem Konzept von Praxis verwoben haben. Adorno hielt „eine gewisse Vorsicht" „gegenüber Menschen, die sogenannten reinen Willens sind", für ratsam, weil dieser reine Wille „fast stets verschwistert ist mit der Bereitschaft zur Denunziation, mit dem Bedürfnis, andere zu bestrafen und zu verfolgen."[21] Den Rigorismus, den man an sich selbst exerziert, läßt man auch an anderen aus. Was man sich selbst antat, davon sollen auch andere nicht verschont bleiben. Die Schwäche der eigenen Konzeption soll verschwinden, indem man die Welt ihr gleichmacht.

Die Ausweglosigkeit des Sich-verweigern-Wollens, das aber nie gelingt, hat Adorno in zwei aufeinanderfolgenden Aphorismen der 'Minima Moralia' – von denen keiner für sich alleine genommen werden darf – dargestellt. In Aphorismus Nr. 5 ('Herr Doktor, das ist schön von Euch') beschreibt er den Drang zur totalen Verweigerung angesichts des vollendeten Grauens, welches das gesamte Leben durchdringt. Die zunächst anempfohlene Konsequenz ist der Rückzug in die Einsamkeit. Aphorismus Nr. 6 ('Antithese') aber beginnt gleich mit einer Warnung vor den Implikationen und Konsequenzen eines solchen Rückzugs. Der sich Verweigernde könnte sich für besser halten und seine Kritik als Legitimation für sein eigenes Dasein benutzen. Das richtige Leben wird dadurch aber nicht erreichbar. Möglich ist nur Einsicht in die Verstrickung, nicht die Befreiung daraus aus individuellem Entschluß. Auch der Kulturkritiker ist Teil der Kultur, ebenso wie seine Kritik.[22] Dies gilt sowohl für seine Kritik als Produkt, die als Ware auf den Meinungsmarkt geworfen wird, wie für das Bedürfnis, die Reaktionsbildung des Kritikers. Man muß am Bestehenden ausreichend teilgenommen haben, um es verabscheuen zu können. „Die Absage ans herrschende Unwesen der Kultur setzt voraus, daß man an diesem selber genug teilhat, um es gleichsam in den eigenen Fingern zucken zu fühlen, daß man aber zugleich aus dieser Teilhabe Kräfte zog, sie zu kündigen."[23] Es gibt kein „absolut richtiges Bewußtsein als aufklärerisch-revolutionärer Widerpart des herrschenden falschen Bewußtseins."[24] Daraus folgt zum einen, als Maxime für das alltägliche Verhalten, sich selbst zu mißtrauen. Zum anderen ist durch die und mit der Kritik die Möglichkeit zur Transzendierung geschaffen. Auch diese erwächst aus dem bestehenden Schlechten. Hieraus folgt aber nicht, daß man sich besser fügen solle, daß es unmöglich wäre, sich zu lösen. Ein „Außerhalb", welches als Grundlage für eine Überwindung die notwendige Voraussetzung sei, ist nicht zwingend.[25]

## II.

Der subjektivistische Lösungsversuch des Verhältnisses von Theorie und Praxis ist also zu kritisieren. Auch wenn er gegenüber der Tradition, dem orthodoxen Marxismus, einen Fortschritt bedeutet, so ist er selbst zugleich deren Verfallsprodukt.

Bei Marx, im 'Elend der Philosophie' (1847), heißt es: „Wie die Ökonomen die wissenschaftlichen Vertreter der Bourgeoisklasse sind, so sind die Sozialisten und Kommunisten die Theoretiker der Klasse des Proletariats." Anfangs, d.h. solange das Proletariat selber noch

unterentwickelt ist, seien sie noch „Utopisten". „Aber in dem Maße, wie die Geschichte vorschreitet und mit ihr der Kampf des Proletariats sich deutlicher abzeichnet, haben sie nicht mehr nötig, die Wissenschaft in ihrem Kopfe zu suchen; sie haben nur sich Rechenschaft abzulegen von dem, was sich vor ihren Augen abspielt, und sich zum Organ desselben zu machen."[26] Die Theoretiker artikulieren also das, was sich vor ihren Augen abspielt und müssen nichts oder nur wenig hinzufügen. Aus diesem frühen Text Marxens spricht noch die Zuversicht in die naturwüchsig vernünftige Rolle des Proletariats im Gang der Geschichte.[27] Im Marxismus und im Parteikommunismus wurde das später noch weitaus simpler und roher aufgefaßt, indem man auf die vernünftige und zielgerichtete Entwicklung der Geschichte hin zum Sozialismus vertraute. Wegen des Vorrangs der objektiven Tendenz dürfe das Individuum nur im Einklang mit den Direktiven der Partei und nur als Vollzugsorgan historischer Tendenzen handeln. Auch hier trat der Marxismus das bürgerliche Erbe an. Denn üblicherweise wird politisches Handeln aus einer hehren ethischen Verantwortung abgeleitet, seine Legitimation findet es darin, daß es ein Handeln für andere, für alle sei. Die Abstraktion von den eigenen Bedürfnissen und Interessen, die Uneigennützigkeit bis hin zur Selbstlosigkeit diente als Ausweis der Berechtigung zum revolutionären Handeln. Der Praktiker, der Intellektuelle, die leninistische Partei, sie alle sollten als Stellvertreter handeln. Und hierin liegt tatsächlich ein Wahrheitsmoment der postmodernen Kritik am Intellektuellen als Stellvertreter.[28] Und ebenso liegt ein Wahrheitsmoment im Subjektivismus der Anarchisten und der Autonomen. Wiewohl die linksradikale Praxis eine zum Teil berechtigte Kritik am Marxismus formuliert, bleibt sie selbst dessen Verfallsprodukt:
– Der Subjektivismus beschwört die Mächtigkeit und Bewußtheit des autonomen Individuums gerade dann, wenn eben dieses Individuum zunehmend ohnmächtig wird.[29]
– Beide ähneln einander: der Marxismus wartet auf den richtigen Zeitpunkt, den er „tiktaktisch auskalkuliert hat",[30] und daher genau weiß, wann der Sozialismus kommen soll, während der Linksradikale darauf wartet, den richtigen Hebel zu finden, um eine Bewegung anzuwerfen oder in die richtige Richtung lenken zu können.
– Der äußere Zwang der Geschichte, den der Marxist glaubte, erspüren

zu müssen, hat sich beim Linksradikalen in den Gewissenszwang transformiert. Obwohl sie die gegenwärtige Schwäche des Individuums gewahrte, widersprach auch die Kritische Theorie hinsichtlich der Möglichkeit zur Revolution dem Marxismus. „In der Gegenwart", so Max Horkheimer im Jahre 1940, „verklärt die Rede von der mangelnden Reife das Einverständnis mit dem Schlechten. Für den Revolutionär ist die Welt schon immer reif gewesen. Was im Rückblick als Vorstufe, als unreife Verhältnisse erscheint, galt ihm einmal als letzte Chance der Veränderung. Er ist mit den Verzweifelten, die ein Urteil zum Richtplatz schickt, nicht mit denen, die Zeit haben."[31] Die Revolution ist nicht dafür da, den Lauf der Geschichte zu vollenden, den Gesetzen der Geschichte zu dienen, sondern sie ist für die Bedürfnisse der Menschen da. „Entgegen einem weit verbreiteten Irrtum", so Wolfgang Pohrt, „heißt Revolution machen wollen keineswegs primär, Mitgefühl für die Ausgebeuteten zu entwickeln und den Entschluß zu fassen, deren Lage zu bessern. Revolution machen wollen heißt vielmehr, einen großen Ausbruch zu planen – den Ausbruch aus einem Zeitabschnitt, von dem man meint, daß man darin nicht mehr die Luft fände. Um die Details wie Wohnung, Entlohnung, Ernährung, die durch allmähliche Reformen zu verbessern wären, geht es nicht. Man will ans Fenster stürzen, um es aufzureißen, und zwar mit einem Ruck."[32]

Die vielzitierte, von Herbert Marcuse beschriebene „Weigerung mitzumachen und mitzuspielen, der Ekel vor aller Prosperität, der Zwang zu protestieren",[33] ist unabdingbar. Gleichwohl ist es problematisch, sich auf das unmittelbare Unbehagen zu berufen. John Holloway beispielsweise, ein Bewegungstheoretiker der Gegenwart, baut auf den „Schrei",[34] ein undeutliches Spüren, die Wut, die zum Gedanken treibe. Diese Wut sei aber immer schon mehr als nur individuell unmittelbar, denn sie richte „sich nicht nur gegen einzelne Geschehnisse, sondern gegen ein allgemeines Unrecht."[35] Er beschwört eine Unmittelbarkeit, etwas, das zwar *noch* unterentwickelt, aber als ein Mehr bereits ganz sicher vorhanden sei. Das einfache „Nein" allerdings reicht nicht. Es muß mehr sein; es muß aus einer guten Begründung ertönen, nicht ursprünglich aus einer guten Begründung hervorgehen, man muß ihm aber eine solche verschaffen (können). Das bloße „Nein", auf das Holloway sich beruft, umfaßt und besagt allein alles und nichts.[36]

Im Gegensatz zu Bewegungs*theoretikern*, wie Holloway einer ist, sind Bewegungs*kritiker* bei Praktikern und Bewegungslinken unbeliebt. Nicht nur sei das, was sie sagen, abgehoben, abstrakt und unverständlich, sondern auch „arrogant" und „besserwisserisch".[37] Ist man bei einem Bewegungstheoretiker also besser aufgehoben, nur weil dieser den Praktikern gegenüber aufgeschlossener, freundlicher und nachsichtiger auftritt? Ein Bewegungstheoretiker bemüht sich, eine Bewegung zu verstehen, sie zu analysieren, ihr ein Bewußtsein und eine Richtung zu geben und sie theoretisch zusammenzufassen. Er nähert sich ihr ähnlich und mit vergleichbarer Betulichkeit wie ein Pädagoge oder ein Sozialarbeiter – nur eben in revolutionärer Absicht. Der Bewegungstheoretiker betreibt eine Form von Theoriebildung, die man als „Revolutionsontologie" bezeichnen kann: er weiß zum einen immer schon ganz sicher, daß eine unentwickelte Protestform auf bestimmte nachfolgende weiterentwickelte Protestformen hinweise, und zum anderen, daß eine einzelne Protestform in einem größeren, gar weltweiten Zusammenhang stehe.[38] Gerade das Verständnis des Bewegungstheoretikers ist Herablassung; er nimmt sein Objekt gar nicht ernst:

– Er spricht ihm mehr politisches Bewußtsein zu, als sich tatsächlich nachweisen läßt.

– Er nimmt sie vor der *Form* der Kritik in Schutz. Oftmals wird dem *Inhalt* der Kritik gar nicht widersprochen, er empfiehlt statt dessen nur bessere didaktische, pädagogische Umgangsformen.

– Er behandelt die Objekte seiner Theoretisierungsleistung als bewußtlose Gestalten, die unfähig sind, das zu meinen, was sie tun.

– Er entschuldigt reaktionäre Momente und Strömungen in der Bewegung.[39]

III.

So viel und so wenig ist richtig an Bewegungstheorie: ohne das Bedürfnis nach Kritik gibt es keine Kritik, ohne das Bedürfnis nach Veränderung gibt es keine Veränderung. Dies ist gerichtet gegen:

– die Theorie, die sich für „reine Theorie" hält;
– den Marxismus, der seine politische Praxis auf eine angeblich objektive Determination hin justiert;
– die Praktiker, die der Theorie „Abstraktheit" und „Abgehobenheit" vorwerfen.

Denken und Fühlen, Theorie und Bedürfnis können nicht gegeneinander ausgespielt werden. Zum einen müssen sie sich gegenseitig durchdringen. „Nichts alberner als zu glauben", so Günther Anders, „daß, wer genau denken könne, nicht fühlen könne, und daß Denken nicht leidenschaftlich sei. Das glauben allein Sentimentale. Umgekehrt muß unser Fühlen genau so genau sein wie unser Denken. Und unser Denken genau so passioniert wie unser Fühlen. Das weiß nur der nicht, der weder fühlen noch denken kann. [...] Nicht nur gilt, daß, wer nicht genau denken kann, auch nicht genau fühlen könne, sondern auch umgekehrt, daß, wer nicht genau fühlen kann, auch nicht genau denken könne. Wer die zwei als antipodische Tätigkeiten oder Zustände hinstellt oder, sich auf sein Fühlen berufend, das Denken verächtlich macht, der weiß ebensowenig, was Fühlen ist, wie was Denken ist; der kann weder das eine noch das andere."[40] Denken hat immer eine Basis im Trieb, und auch das Gefühl hat man nie unmittelbar. Erst wenn es durchs Denken hindurchgegangen ist, hat man das Gefühl entwickelt. Damit das Gefühl *Gefühl* sein kann, bedarf es seiner näheren Bestimmung und Entfaltung durchs Denken. Umgekehrt hat die Beschäftigung mit Theorie eine leibliche, materielle Dimension: „die zu Hilfe eilende Gehirnfreude des Wissens"[41] gibt Glück und ist – wenn auch nicht jedem – eine notwendige Lebensäußerung. Auf die sich selbst gestellte Frage, ob es notwendig sei, daß geschrieben wird, was er schreibt, antwortete der Wiener Theater- und Literaturkritiker Alfred Polgar: „Nein, ich glaube nicht, daß meine Arbeit notwendig ist; dennoch muß ich sie tun. Sie ist meine Reflexbewegung des Widerstands gegen das Bedrängende, Lächerliche, Unentwirrbar-Dunkle innerer und äußerer Welt, sie ist der natürliche Ausdruck meiner Freude am Geschenk des Daseins und meines Zweifels an dem Wert dieses Geschenks, sie ist ein so wesentlicher Teil von mir, daß ich mich selbst verneinen müßte, wollte ich sie verneinen. Dazu fehlt mir zwar nicht die Lust, aber die Kraft."[42]

IV.

Theorie und Praxis sind getrennt: sie stehen sich feindlich gegenüber
– Theorie und Praxis sind auseinander und sind es nicht.
*Es gibt keine Praxis ohne Theorie*; und dies ist auch bei der
gescholtenen theoriefernen der Fall. Jede Praxis hat eine Theorie in
sich. Jede Praxis geschieht aus einer bestimmen Motivation, der eine
bestimmte Wahrnehmung, Erkenntnis oder Weltsicht zugrunde liegt,
die blind sein mag und nur als sogenannter „gesunder Menschenverstand", als Alltagsideologie zum Tragen kommt. Sie mag sie nicht
wahrnehmen, aber sie handelt nach ihr, bewegt sich am (womöglich
unbewußten) Gängelband einer Weltsicht, die man als Theoretiker
und Kritiker extrapolieren und logisch weiterentwickeln kann, um
ihre Prämissen und Konsequenzen zu entwickeln. Dazu zwei Beispiele:
– Die Praxis der *political correctness* geht aus von der Diskurstheorie:
gesellschaftliche Objektivität bestehe aus Diskursen, aus Gesagtem
und denjenigen, die bestimmen, was wie gesagt wird. Deswegen
sollen Veränderungen der Art und Weise, wie gesprochen wird, auch
die Realität verändern können.[43]
– Die praktische Kapitalismuskritik der *no globals*, den Staat gegen
„unkontrollierte Finanzmärkte" anzurufen, basiert auf einer Trennung
und Entgegensetzung von Staat und Kapital. Ihre Konzentration auf
die Kritik der Finanzmärkte wiederum basiert auf der Trennung und
Entgegensetzung von Finanzkapital und Realkapital. In beiden Fällen
reproduzieren sie die Oberflächenerscheinungen des Kapitalverhältnisses, das sich als ein solches Aus- und Gegeneinander darstellt.[44]
Aber es geht noch weiter: nicht nur reproduzieren mehr oder
weniger bewußte Theorien den Schein, den die bürgerliche Gesellschaft selber wirft – die subversive Praxis kann obendrein auch die
Fortführung dessen sein, was man bekämpfen möchte:
– Die Sozialdemokratie und die „Grünen" waren und sind eine „staatlich konzessionierte Anstalt für Verbrauch revolutionärer Energien",
„die lebendig gewordene Langeweile, der organisierte Aufschub",[45]
das heißt sie sind dafür da, unter Umständen potentiell aufbegehrende
Menschen zu binden und ihren Protest in Konformismus zu transformieren. Weil man unter Kapitalismus einen ungerechten Geld-,

Güterverteilungs- und Partizipationsmodus verstand, kämpfte man für eine materielle, soziale und politische Besserstellung der Arbeiterklasse (und später der Frauen, Ausländer, Behinderten usf.) und machte aus dem strategischen Weg das Ziel. Diese Bemühungen, seine eigene Klientel zu einer gesellschaftlichen *pressure group* zu formieren und dann an die Fleischtöpfe zu führen, sind legitim, – aber man sollte zu anderen und sich selbst so ehrlich sein, daß es genau darum geht und nicht um die Überwindung des Kapitalverhältnisses.
– Subkulturen bilden sich ein, mit einem Lifestyle, einem bestimmten Outfit, bestimmten Konsumgewohnheiten usw. usf. Protest auszudrücken. Tatsächlich führen sie der Kulturindustrie nur immer wieder neue Verwertungsmöglichkeiten zu. Sie nähren den Gegner und bekämpfen ihn nicht. Wenn ihr Handeln auch diese Konsequenzen hat, so begehen sie doch keinen „Verrat". Eine Haltung, die zwar eine ungeheure Opposition ausdrücken soll, aber nie mehr sein konnte als ein gefühlsmäßiger Ausdruck für irgend etwas, über das man sich selber erst noch klarwerden müßte, wird von der Kulturindustrie nur praktisch zu ihrer Wahrheit gebracht.
– Die Ich-Techniken, die in den 1970ern und 80ern auf den westlichen Markt kamen und zuerst im Milieu der (ehemaligen) Protestbewegung aufgegriffen wurden (also alle möglichen Formen von, v.a. fernöstlichen, Religionen, von Sekten, Spiritualismus, Esoterik, autogenem Training, von Psychotherapien, schließlich von Ernährung und der sonstigen Sorge um den Körper), dienten dazu, die Individuen für einen Kapitalismus härterer Gangart, der zu mehr Flexibilität und höheren Arbeitsleistungen zwingt, fit zu machen. Weil man, in Abkehr von den „objektivistischen" Konzeptionen, davon ausging, daß die Veränderung im „Inneren" beginnt, im „Bewußtsein" und in der „Ich-Du-Beziehung", mußte man erst sich selbst entdecken und seine Wirkung nach außen, mußte man zunächst sich selbst verändern und bearbeiten. Der Aufruf der RZ, „gleichzeitig und gleichgewichtig auch den Kampf gegen das kapitalistische System in uns zu führen", wurde hier auf eine ganz eigene Weise aufgenommen.[46]

Sowenig es eine Praxis ohne Theorie gibt, *sowenig gibt es eine Theorie ohne Praxis*. In jeder Theorie steckt gesellschaftliche Praxis, steckt „gesellschaftliches Sein". Theorie ist nicht „rein". Auch im gänzlich „Abgehobenen" kann ein gesellschaftlicher Erfahrungsgehalt aufgespürt werden. Wer sich ganz auf eine dieser beiden Seiten wirft, der schreibt diese Trennung fort. Wer meint, eines sei vom anderen getrennt, der befriedigt die selbstgenügsame Ansicht der Praktiker über Theorie wie der Theoretiker die über Praxis. Theorielose oder theoriekritisierende Praktiker und praxislose oder praxiskritisierende Theoretiker stehen sich näher, als sie meinen.

Praxis als Aktionismus ist, genauso wie das Sich-Werfen auf Theorie, Ausdruck und Resultat von individueller Ohnmacht angesichts übermächtiger gesellschaftlicher Verhältnisse. Es gibt allerdings einen Unterschied: während die Theorie dies wissen kann (und vor allem wissen sollte und muß), kann und darf die Praxis dies nicht wissen. Die Theorie kann dies in ihre Gedankenbewegung mit aufnehmen, da sie die Freiheit hat, sich selbst zu widersprechen. Die Praxis hingegen stellte sich so sehr in Frage, daß sie sich selber verunmöglichen würde. Die Praxis überspielt die Ohnmacht durch Ersatzhandlungen. Theorie ist der Ort, an dem diese Unfreiheit in einer freien Reflexionshandlung noch aufgenommen werden kann, sie ist damit der einzige noch verbleibende Ort der Freiheit wirkungsohnmächtiger Subjekte.

Die sogenannte praxislose Theorie stellt sich diesem Dilemma. Sie ist nicht „abgehoben", sondern die Theorie des Status quo; sie ist die kritische Theorie eines gesellschaftlichen Prozesses, der sich blind weiterwälzt und zu welchem diejenigen, die ihn zu negieren meinen, beitragen. „Destruktion", so Johannes Agnoli, ist die „Bestimmung des Gelehrten in dürftiger Zeit."[47] Sie ist die kritische Theorie eines Zustands, in dem kein revolutionäres Subjekt in Sicht ist. Im Gegensatz zu den umstandslosen Praktikern weiß sie aber darum; und dies ist ihr einziger Vorsprung. Die Theorie soll die Praxis weiter kritisieren, aber sie soll sich darauf nicht zuviel einbilden, denn sie soll der Tatsache eingedenk bleiben, daß ihre Freiheit auf einem Mangel beruht: nicht Praxis zu sein und nicht sein zu können. Sie kann, ebenso wie das Konstrukt „theoretische Praxis", dieser Zwitter eines Gestalt gewordenen schlechten Gewissens der Theoretiker, Praxis nicht ersetzen, nicht einmal antizipieren. Praxis ist das zur Theorie „Hinzutretende".[48] Von Theorie führt kein gerader Weg zur Praxis, letztere ist aus ersterer nicht abzuleiten. Die Entscheidung zur Praxis ist ein Sprung, das existenzialistische Moment materialistischer Kritik.[49]

Deswegen ist sie aber nicht einer rationalen Überprüfung entzogen. Theorie drängt es zur Praxis, denn sie möchte das, was sie als negativ erkannt hat, geändert wissen, zu einem besseren Zustand – aber nicht um jeden Preis. Praxis meint, schon einen Schritt weiter zu sein, weil sie schon im Prozeß der Bemühungen um Veränderung mittendrin sei. Das ist sie nicht. Sie ist mindestens einen Schritt davor, wenn sie noch nicht angefangen hat, auf sich selbst zu reflektieren, auf das, was sie tut, wenn sie handelt, und auf die Theorie, nach der sie handelt, womöglich ohne es zu wissen. Theorie als Kritik entschleunigt und bremst, indem sie auf Besinnung drängt, unter Umständen stoppt sie falsches Handeln. Kritik muß nicht „konstruktiv" sein. Wieso sie das sein müsse, das wäre erst zu begründen und nicht wie selbstverständlich vorauszusetzen. Ebensosehr müßte erst einmal begründet werden, wieso Kritik vom Zustand eines positiven Besseren auszugehen hätte. Für das, was man anstrebt, genügt die Formel „richtige Gesellschaft" oder „gute Gesellschaft".[50] Das Andere, das damit gemeint ist, ist „nicht direkt formulierbar",[51] es kann nur aufscheinen in der Kritik dessen, was nicht sein soll.[52] Vor einer konkreten Utopie ist zu warnen: „Die Kritik kann [...] dem Falschen nicht ein Richtiges gegenüberstellen, eine schöne Utopie, nach deren Modell die befriedete Zukunftsgesellschaft vermittels eines revolutionären Akts zu verwirklichen wäre. Diese Utopie wäre reaktionär, weil sie von den vorfindlichen Produktionsbedingungen ausgehen müßte und sie, der historischen Entwicklung enthoben, als sozial ausgeglichenen Zustand zu verewigen hätte."[53] Sie kann nur Aspekte des Bestehenden in die Zukunft verlängern und läuft indessen Gefahr, damit auch repressive Normen hinüber zu befördern. Der Mangel an Utopie ist kein Mangel, sondern Resultat einer bewußten Entscheidung um der Menschen willen: was der befreite Mensch sein wird, das kann man in einer unfreien Gesellschaft, wo man nur die Entstellungen kennt, noch nicht wissen. Solcher „Kanalisierung der Zukunft"[54] ist zu wehren. Utopien halten einfach das Gute der Gegenwart fest und streichen das Schlechte; beide Seiten gehören aber zusammen, die eine ist nicht ohne die andere zu haben.[55] Nicht zuletzt zeitigten die Versuche, ein vorab fixiertes Bild zu verwirklichen, abscheuliche Folgen.[56]

## V.

Kann man abschließend sagen, was Theorie und Praxis zu sein hätten? Nach Adorno darf Theorie nicht *solcherart* von Praxis getrennt werden, daß Theorie ohnmächtig wird; daß Praxis willkürlich wird; daß Theorie den Primat praktischer Vernunft bricht. Praxis ist als nichtregressive zu denken. Sie muß jenseits von Spontaneität und Organisation sich entfalten. Eine solche Form von Praxis kann nur theoretisch aufgefunden werden.[57] Was Theorie und Praxis jeweils für sich zu sein hätten und in welchem Verhältnis sie zueinander zu stehen hätten, das kann nur in solchen Konstellationen zum Ausdruck kommen. Kein Entwurf und keine Definition wird gegeben, nur Abstoßungspunkte. Ebenso in der Schwebe bleibt, was, im Anschluß an das obige Marx-Zitat[58], „richtige Theorie" wäre, von Horkheimer auch „emphatische Theorie" genannt.[59] Zu fragen bleibt aber, wodurch sich eine „Erkenntnis [auszeichnet], die mehr sein will als entweder Feststellung oder Entwurf"[60]? Was eine „Theorie, die mehr will als Nachkonstruktion"[61], sein soll, das hat auch Adorno offengelassen. Man kann sich hier nur behutsam vorwärts tasten. In der „emphatischen Theorie" ist der „gewöhnlichen Theorie", die nur eine bloße „Sammlung von Erklärungen" ist, noch ein anderes Moment zur Seite gestellt: sie sei „etwas, das die Welt verändern soll und aus diesem Willen geboren ist."[62] „Theorie soll nicht sagen, was ist, sondern was sein soll." Aber *wieso sollte* sie? „Es handelt sich darum, den richtigen Aspekt zu finden, unter dem das, was auf der Welt ist, in die Gestalt zusammenschießt, in der es gesehen werden soll. Man braucht den Stoff, aber man muß ihn sehen als das, was er ist, nämlich die Verkörperung des Infamen."[63] Aber *wieso muß* man? Die „Sehnsucht nach dem Anderen" ist „das treibende Motiv für alles Nachdenken."[64] Aber wie begründet man diese Sehnsucht? Wie erweist man ihre Berechtigung und wie bestimmt man ihre Richtung? Hier fangen die Probleme erst an: Wie kommt die Kritik in die Theorie? Oder ist die Frage falsch gestellt? Ist die Sehnsucht nach dem Anderen das treibende Motiv für *alles* Nachdenken, wie Horkheimer formuliert? Was für ein Nachdenken ist dann *das* Denken, in dem diese Sehnsucht nicht zu finden ist? Ist es *kein* Denken? Oder eine verkümmerte Form?[65]

Die Kritische Theorie erhebt den Anspruch, nicht eine beliebige Position in einem bloßen Machtkampf konkurrierender Interessen zu sein, dessen Sieger vorübergehend festlegen kann, was Wahrheit ist. Aber wodurch ist die Entscheidung für sie mehr als bloßer Dezisionismus? Adorno äußerte sich zu diesem Problem nicht mehr. Horkheimer kam in späteren Jahren immer wieder darauf zurück: „Ohne den Glauben an eine letzte Autorität werden alle moralischen Vorstellungen, selbst diejenigen der Atheisten, zu bloßen persönlichen Neigungen." „Wenn es etwas Relatives gibt, dann muß es auch das Andere geben, das nicht relativ ist."[66] Wer oder was aber ist die letzte Autorität? Was ist nicht relativ? Es fallen einem nur Antworten aus der Vergangenheit ein, die man schon längst verworfen hatte, die sich jetzt aber contre cœur wieder aufdrängen. Das Problem der Kritischen Theorie, so Horkheimer, „liegt in ihrem Ansatzpunkt: woher weiß ich, was das Richtige ist, sofern es mir nicht durch Gott gezeigt oder gar befohlen ist?"[67] Denn „ohne den Glauben hat der Begriff der Wahrheit keinen Sinn. Adorno geht so weit zu sagen, daß ohne einen Gott das Denken sinnlos ist." Auf diese Herausforderung der materialistischen Kritik gibt es bislang keine Antwort. In diese Richtung wäre weiterzudenken, denn „bei diesen Überlegungen fängt das Denken an: Alles andere ist längst bekannt oder ohne Interesse."[68]

*Anmerkungen*

[1] Anders, Wenn ich verzweifelt bin, 53.
[2] RZ: Revolutionärer Zorn. Nr. 3 (Mai 1977), in: Früchte des Zorns, 166.
[3] RZ: Revolutionärer Zorn. Nr. 1 (Mai 1975), in: Früchte des Zorns, 87.
[4] Genau so übrigens hieß es in der angeblich intelligenteren Auseinandersetzung Hans-Jürgen Krahls mit seinem Lehrer Adorno. Vgl. Krahls Aufsätze 'Das Elend der kritischen Theorie eines kritischen Theoretikers', 'Der politische Widerspruch der kritischen Theorie Adornos' und 'Kritische Theorie und Praxis'; alle in: Krahl, Konstitution und Klassenkampf. Adorno setzt sich in 'Kritik', 'Resignation' (beide in AGS 10), 'Kritische Theorie und Protestbewegung' sowie in dem Gespräch 'Keine Angst vor dem Elfenbeinturm' (beide in AGS 20) mit diesen Vorwürfen auseinander.
[5] Merkwürdigerweise wurden solche Äußerungen meines Wissens nie von Feministinnen oder Männergruppen kritisiert. Denn was für eine merkwürdige, geradezu „männliche" Vorstellung von „richtiger", „gesunder" Sexualität steht hinter dem Ausdruck „Hirnwichserei": der Theoretiker hocke alleine zuhause und vergebe onanistisch sein (geistiges) Ejakulat, wohingegen der Praktiker, die Welt befruchtend und sie somit verändernd, mit Gleichgesinnten nach außen geht.
[6] Viehmann, Stadtguerilla und Klassenkampf, 76.
[7] Zit.n. RAF, Das Konzept Stadtguerilla, 31.
[8] Marx, Das Kapital, MEW 23, 528, Fn 324. Populäre Beispiele für eine solche Kritik sind die begeistert rezipierten Bücher von Viviane Forester ('Der Terror der Ökonomie') und Naomi Klein ('No Logo!').
[9] Brand/Habermann/Wissen, Vom Gebrauchswert radikaler Kritik, 45f. Deren Erörterungen zum „Gebrauchswert radikaler Kritik" bleiben schwammig und zeigen die Farblosigkeit einer Bestimmung von Kritik, wenn deren Rahmenbedingungen im vorhinein festgelegt werden sollen, anstatt daß Kritik an einem bestimmten Gegenstand sich bewähren kann.
[10] RAF, Das Konzept Stadtguerilla, 23.
[11] RZ: Revolutionärer Zorn. Nr. 1, in: Früchte des Zorns, 87.
[12] RAF: Das Konzept Stadtguerilla, 22.
[13] RZ: Interview aus „Holger, der Kampf geht weiter" (Mai 1975), in: Früchte des Zorns, 98.
[14] Ebd., 110.
[15] Einige gute Beiträge zu Sinn und Unsinn von der Rede von „Identität" sind Scharang, Das Geschwätz von der Identität, Schneider, Identität?, und Claussen, Jargon der Einigkeit. Zur Karriere, den dieser Begriff in der Linken und durch die Linke nahm, vgl. Bittermann, Wie die Identität unter die Deutschen kam.
[16] Dies erhellt dann auch das Verhältnis der Sympathisanten zu ihren Idolen: sie brauchen sie als stellvertretende Leidens- und Schmerzensmänner und -frauen.

Vgl. hierzu Bruhn, Revolution des Willens, und Randale und Revolution, Harnischmacher, Das Phantasma, und Pohrt, Die Freunde.
[17] Adorno, Probleme der Moralphilosophie, ANS IV/10, 240.
[18] Heidegger, Sein und Zeit, §§ 45-53 (Sein zum Tode) und §§ 54-60 (Entschlossenheit). Günther Anders kommentierte, das Selbst werde zum „Kloster" (Über Heidegger, 176f.). Hegel kritisierte schon früher, in der Rechtsphilosophie, den in diesem Verhalten drohenden „einsame[n] Gottesdienst seiner selbst" (§ 140).
[19] Adorno, Minima Moralia, AGS 4, 151 (Aph. 86).
[20] Christoph Türckes kürzlich annoncierte Vorschläge für „lauter kleine[...] alltägliche[...] Notwehrhandlungen" – Protest gegen „Hintergrundmusik im Restaurant", „Kampf ums Radiohören am Arbeitsplatz", „Abschreiben von Texten und Formeln" (Erregte Gesellschaft, 311) – illustrieren die Verarmung von Widerstand bis hin zur Verschrobenheit.
[21] Adorno, Probleme der Moralphilosophie, ANS IV/10, 242. Auch Hegel warnte vor der „reine[n] Innerlichkeit des Willens", welche ebensosehr die Möglichkeit ist, „die *Willkür*, die *eigene Besonderheit* über das Allgemeine zum Prinzipe zu machen, und sie durch Handeln zu realisieren – *böse* zu sein" (Rechtsphilosophie, § 139). Vgl. zur Logik und Gefahr des Tugendterrors ebd. §§ 133-139 und Phänomenologie des Geistes, 385-394 und 415-442.
[22] Vgl. Adorno, Kulturkritik und Gesellschaft, sowie Helms, Über die gesellschaftliche Funktion der Kritik.
[23] Adorno, Minima Moralia, AGS 4, 30f. (Aph. 8).
[24] Helms, Fetisch Revolution, 113.
[25] Stefan Breuer ('Krise der Revolutionstheorie') untersucht und kritisiert die Suche nach einem absoluten Grund (sei's in Gestalt einer Ontologie der Arbeit, der Arbeiterklasse als historisch verbrieftes revolutionäres Subjekt, der Bedürfnisse, der Ausgestoßenen oder einer Anthropologie) am Beispiel des Werks von Herbert Marcuse. Die in der Gegenwart an diversen linken Theorien geübte Kritik von Michael Hardt & Antonio Negri (Empire, 46, 59, 72, 198ff., 245, 361, 392, 419f.), immer wieder versucht zu haben, einen vom Kapitalverhältnis unversehrten, diesem entgegenstehenden oder von diesem nach außen gedrängten Standpunkt zu finden, trifft. Hardt & Negri öffnen sich damit aber dem postmodernen Weg, daß man zum einen nur mitmachen könne, hierüber aber zum anderen in den schon bestehenden Machtstrukturen Widerstand leisten könne. Was hier noch Widerstand heißt, wird offengelassen. Wie weit dieses gewitzt-resignierte Mitmachen geht, das bleibt jedem selbst überlassen. Zur Kritik von Hardt & Negri vgl. Kettner, „Empire", und ders., Die Besessenen.
[26] Marx, Das Elend der Philosophie, MEW 4, 143.
[27] Zur Entwicklung der Marxschen Revolutionstheorie vgl. König, Geist und Revolution, Drittes Kapitel, und Sieferle, Die Revolution.
[28] Vgl. beispielsweise Deleuze/Foucault, Die Intellektuellen, v.a. 88-91.
[29] Zum Verschwinden des Individuums vgl. Kapitel 4 in Horkheimer, Zur Kritik der instrumentellen Vernunft, GS 6, 136-164, Kapitel III in Institut für Sozial-

forschung, Soziologische Exkurse, in Adorno, Minima Moralia die Aphorismen No. 88, No. 97, No. 99 und No. 147, sowie Adorno, Glosse über Persönlichkeit.
[30] Kraus, Hüben und Drüben, 169.
[31] Horkheimer, Autoritärer Staat, GS 5, 305.
[32] Pohrt, Brothers in crime, 17.
[33] Marcuse, Zum Begriff der Negation, 190.
[34] Holloway, Die Welt verändern, Kapitel 1. – Zur Kritik an Holloway vgl. Elbe, Holloways 'Open Marxism', und Kettner, Das Verhältnis des Theoretikers. Der Vordenker und bis in die Gegenwart Stichwortgeber der individuellen Empörung ist der sogenannte „Individualanarchist" Max Stirner (1806-1856). Zur Kritik einer solchen Empörung und ihrer Apotheose, zur Kritik ihrer Abstraktheit und ihrer Folgen vgl. Helms, Die Ideologie.
[35] Ebd., 11.
[36] Vgl. Heinrich, Versuch.
[37] Thomas Seibert wirft den Antideutschen „elitäre[.] Selbstüberhöhung" vor. Deren „auf die Spitze getriebene elitäre Distanzierung von der Bewegung" ende „in reiner Selbstbezüglichkeit" (The People of Genova, 67).
[38] Dies findet man nicht nur bei den Theoretikern der no globals, wie John Holloway (Die Welt verändern, 173, 179, 216, 217, 236) oder Michael Hardt & Antonio Negri (Empire, 44, 67, 70f., 142), sondern auch bei bewegungsfernen „gewagten Denkern" (vgl. Kettner: Die Protokolle) wie Christoph Türcke (Erregte Gesellschaft, 310).
[39] Oder auch Neonazismus: vgl. Wolfgang Fritz Haug (Zur Dialektik, 32f.), Alex Demirovic (Vom Vorurteil, 86) und Rudolf Leiprecht (Auf der Suche, 706) angesichts der Pogrome von Rostock und Hoyerswerda.
[40] Anders, Ketzereien, 246.
[41] Nietzsche, Menschliches, 641. Die Lösung des Verworrenen, Bedrängenden folgt, so Kant, einem „Bedürfnis" des Verstandes. Gelingt die Lösung, so wird man „erfreut (eigentlich eines Bedürfnisses entledigt)" (Kritik der Urteilskraft, XXXIII und XXXIV). Vgl. hierzu auch Simon, Freiheit und Erkenntnis, und ders., Glück und Erkenntnis. Ob man dieser Freude folgen mag, das liegt jedoch beim jeweiligen Individuum.
[42] Polgar, Bei Lichte, 5.
[43] Vgl. hierzu Scheit, Le capital caché.
[44] Vgl. hierzu bspw. Sandleben, Nationalökonomie und Staat.
[45] Kraus, Hüben und Drüben, 170 und 169.
[46] RZ: Interview aus „Holger, der Kampf geht weiter", in: Früchte des Zorns, 110. Vgl. auch ISF, Diktatur der Freundlichkeit.
[47] Agnoli: Destruktion.
[48] Adorno, Marginalien zu Theorie und Praxis, AGS 10, 780.
[49] Vgl. Bruhn, Der Untergang, 27, Fn 9.
[50] Horkheimer, [Nachgelassene Notizen 1949-1969] GS 14, 120 und Späne, GS 14, 214. Vgl. auch Adorno: Minima Moralia, AGS 4, Aph. 100.
[51] Horkheimer, Späne, HGS 14, 295.

⁵² Vgl. ebd., 418.
⁵³ Helms, Fetisch Revolution, 113.
⁵⁴ Sonnemann, Negative Anthropologie, 29, vgl. auch ebd., 227-269.
⁵⁵ Vgl. Horkheimer, Anfänge, HGS 2, 242. Marx' Kritik an Proudhons Vorhaben der Verwirklichung der Ideale der bürgerlichen Gesellschaft gegen diese ist hierfür das Musterbild (vgl. Das Elend der Philosophie, MEW 4, 105, Das Kapital, MEW 23, 189, Grundrisse, MEW 42, 173f., Urtext, MEGA II/2, 52-61).
⁵⁶ Vgl. Horkheimer, Späne, HGS 14, 518. – Marx konnte aus Proudhons „konkreter Utopie" einer Gesellschaft, in der das Geld abgeschafft sein würde, indem das metallene Geld durch Arbeitsgeld oder Stundenzettel ersetzt würde, nicht nur vorhersagen, daß das Geld „zugleich abgeschafft und konserviert" würde (Grundrisse, MEW 42, 73), weil unbegriffen „die Basis des Tauschwerts beibehalten" würde (ebd., 166). Er konnte darüber hinaus prognostizieren, daß Proudhons „Tauschbank" sich zur „despotische[n] Regierung der Produktion und Verwalterin der Distribution" (ebd., 89) auswachsen müßte. Da bleibt vom proklamierten Anti-Etatismus des Anarchismus nichts übrig. Durch die Maßnahmen, die in der Güterdistribution ergriffen werden sollen, verkehrt sich der Anti-Etatismus ins Gegenteil. Auch Engels spottete, „daß der wahre Sinn der Abschaffung des Staates die verstärkte Staatszentralisation ist" (Brief an Marx, 10.08.1851, MEW 27, 306). – Ein weiteres Beispiel, aus der jüngeren Vergangenheit: 1967 plauderten Rudi Dutschke, Bernd Rabehl und Christian Semler – führende Köpfe von '68 – mit Hans Magnus Enzensberger fürs 'Kursbuch' darüber, wie sie sich die emanzipierte Gesellschaft der Zukunft vorstellen. Aus ihrer für den Marxismus typischen Verherrlichung des Proletariats und seines Milieus konzipierten sie mit besten philanthropischen Absichten den Sozialismus begeistert als lebenslange totale Fabrik – ohne dies selbst zu merken (vgl. Enzensberger, Ein Gespräch, 159 und 164f.). Zur Kritik vgl. Helms, Fetisch Revolution, 137ff.
⁵⁷ Vgl. Adorno, Marginalien, AGS 10, 761 und 780.
⁵⁸ Vgl. Fußnote 8.
⁵⁹ Horkheimer, Späne, HGS 14, 224.
⁶⁰ Adorno, Minima Moralia, AGS 4, 83 (Aph. 46).
⁶¹ Adorno, Marginalien, AGS 10.2, 760.
⁶² Horkheimer, Späne, GS 14, 224.
⁶³ Ebd., 268.
⁶⁴ Ebd., 470.
⁶⁵ Dieses ungelöste Problem stellt sich auch bei Adornos Begriff von „offener", „lebendiger", „unreglementierter Erfahrung" (vgl. bspw. Soziologie und empirische Forschung, AGS 8, 212, Zur Logik der Sozialwissenschaften, AGS 8, 553, 555, und Einleitung, ANS IV/15, 90ff., 131, 136, 215).
⁶⁶ Horkheimer, Späne, HGS 14, 356, 370.
⁶⁷ Ebd., 333. Vgl. auch ebd., 371, 507f.
⁶⁸ Ebd., 369.

Dirk Braunstein

Kritik üben

Hier in der Nähe befindet sich eine Station zur Gewinnung von Serum, mit hunderten von Pferden. Sie bewegen sich langsam, denn sie haben keine Hufeisen an, damit sie bei den Manipulationen nicht ausschlagen können. Gegen Menschen sind sie äußerst scheu. Ich gehe täglich hin wie Sie es auch täten. Die Tiere erinnern mich sanft und unerbittlich an das was wir zu tun haben.

*Adorno an Horkheimer, 17. August 1943*

... jene heilsame Lust zum Dreinschlagen ...

*Adorno an Horkheimer, 23. Dezember 1947*

„Ist die Diskussion über die Frage: Was ist Kritik? innerhalb der Neuen Linken nicht sogar weitgehend abgebrochen, müßte also der Modus der Kritik nicht überhaupt erst wieder zum Gegenstand gemacht werden? Der kritische Weg scheint völlig offen"[1], bemerkt die 'Hochschulgruppe der Antifaschistischen Aktion Berlin' und bietet damit eine von allzu vielen guten Gelegenheiten, sich einige Gedanken über Begriff und Praxis von Kritik zu machen:

Das Phänomen der allwaltenden Forderung nach Kritikfähigkeit, einhergehend mit der tiefsitzenden Abneigung gegen oder gar Angst vor Kritik, fällt, nach mittlerweile gründlich vollzogener Aufgabenteilung, wohl in den Zuständigkeitsbereich der Psychologie. Wie bei jedem psychischen Vorgang machen sich aber auch hier gesellschaftliche Erwartungen und Distanzierungen geltend, die über die geübte oder eben lieber doch nicht geübte Kritik wiederum auf die Gesellschaft einwirken. Gewiß ist jedenfalls: „Die Anstrengung zu denken wird von der Schwierigkeit bestimmt, sich aus dem kollektiven Unbewußten ebenso zu lösen wie aus der Reproduktion der allgemeinen Meinung."[2] Wird das Resultat des eigenen Denkens im Modus der

Kritik geäußert, so werden erfahrungsgemäß Abwehrmechanismen in Gang gesetzt, deren letztes Mittel schließlich ist, „den Kritiker zu pathologisieren."[3] Liberaler Gesinnte formulieren „geringschätzige Plurale wie 'Aufgeregtheiten' und 'Mißbefindlichkeiten'", die ihrerseits zur „Pathologisierung von Kritikern, in deren Seelenleben man per Ferndiagnose herumstochert, passen": „Wer wird sich ernsthaft mit Spinnern auseinandersetzen?"[4] In Wissenschaft und Philosophie, in der Wissenschaftstheorie zumal, wird jeder noch so berechtigte Wunsch nach Veränderung solange als Resultat divergenter Weltanschauung, d.h. Ansichtssache verworfen – der jederzeit entgegengehalten werden kann, daß, was ist, sich allein dadurch begründet, *daß* es ist –, solange er nicht, als Kritik am Bestehenden vorgebracht, seine Berechtigung (besser noch: seine Notwendigkeit) theoretisch begründen kann.

Gefordert wird, daß Kritik sich in ihrem Vollzug selbst legitimiere. Sie muß insofern zwei Aufgaben zugleich erfüllen. Diese doppelte Aufgabe kritischer Theorie besteht darin, erstens: kritische Begriffe für – und das heißt: gegen – das Bestehende zu finden; zweitens: jene Begriffe auf sich selbst als Moment des Bestehenden zu beziehen. Auf diese Weise ist Gesellschaftskritik unauflöslich mit Gesellschafts*theorie* verschränkt, weil sich ausgehend vom rein Empirischen weder zeigen läßt, daß zu kritisierende Einzelphänomene sich dem gesellschaftlichen Ganzen verdanken, noch daß Gesellschaftskritik hier und jetzt Resultat der bestehenden, historisch-spezifischen Gesellschaftsformation ist. Eine solche Wechselseitigkeit macht sich naturgemäß auch aus entgegengesetzter Perspektive geltend: „Kritik praktiziert sich nicht abgelöst, sondern entwickelt sich an den Gegenständen, an die das Denken gerät; es reflektiert die Sache der Kritik an den Sachen, die es reflektiert."[5] Kritik und ihr Gegenstand sind derart vermittelt, daß eine umfassende Theorie der Gesellschaft aufgrund ihres Gegenstands eine Kritik desselben erzwingt. Mit anderen Worten: Eine Gesellschaftstheorie, die aufs Ganze der Gesellschaft geht, muß notwendigerweise Gesellschafts*kritik* sein.

Gesellschaftskritik heißt Kritik der Gesellschaft; damit ist allerdings noch nicht ausgemacht, was Gesellschaft ist. „*Wissen* um das Objekt der Kritik wird zur Bedingung dafür, daß sie sitzt. So schwer geht Kritik. Kein Wunder, daß da laufend Fehler gemacht werden."[6]

Und kein Wunder auch, daß bei einem praktisch allumfassenden Objekt die als überflüssiger Ballast empfundene Theorie schon mal leichten Herzens über Bord geworfen wird. Schon das Zentralorgan der Aufklärung im 18. Jahrhundert, die 'Encyclopédie' von Diderot und d'Alembert, kennt jenes Nichtwissenwollen, gepaart mit dem Wunsch, trotzdem und jedenfalls dagegen zu sein: „Le critique ignorant est celui qui ne connoît point, ou qui connoît mal ces objets de comparaison"[7]: „Ein Wörtchen mitreden – die Sehnsucht des Laien. Und sei's 'Scheiße'."[8] – Daß daran erinnern seitdem nicht Eulen nach Athen tragen heißt, weist auf eine selbstverschuldete Unmündigkeit jener hin, die Gesellschaftskritik in emanzipatorischer Absicht verwechseln mit unmittelbarer Praxis. „Anhand der Abwehrhaltung [derer], die textschwangere Gesellschaftskritik als universitären Kram bezeichnen, verrät sich das Kind heutiger Gesellschaft, die nichts anderes hervorzubringen vermag, als an platter Identifikation orientierten plumpen Aktionismus."[9]

Es war jene geschichtliche Epoche, die „sich selbst als Zeitalter der Kritik begriffen"[10] hat, die erkannte, daß als Inbegriff kritischer Vernunft Bedingung von Freiheit ist,[11] das, was als natürlich bloß erscheint, als gesellschaftlich Veranstaltetes zu decouvrieren, als unnatürliche Naturhaftigkeit gesellschaftlicher Formen. „In jener Phase, und über sie hinaus, war die Frage nach Freiheit die genuine, ob die Gesellschaft dem Individuum so frei zu sein gestattet, wie sie es ihm verspricht; damit auch, ob sie selbst es ist. Das Individuum ragt über den blinden Zusammenhang der Gesellschaft temporär hinaus, hilft aber in seiner fensterlosen Isoliertheit jenen Zusammenhang erst recht reproduzieren"[12], wie ausführlich von Marx dargelegt wurde, dem es unter anderem um die Beantwortung der Frage zu tun war, „in welcher Weise in einer Gesellschaft von *Privat*produzenten ein kohärenter gesellschaftlicher Zusammenhang hergestellt wird."[13]

Der Begriff der Kritik, wie er heute nicht mehr nur in der Philosophie, sondern in sämtlichen Wissenschaften und auch in der Alltagssprache verwendet wird, geht zwar bis auf die griechische Antike zurück[14], wurde aber erst in der Neuzeit, „als die massive Sicherheit des mittelalterlichen Weltbildes zerbrochen und das Ideal der Antike, das der Renaissance zum Ersatz gedient hatte, verloren ist"[15], in einer Weise verwendet, die dem heutigen übergreifenden Verständnis von

Kritik entspricht: „Zwar wurde immer kritisiert, seit es Menschen gibt, aber daß Kritik, so bewußt eingesetzt, zum wichtigsten Mittel wird, Wahrheit und Gut des Menschen ans Licht zu bringen, ist doch eine spezifisch neuzeitliche Erscheinung."[16] So ist Kant „sicherlich einer der ersten Namen, die genannt werden", nicht nur, wenn „über den Kritikbegriff der Philosophie gesprochen wird"[17], sondern auch wenn es gilt, den Anfang des alltagssprachlichen wie wissenschaftlichen Begriffs von Kritik dingfest zu machen. Denn erstmals für Kant ist „Kritik [...] die Aufgabe der Öffentlichkeit"[18] und nicht bloß das erkenntnisbefördernde exakte Urteilsvermögen einiger Philosophen. Kritik wird zum Verfahren, aufgrund vorausgesetzter Freiheit „von seiner Vernunft in allen Stücken *öffentlichen Gebrauch* zu machen"[19], und damit wird Kritik zum ersten Mal gesellschaftlich: als politisches Instrument. Dessenungeachtet wird Kritik nicht dadurch bereits zur Gesellschaftskritik; im Gegenteil: „Das Eigentümliche des kritischen Verfahrens besteht [bei Kant] nun darin, Behauptungen, Gegenbehauptung und Prüfung in das einzige Subjekt hineinzunehmen und hier, im Sandkasten gewissermaßen, das Gefecht noch einmal ausführen zu lassen. De facto ist das *eine Verinnerlichung der Gelehrtenrepublik.*"[20] Kant fordert, daß „*als Gelehrter*" von der eigenen Vernunft „vor dem ganzen Publikum der *Leserwelt*"[21] Gebrauch gemacht wird. Demgemäß hat vernunftgeleitete „exteriore Kritik"[22] ihren Ort in der vorgestellten Idealgesellschaft. Kritik ist hier nicht Veräußerung eines Veränderungswillens, sondern Instrument zum Erlangen der Einsicht ins gesellschaftspolitisch Gegebene. Sie soll, innerlich wie äußerlich, Frieden stiften[23], indem sie als vernünftiges Urteilskriterium der Vernunft zu ihrer letzthinnigen Durchsetzung verhilft. Die Öffentlichkeit, die Kant als Subjekt der Kritik reklamiert, ist durch die ihr zugewiesenen Funktionen jedoch wieder nur die eng begrenzte Halböffentlichkeit der Gelehrten, deren gesellschaftliche Stellung erst erlaubt, Kants Forderung nach Kritik überhaupt erfüllen zu können, um als Ausübungs- und Etablierungsinstanz philosophischer Kritik zu fungieren. Durchaus trifft auch Kant der Einwand Adornos gegen die Hypokrisie derer, die der Kritik a priori einen ihr bestimmten Ort und eine ihr vorbestimmte Funktion zuweisen wollen: „Kritik, so wird immer wieder vorgebetet, soll verantwortlich sein. Das läuft aber darauf hinaus, daß zu ihr eigentlich nur diejenigen berechtigt seien, die in verantwortlicher Position sich befinden, so wie ja auch der Anti-Intellektualismus an beamteten Intellektuellen wie den Professoren bis vor kurzem seine Grenze hatte. […] Kritik wird gleichsam departementalisiert. Aus einem Menschenrecht und einer Menschenpflicht des Bürgers wird sie zum Privileg derer gemacht, die durch ihre anerkannte und geschützte Stellung sich qualifizieren."[24] So bezieht sich Kants Kritikbegriff zwar weiterhin auf philosophische Kritik,[25] auf die Transzendentalphilosophie zumal: kritisch nennt er Distinktionsbestimmungen, aufgrund deren die Selbstbegründung der Vernunft vollzogen werden kann; seine Kritik ist keine am Gegenstand, sondern Instrument, dessen Geltung zu bestimmen ist. So daß „kritische Philosophie zum Sektennamen der Kantianer wurde"[26], an denen es war, „'kritisch' mit 'kantisch' bzw. 'transzendentalphilosophisch' zu identifizieren."[27] – Es war jedoch auch Kant, der den Objektbereich jenes Begriffs über die gesellschaftliche Funktion der Vernunft auf die Gesellschaft ausdehnte – wenngleich in affirmativer Absicht: Wenn Kritik (vermittelst Vernunft) der Gesellschaft dient, kann Kritik nicht die Gesellschaft als Objekt haben, vergleichbar Hegels „Abneigung gegen Kritik", welche „zusammen[geht] mit seiner These, das Wirkliche sei vernünftig."[28] Kritik an der Gesellschaft, an der gesellschaftlichen Form 'Staat' zumal, ist für Hegel schon deshalb abwegig, weil diese das Medium, als Publikum bzw. als Volk, ist, in dem sich Kritik erst bewegt; weil andererseits diesem – dem Staat – die Aufgabe zufällt, das kritische Urteil von parteilichen Interessen freizuhalten: „Hegel setzt […] eine tendenzielle Übereinstimmung zwischen Volk und Staat voraus, die durch falsche Propheten – je nach deren Einfluß – gestört oder gehindert wird."[29] Die Kritik bei Hegel erfüllt also einerseits ganz im Sinne der Aufklärung den Zweck der Verbesserung der Lebensumstände; ohne allerdings diese Umstände selbst zu kritisieren. Wie bei Kant wären aus der Sicht Hegels Kritik an Volk und Staat sowie an den Bedingungen, die diese Gemeinschaftsformen erst ermöglichen, nicht nur illegitim, sondern nachgerade absurd. Besagtes Urteil: „Was vernünftig ist, das ist wirklich; und was wirklich ist, das ist vernünftig"[30], als vernunftbegründeter Imperativ, wie Adorno formuliert, „vor der Wirklichkeit [zu] kapitulieren"[31], ist kategorisch und soll unabhängig von etwaigen historischen oder gesellschaftlichen

Variablen gelten, um Kritik am Bestehenden ein für allemal als unvernünftig festschreiben. Kurt Röttgers bringt den landläufigen und gleichwohl in der Wissenschaft gebräuchlichen Begriff der Kritik auf den Punkt, wenn er sagt: „Niemand könnte sich dazu bekennen, unkritisch zu sein, und niemand kann den Vorwurf, unkritisch zu sein, hinnehmen, ohne eine Einbuße an Legitimität." Und weiter, in bezug auf die Wissenschaften: „'Unkritische Wissenschaft' ist daher nur als Vorwurf zur Kennzeichnung der gegnerischen Position zu gebrauchen, indem diese Begriffszusammenstellung als solche als ein Widerspruch in sich angesehen wird."[32] Demgemäß zeugen „'kritische Philosophie', 'Kritizismus', 'kritische Theorie', 'kritischer Rationalismus'"[33] von einer „emphatischen Anwendung von Kritik"[34], die als solche zugleich auf „Monopolisierungstendenzen des Kritikbegriffs"[35] innerhalb jener Theoriekonzepte hinweist. Die bloße Selbstbezeichnung als 'kritisch' wird dergestalt – unabhängig von der Frage, was denn nun inwiefern kritisiert wird – zum Distinktionsmerkmal einer bestimmten Auffassung davon, was als wissenschaftlich zu gelten habe. Des Unkritischen und sohin der Unwissenschaftlichkeit wird geziehen, wessen Tätigkeit und Theorie sich nicht dem – in irgendeiner Form 'kritischen', was dann zumeist nichts weiter als Reflexivität implizieren soll – Wissenschaftsideal des Kritikers fügen. „Offensichtlich führt der Begriff der Kritik heute eine solch zwingende Kraft mit sich, daß man zu seinem Gebrauch sich nicht vor Pleonasmen scheut; denn kritische Vernunft, kritische Reflexion und kritische Wissenschaft besagen in ihrer konkreten Verwendung sehr oft nichts anderes als Vernunft, Reflexion und Wissenschaft ohne dies schmückende Beiwort auch schon bedeuten. Man benötigt den Zusatz 'kritisch', um Unterscheidungen einzuführen, die das je Gemeinte vom schon vorher Geltenden absetzen sollen. Und da keine Tradition, keine Autorität mehr ungeprüft gilt, sondern ihrerseits, wo man ihrer bedarf, selbst erst unter Destruktion der vorangehenden konstruierend gesetzt wird, erhält das Wort 'Kritik' fast dieselbe Dignität wie einst Vernunft oder Wahrheit."[36] So Claus von Bormann in seiner Untersuchung zum 'Praktischen Ursprung der Kritik'. Und infolgedessen kann, wem daran gelegen ist, im Wissenschaftsbetrieb mit seiner Tätigkeit Wirkung zu erzielen bzw. zu Anerkennung und Geltung zu gelangen, sich und seine Äußerung nicht als unkritisch stigmatisieren lassen, denn dies bezeugte eine blinde Übernahme des bereits Überkommenen und die Wiederholung zu korrigierender Fehler der (wissenschaftsgeschichtlichen) Vergangenheit; kurz: ein zutiefst affirmatives, ja dogmatisches Verhalten den Forschungsobjekten gegenüber. Alle Wissenschaft geriert sich kritisch. In dieser Hinsicht paradigmatisch ist der Kritische Rationalismus, erhebt er doch für Kritik den Anspruch einer letztgültigen Legitimationsinstanz nicht nur für die Natur-, sondern übergreifend auch für die Geistes- sowie Gesellschaftswissenschaften. Wenn im Alltagsverständnis noch die Meinungen darüber auseinandergehen, „[o]b es […] ein Maximum kritischer Haltung gibt" oder ob „es auch ein Zuviel an kritischer Einstellung geben könne: immerzu alles zu kritisieren, lasse eine positive Einstellung zum Leben und seinen Gegebenheiten vermissen"[37], sind hingegen die Fronten im Kampf der Wissenschaften um die Wahrheit geklärt: Theorie muß sich – dem Gebot des Kritischen Rationalismus zufolge – einer metatheoretischen und insofern gänzlich formalen Kritik unterziehen lassen, um, potentiell zeitlich begrenzt, als wahr oder wenigstens nicht falsch zu gelten: „Alle Problemlösungen – Theorien, Erklärungen, Überzeugungen, Systeme – können sich nur vorläufig bewähren, weil sie bisherigen kritischen Prüfungen standgehalten haben. Es gibt also keine Wahrheitsgarantie."[38] Erkenntnis wird als Wissen um Problemlösungsverfahren gefaßt, so etwa, wenn Popper sagt, „die einzige Form der Rechtfertigung unseres Wissens ist wieder nur vorläufig: Sie besteht in der Kritik, oder genauer darin, daß unsere Lösungsversuche *bisher* auch unserer scharfsinnigsten Kritik standzuhalten scheinen."[39] Kritik wird als Methode von außen an ihren jeweiligen Gegenstand, das heißt an eine beliebige wissenschaftliche Theorie, herangetragen und somit zum präsentistischen Rationalitätskriterium vorweg konzipierter Theorie – allerdings um den Preis eines a priori formal und inhaltlich verkürzten Kritikbegriffs. Formal, weil er, positivistisch gestutzt, nurmehr bloßes Instrument zur Erzeugung und Legitimation einer jeweils bestimmten Theorie ist; inhaltlich, weil sich damit gewisse erkenntnisleitende Konzepte, wie die der Rationalität und der Wissenschaftlichkeit – aber auch das metakritische der Instrumentalisierung von Kritik –, gar nicht mehr kritisieren lassen, wenn doch Kritik bereits jenen Konzepten, allen voran der Rationalität, subsumiert ist.

Damit ist es dem Kritischen Rationalismus jedoch prinzipiell unmöglich, etwas anderes als das ohnehin Gegebene zu behandeln: „Denn wie soll eine K[ritik] über den Status quo hinausführen können, wenn sie stets nur diejenigen Kriterien verwenden dürfte, die der Status quo als seine Gesetze festgelegt hatte."[40] Und wie sollte eine solche normativ eingeschränkte Kritik, da sie sich, obzwar sie universelle Geltung beansprucht, innerhalb eines hermetischen theorieerzeugenden Systems bewegt, dieses System und seine Hermetik selbst kritisieren und revidieren? Respektive gar abschaffen, sofern es denn der Kritik nicht standhielte? Wollte man Vernunft, Reflexion und Wissenschaft, um obige Beispiele aufzunehmen, tatsächlich kritisch wenden, so wären Vernunfts-, Reflexions-, Wissenschaftskritik zu üben, um durch die Kritik des je Gemeinten dieses auf seinen Begriff zu bringen. Die Kritik des Kritischen Rationalismus ist das Organ seiner Selbstbegrenzung, denn „als Kritik ihren praktischen Ausgangspunkt verlassen hat, weil sie der Forderung der Methode und nicht ihren eigenen Impuls – den des bewußt praktischen und immer negativen Kritisierens nämlich – folgte, hat sie sich selber aufgegeben."[41]

„Es gibt nun ein menschliches Verhalten, das die Gesellschaft selbst zu seinem Gegenstand hat"[42], so Horkheimer in seinem programmatischen Aufsatz „Traditionelle und kritische Theorie": „Dieses Verhalten wird im folgenden als das 'kritische' bezeichnet. Das Wort wird hier weniger im Sinn der idealistischen Kritik der reinen Vernunft als in dem der dialektischen Kritik der politischen Ökonomie verstanden. Es bezeichnet eine wesentliche Eigenschaft der dialektischen Theorie der Gesellschaft."[43] Gemeint ist also keine konstante Verhaltensweise, mit der jederzeit zu rechnen sei, sondern ein theoretisierendes 'Verhalten', das immer erst am Gegenstand zu realisieren ist: die Reflexion eines konfliktären Verhältnisses durch ein Subjekt, welches sich erst auf diese Weise und nur *jeweils* kritisch verhält. Kritik wird, wie Theorie im allgemeinen, in der Zeit und damit selber zeitlich begrenzt vollzogen, und diese – natürlich nicht zufälligen – koinzidenten Bestimmungen ermöglichen es, überhaupt von kritischer Theorie zu sprechen, als Vollzug von Theorie und Kritik in eins. Kritisch also ist das tätige bzw., im Fall einer kritischen Theorie, das theoriekonstituierende Verhalten; Kritik ist schließlich eine Praxis.

Das Bestehende als Inhalt ist immer schon bestimmt, letzten Endes als die schlechte Totalität der Gesellschaft. Eben weil sich Kritik nur von ihrem jeweiligen Gegenstand herleitet, weil er an sich selbst gemessen wird, es demnach also keine begründungsfähige Kritik an und für sich gibt, ist eine 'kritische Haltung' faktisch gegenstandslos. Kritik kann nur an ihrem jeweiligen Objekt ihre begründete Notwendigkeit erweisen. Das kritische und inhaltsbezogene und insofern nonkonforme Verhalten bestünde darin, nichts allein deshalb als universell und ahistorisch gelten zu lassen, weil es durch sein bloßes Dasein Geltung beansprucht;[44] nichts also dem Sein zuzuschlagen und somit als unveränderlich hinzunehmen aufgrund dessen, daß es ist. Jene Nonkonformität kann, Horkheimer zufolge, „als Gebot ausgelegt werden, das gegen Gebote gerichtet ist."[45] Daß jenes Gebot selbst nicht simpel normativ aufzufassen ist, erhellt aus der unerwartet paradoxen Forderung, eben jene Normen, die Gebote eingehalten wissen wollen, auf ihre geschichtlich sowie sozial begrenzte Geltung hin zu befragen: Das Gebot der Nichtnormativität ist auch auf sich selbst anzuwenden und kann seinerseits nur auf eine historischspezifische Geltung hoffen. Dergestalt zielt kritisches Verhalten, Nonkonformität also, nicht auf Einhaltung vorausgesetzter Gebote, sondern auf eine diese Gebote transzendierende Erkenntnis. Was Adorno im Hinblick auf die Rezeption musikalischer Werke sagt: „Die erkennende Haltung [...] ist eins mit der kritischen"[46], betrifft Sinn und Legitimation von Kritik im allgemeinen, d.h. den erkenntnisermöglichenden und -befördernden Aspekt von Kritik.

Kritik in ihrer jeweiligen (praktischen) Ausübung kann deshalb auch keine Habtachtstellung sein, die sturheil einer Kritikpflicht folgte beziehungsweise polizistisch jede Verletzung derselben anzeigte. Gerade das Dagegen-Sein aus Prinzip schert sich in erster Instanz um die Einhaltung des Prinzips, bestenfalls in zweiter um sein Objekt. Eine nur scheinbar radikale Kritik, die *prinzipiell* dagegen wäre, erzeugte sich selbst als Anderes dessen, was ist;[47] schüfe mithin einen positiven Standpunkt, der alles andere blindlings negiert. Dadurch würde jener Standpunkt allerdings selbst zu einem affirmativen. Der Kritiker nähme damit sozusagen die Rolle des – nicht etwa negativistischen Pessimisten, sondern: – in dieser seiner Rolle gefangenen Rechthabers ein, würde, mit Jean Améry zu sprechen, „zum dummstolzen Neinsager"[48]. Das Bestehende würde zum abstrakten Material abstrakter Negation. Kritik affirmierte sich dergestalt bis hin zum selbstgenügsamen Zweck des Kritikers, wäre „schlechte Positivität"[49] und reduzierte sich psychologisch auf eine Gesinnung, mit der sich bequem die Pose des Unbequemen einnehmen läßt, ohne sich tatsächlich kritisch verhalten zu müssen.[50] Der Inhalt jener Kritik ist dann nicht mehr nur beliebig: Er ist überflüssig; formallogisch bedingtes Ornament, denn ohne Inhalt ist schlechterdings keine Kritik zu üben; an deren Stelle träte die Klage.[51] Radikale Kritik jedenfalls wäre erst eine, „wüßte sie um ihre Nähe zur Gesinnungsethik, der die Gesellschaftskritik zum Mittel für das Heil des Individuums, d.h. des Kritikers *selbst*, gerät"[52]; übte sie also auch Kritik an der Kritik als Gesinnung und wäre sich ihrer ständigen Gefährdung bewußt, sich wohlfeil von ihrem Objekt zu lösen, um sich der Einfachheit halber ganz in den Dienst des kritisierenden Subjekts zu stellen.[53] Dann erst wäre sie auch das Gegenteil einer laut Henscheid mittlerweile zu beobachtenden „neue[n] Kitschgestalt [...]; daß, ähnlich wie die beiden Grundsehnsüchte der Zeit – kritischer Habitus und ewig gemütliche Gesinnung im Herzen – exakt auf kritische Folklore hinausdämmern."[54]

Ein Soziologe konstatiert optimistisch: „Daß konstruktive Kritik ein hölzernes Eisen ist, hat sich herumgesprochen."[55] Möglich. Das Wort aus zweiter Hand dürfte allerdings in den seltensten Fällen erkenntnisfördernd, sondern, allen Nachrichten gleich, die einen nicht zu betreffen scheinen, viel eher am nächsten Tag bereits Schnee von gestern sein. So wird auch weiterhin im Alltäglichen – und zwar sowohl in der breiten Öffentlichkeit wie auch im Privaten –, sobald Kritik laut wird, fast immer und fast immer ganz explizit eine Distinktion eingeführt, die als stählerne Regel in den dennoch 'herrschaftsfrei' genannten Diskurs eingeht und wie „die Diskussionsformel 'Darfichmalausreden' [...] an die freiheitlich-demokratische Grundordnung"[56] erinnert, tatsächlich jedoch ein voraussetzungsvolles, alles andere als herrschaftsfreies Dekret ist: die Unterscheidung von der akzeptablen 'konstruktiven Kritik' und der angeblich verletzenden 'destruktiven Kritik'.

Nur zu gerne wird übersehen, daß das Ausspielen der 'demokratischen' 'konstruktiven Kritik' gegen die 'destruktive Kritik' seinerseits ein Akt der Gewalt ist. „Wer sich und anderen die Negativität verbietet, hat die Demokratie nicht begriffen, auf die er sich beruft"[57];

sondern beruft sich aus Selbstbequemlichkeit, welche als Allgemeininteresse ausgegeben wird, auf den „sogenannte[n] demokratische[n] Common sense, der weder demokratisch noch Common sense ist"[58] Und Albrecht Fabri[59] schreibt: „man kann sich diesem Wort nicht mehr nähern, ohne daß der beschriebene Automatismus einem vorschlüge, es mit dem Zusatz 'positiv' oder 'konstruktiv' zu versehen. Doch etwas Schönes, das 'Positive' und das 'Konstruktive'! Nur daß Kritik entweder negativ und destruktiv, oder keine Kritik ist. Wer von 'positiver' bzw. 'konstruktiver' Kritik spricht, weiß nicht, was er sagt; er weiß weder, daß er mit dieser Wortverbindung, einer Phobie gehorcht, noch daß er sich mit ihr, implizit, jede Kritik verbittet."[60] Dergestalt wird 'destruktive Kritik' als schon formal inakzeptabel, weil regelwidrig abgelehnt, zumeist im gerechten Bewußtsein dessen, der, für alle offenkundig, 'unfair' angegriffen worden ist. „Gebeten wird um den Nachvollzug einer durch und durch berechtigten Empörung über zweifelsfrei verletztes Interesse."[61] Der als Aggressor empfundene Kritiker ist als solcher denunziert und von der Diskussion ausgeschlossen, das Objekt der Kritik ist über jeden Zweifel erhaben, mehr noch: es ist durch seine als 'destruktiv' abgeschätzte Kritik aufgewertet, ist doch offenkundig eine Abwertung des Gegenstandes nicht regelkonform – das heißt, es findet sich unmittelbar nichts 'Besseres', und „unterstellt wird, daß nur der Kritik üben könne, der etwas Besseres anstelle des Kritisierten vorzuschlagen habe"[62]: Kritik wird ganz allgemein zum Modus zur Gewinnung eines Vorschlags degradiert.[63] Hier stellt sich Adornos vielzitierte „fast unlösbare Aufgabe", „weder von der Macht der anderen, noch von der eigenen Ohnmacht sich dumm machen zu lassen."[64] Die Aufgabe des Kritikers ist es, Kritik zu üben.

Die inhaltsferne und die 'konstruktive' Kritik sind in ihrem Wesen als Affirmation verwandt: Auch dieser Modus von 'Kritik' ist seiner Funktion beraubt, auf Änderung des Bestehenden aus zu sein: 'Konstruktive Kritik' ist harmlos. Und sie ist gemein, weil sie sich auf das Gemeine einläßt. Wenn das Ticket des Herrschaftsfreien erst einmal gezogen ist, fährt jene Kritik gut mit dem herrschenden Konsens, während sie „vergessen macht, daß für nichts geredet wird, wo gegen nichts geredet wird"[65]. Sie kann das, was ist, nur als eine Möglichkeit aus einem Reservoir von Angeboten sehen, aus dem das jeweils

Passende auszuwählen ist. „Man soll sagen, was man will [...]. Der Sinn solcher Beschwerden ist an einem Usus der herrschenden Meinung zu greifen. Mit Vorliebe präsentiert sie Alternativen, zwischen denen zu wählen, deren eine anzukreuzen sei. So reduzieren Entscheidungen einer Verwaltung häufig sich auf das Ja oder Nein zu vorgelegten Entwürfen; insgeheim ist Verwaltungsdenken zum ersehnten Vorbild auch eines vorgeblich noch freien geworden."[66] Die ganze Palette der Angebote kann sie ebensowenig kritisieren[67] wie die Zumutung, sich aus vorgefertigten Entscheidungsmöglichkeiten die heraussuchen zu müssen, die dem eigenen Wunsch immerhin am nächsten zu kommen scheint. „Man pflegt Freiheit als eine zur Entscheidung zu fassen. Aber Entscheidung richtet sich nach der vorgezeichneten Alternative, in die sich die meisten Akte des Lebens spalten. Insofern ist sie die Unfreiheit. Freiheit wäre: nicht sich entscheiden zu müssen."[68]

Wirklich konstruktiv ist an der 'konstruktiv' genannten Kritik gar nichts, weil jeder so bezeichnete Vorschlag immer nur eine bereits vorgezeichnete Möglichkeit darstellt. Kritik ist die 'konstruktive Kritik' ebenfalls nicht, insofern sie nur auf eine reformistische Änderung innerhalb des Ganzen aus sein kann, dieses Ganze aber niemals auch nur erahnen, geschweige denn als Objekt in den Blick bekommen kann. Gerade wegen ihrer Harmlosigkeit kommt ihr die Rolle zu, sich als pragmatisch orientierte gegen die als irrational, weil unfruchtbar denunzierte 'destruktive Kritik' auszuspielen. Der Pragmatismus der instrumentellen, 'konstruktiven Kritik' orientiert sich an dem, was unter gegebenen Umständen augenscheinlich machbar ist. Er richtet sich an der 'Normalität' der herrschenden Ordnung aus und ist schon deshalb öffentlichkeitswirksam und öffentlich beliebt, weil die aus ihm erwachsende 'konstruktive Kritik' niemandem weh tut – sie bewegt sich in der öffentlichen Meinung wie der sprichwörtliche Fisch im Wasser und findet ihr adäquates Medium in der mehr oder weniger verklausulierten Tautologie. Und das hört sich dann so an, wie es Roger Willemsen beschreibt: „SS-Männer sind grausam, Ehebrecher verletzen das Sakrament des Ehebundes, Folterer foltern, Fahnder fahnden"[69] et cetera. Jene Kritik, die, mit dem Gestus des 'Das geht jetzt aber wirklich zu weit!' gerüstet, bloße Echauffage ist, begnügt sich mit der Deskription jeweils unliebsamer Zustände als jeweils unliebsame Zustände, ohne auf Gründe und Zusammenhänge dieser Zustände zu stoßen, ja, ohne deren gesellschaftlichen Gehalt auch nur zu erahnen. Diese kopfschüttelnde 'Kritik' wird provoziert aufgrund der Störung dessen, was als Normalität erachtet wird: In dieser ist man, je nach Gesinnung, nicht grausam, wird nicht das Sakrament der Ehe verletzt, wird nicht gefoltert oder gefahndet – „und damit basta!"[70], wie Robert Walser den guten Bürger sagen läßt.

Die tautologische 'Kritik', die doch nur ihre Auffassung von Normalität etablieren will, entspringt dem Denken, Kritik minus ihren 'destruktiven Gehalt' sei 'konstruktive Kritik'. Die ist aber auch auf diesem Wege nicht zu haben, jene Rechnung hat statt Kritik eine als Maximum ausgegebene Null zum Ergebnis: „Die konstruktive Kritik ist diejenige Form von Kritik, die einen in allem Veröffentlichten" – und also innerhalb der Öffentlichkeit – „immerzu an das denken läßt, was verschwiegen wird, elaborierte Nörgelei, dazu da, den Nimbus des Kritischen hochzuhalten und eigentlich eine Form von Zensur, denn sie bewahrt die vernünftigen Gedanken nicht nur davor, gedruckt, sondern sogar gedacht zu werden. Diese 'konstruktive' Kritik zieht die Demarkationslinie zwischen Harmlosem und Vernünftigem"[71], ohne sie je überschreiten zu wollen. Das ist ihr auch gar nicht möglich, denn sie kann nur dort geäußert werden, wo sich selbst dem flüchtigen Betrachter noch oberflächliche Änderungsmöglichkeiten offenbaren. Sie betätigt sich somit gegen jene Handvoll gesellschaftlicher Phänomene, die noch nicht den Anschein naturhafter Unabänderlichkeit haben. Wo es hingegen unsinnig scheint, die als natürlich hingenommene Normalität zu kritisieren, gilt es durchaus als sinnvoll, mit einem abweichenden oder gar widersprechenden Vorschlag das von anderer Seite – und sei's als natürlich – Geforderte zu kritisieren und somit die Möglichkeit offenzuhalten, seine eigene Meinung durchzusetzen – was dann ja praktisch, je nach Diskussionsgegenstand, fraglos möglich ist. Dies ist die Schablone für die allwärtige Forderung nach 'Kritikfähigkeit' im Zusammenhang einer jeden Diskussion, die sich ihre basisdemokratische Dignität zusammenklaubt aus der Selbstbewertung als Moment einer „Kritikkultur"[72] bzw. „Streitkultur"[73]; letztere eine Vokabel, die Eckhard Henscheid treffend als „Allzweck-Dünnpfiff v.a. der allgemeinen Fernsehtalkkultur"[74] bezeichnet, womit sich der Kreis immerhin schließt, denn, wie Gerhard Schweppenhäuser feststellt: „ein Talkshow-Moderator, der keine kritischen Fragen stellt, überzeugt niemanden, und 'Kritikfähigkeit'", siehe oben, „gilt als Bürgertugend."[75] Unser Zeitalter, Kant zu revidieren, ist das der Pose. „Je leerer das Geheimnis, um so mehr bedarf sein Wahrer der Haltung"[76], sagt Adorno, und so liegt nahe, daß sich besagte 'Kritikfähigkeit' – das meint die Fähigkeit, Kritik zu üben, ohne jemandem dabei so arg 'weh' zu tun, daß man zur Verantwortung gezogen werden könnte – gerade dort in Form zuzeiten abzurufender „Revolutionsgesten, die zu nichts verpflichten"[77], etabliert hat, wo sie sich, der Sache nach wirkungslos, ökonomisch verwerten läßt: in der Kulturindustrie, im Musikbusiness zumal. „Eine rebellische Geste da, ein systemkritisches Wort dort, schon ist für Aufmerksamkeit gesorgt"[78], schreibt Robert Misik zutreffend, um im nächsten Schritt als emanzipatorischen Gegenentwurf zur den „Sprengstoff 'Kritik'"[79] entschärfenden „Verwandlung von Kritik in Pop"[80] die Deutschrockband 'Wir sind Helden' aufzubieten, deren 'Frontfrau' in einem Interview von sich sagt: „Ja, klar. Ich bin schon rebellisch und auch immer mal wieder wütend im Sinne von: nicht abzuspeisen. [...] Das ist doch das Frechste und Unverschämteste, was man tun kann: In alledem glücklich zu sein."[81] 'Keck', 'frech', 'authentisch' und dergleichen onkelhafte Vokabeln sind es, die sich nachreden lassen muß, wer „aggressive Affirmationswut"[82] als unverschämtes Rebellentum verkaufen will.

Wie im Wissenschaftsbetrieb, so besteht auch in allen anderen gesellschaftlichen Bereichen der Königsweg der Kritikabwehr darin, virtuell *jede* Äußerung als kritisch hinzustellen. Das Zeugnis 'kritisch' wird planübererfüllend selbst dort noch zuvorkommend ausgestellt, wo sich doch von sich aus gar niemand kritisch äußern wollte. Und wenn erst noch der offene Konformismus in die Verpackung einer dann meist 'mutig' genannten Kritik gezwängt wurde, ist endlich alles Kritik und ergo nichts mehr. Der moderne Kritikbegriff, der mit dem der Aufklärung, als er noch Sache von Philosophen und Philologen war, nichts mehr gemein hat als die Geschichte, wurde, indem die Gesellschaft sich gegen wirkliche Kritik immunisiert hat, zur Phrase gemodelt. 'Konstruktive Kritik' dispensiert von 'destruktiver', Gutmenschen- und Bedenkenträgertum von wirklicher Kritik. Die allseitig Einverständnis heischende Pseudokritik ist, wiewohl sie sich eben pragmatisch-'vernünftig' gibt, im klassischen Sinne unvernünftig, bescheidet sie sich doch – unter Absehung von zu verwirklichender Vernunft – in vorweggenommenem Gehorsam auf das, was ihr als Realität zugemutet wird, noch bevor sie diese überhaupt in Angriff nähme. „Die 'abweichende Meinung' trägt nurmehr eine Funktionsmaske. [...] Der kritische Diskurs, wie verblendet auch immer, existiert nicht mehr, jedenfalls nicht mehr in seiner notwendigsten Form, nämlich als Infragestellung der Grundprinzipien gesellschaftlicher Organisation. Was übrigblieb, ist allenfalls immanente Kritik: eine Reform, bitte, eine Retouche, eine kleine Ergänzung, eingefordert mit dem Pomposo des 'wir müssen' und 'wir dürfen nicht' etc. Mit anderen Worten: Alle Menschen werden Realpolitiker."[83] Damit allerdings ist jedes Ziel, das außerhalb der bereits vorgezeichneten Möglichkeiten liegt, aus dem Sinn. Das Bekenntnis zur nun einmal bestehenden Realität, in welcher man einzig tätig sein könne, unterbindet vorab die Freiheit des als Hirngespinst abgetanen Wünschenswerten. So bemerkt Adorno zur erörterten Realpolitik: „Hitler, following Bismarckian tradition, often speaks about *Realpolitik*." Denn: „He derides any idea of 'Utopia' and enjoys the notion that the world is not only bad, but that it shall remain essentially as bad as it is, and that it is a punishable crime to think that it could be essentially different."[84] Die Forderung nach 'konstruktiver', 'realistischer' – d.h. an der sich offenbarenden Realität orientierter – Kritik als Bedingung für herrschaftsfreies Reden verkennt, daß die rituelle Abwehr aus verinnerlichtem Zwang und das entsprechende Ausbleiben 'destruktiver Kritik' Insignium und Garant bereits zementierter Herrschaft ist. „Zwei Jahrhunderte nach Kant und ein halbes nach dem Emporkommen der *Kritischen Theorie* Frankfurter Prägung meint heute 'kritisch' meist nichts als mehr oder weniger 'laut', 'naseweis' und 'aufdringlich', bzw. 'geisthaberisch'. Und nicht zuletzt 'g'schaftlhuberisch'. Respektive 'engagiert', d.h. 'nicht ganz dicht'. Mit einem Wort: kritisch eben."[85]

Gerhard Schweppenhäuser faßt die Motivation derer, die 'konstruktive' anstelle 'destruktiver Kritik' fordern, folgerichtig zusammen: „Wer Kritik überhaupt nur akzeptieren will, wenn sie von jemandem vorgetragen wird, der das Kritisierte selbst besser zuwege bringt, oder behauptet, zumindest zu wissen, wie man es machen müsse, der folgt einer Immunisierungsstrategie"[86]; die offenbar notwendig ist, weil radikale Kritik, die ja durchaus ahnungsvoll 'destruktiv' genannt wird, an das Fundament des eigenen Daseins rührte, indem sie potentiell alles als gültig Gegebene in Frage stellt. Anscheinend ist die Idee durchaus vorhanden, daß der Kaiser nackt und die Kritik aufs Ganze berechtigt sein könnte. Wie anders wäre sonst „das Geschrei nach der konstruktiven: sich duckenden Kritik"[87], wie Adorno es bemerkt, der sich „[s]eit seinen Anfängen [...] den Vorwürfen unfruchtbarer Negativität, krampfhafter Aversion gegen alles Positive und Heile, eines bloß destruktiven kritischen Vermögens konfrontiert gesehen, ja mehr: sich gern ausgesetzt"[88] hat, zu erklären? Die Aversion richtet sich gerade gegen das aufklärerische, erkenntnisfördernde Moment der Kritik: „Mit sicherem Instinkt wissen die Individuen [...], daß ihre Erkenntnis sie nur dazu bringen würde, sich der die Gesellschaft bestimmenden Macht zu konfrontieren. [...] [A]m Ende geht den vernünftigen Individuen sogar noch das Bedürfnis nach Einsicht ins gemeinsame gesellschaftliche Leben selbst verloren."[89] Die Realität, über die dergestalt verfügt wird, daß man sich in ihr einrichtet, ist somit davor gefeit, von den Immunisierten als Zumutung empfunden zu werden, weil eine Verbesserung der Umstände, ein Fortschritt im allgemeinen nurmehr eine Sache des Arrangements bereits existenter Momente des Ganzen ist. Was noch bleibt – auch weil darüber allseitig große Einigkeit herrscht –, ist die schlecht aufgeklärte romantizistische Erzählung, derzufolge früher alles besser gewesen sei, sowie die Rede davon, daß 'die da oben' sowieso machten, was sie wollen. Auch diese per se unkonstruktive Kritik wird freilich noch affirmativ eingeholt: als Variation jenes fügsamen Seufzers, nach dem es ja irgendwie weitergehen müsse, so wie „der Allerweltstrost, es könne immer noch schlimmer kommen, [...] zum Verdammungsurteil [wird]."[90]

'Destruktive Kritik' ist nur dort noch wohlgelitten, wo sie als Aversion auftritt.[91] Was zunächst Paradox erscheint, daß nämlich gerade das Ressentiment, sei es auch noch so potentiell destruktiv, nicht seinerseits auf Ressentiments stößt, ist bei näherer Betrachtung der Machtverhältnisse ganz einsichtig, denn es weiß die Mehrheit hinter sich. Es ist die Äußerung des „Wesen[s] einer Gruppe und der von ihr erzeugten Macht [...], sich gegen Unabhängigkeit, die mit

Stärke Hand in Hand geht, zu wehren."[92] Gruppendynamisch heißt das, daß einer 'destruktiven Kritik', die von einer unabhängigen Minderheit oder gar einem unabhängigen Einzelnen ausgeht, seitens der Mehrheit oder ihres Fürsprechers mit 'destruktiver Kritik' begegnet wird, die allerdings eben bloßes Ressentiment ist, unreflektierte Abwehr, die sich zumeist, wie der allergrößte Teil öffentlich geäußerter Kritik, einer abweichenden Meinung, einer anderen Vorstellung vom gegebenen Sachverhalt verdankt. Diese 'destruktive Kritik' gegen die Minderheit ist im Rahmen der Mehrheit 'konstruktiv', denn sie ist nicht nur mehrheitsfähig, sondern in dieser Mehrheit erst entstanden. Der Kritiker tritt, kritisiert er nur radikal genug, als Vereinzelter einer Mehrheit gegenüber – verträte er auch deren Interesse –, indem er gerade die Position der Mehrheit kritisiert. Damit entbehrt er allerdings auch der Macht, die der Gruppe zukommt, denn: „Über Macht verfügt niemals ein Einzelner; sie ist im Besitz einer Gruppe und bleibt nur solange existent, als die Gruppe zusammenhält. Wenn wir von jemand sagen, er 'habe die Macht', heißt das in Wirklichkeit, daß er von einer bestimmten Anzahl von Menschen ermächtigt ist, in ihrem Namen zu handeln."[93] An der Machtfrage entscheidet sich auch die politische Ausrichtung geäußerter Kritik. So will konservative Kritik dahin, die Macht zu erlangen und ist dabei immer 'konstruktiv'. Der Unterschied zur wirklichen, zur radikalen Kritik ist der, daß diese nicht nur Macht, sondern auch Politik im allgemeinen zum Gegenstand ihrer Kritik machen kann, weil sie nichts erhalten bzw. konservieren und keinem historisch bereits Gewesenen zur erneuten Durchsetzung verhelfen will. Dies ist weniger eine Interessenfrage als vielmehr eine des uneingeschränkten Objektbereichs des hier verhandelten Kritikbegriffs. Desgleichen ist umgekehrt 'konstruktive Kritik' deshalb immer konservativ oder gar reaktionär, weil sie die Macht des Faktischen hinter sich weiß und am Allgemeinen (der Staatlichkeit und Gesellschaftlichkeit) ihre Grenze findet.

Hinsichtlich des Objektbereichs von Kritik gibt Claus von Bormann den Hinweis, daß „wir nicht alles [kritisieren], was uns mißfällt, beispielsweise nicht das Wetter, nicht Krankheit oder Tod oder eine Naturkatastrophe, denn wir können nichts daran ändern. Kritik hat ihren Ort dort, wo das, was kritisiert wird, nicht einfach als solches hingenommen werden muß, vielleicht unter dem Gefühl des Ärgers oder der Trauer, sondern wo etwas wahr oder falsch, gut oder schlecht, schön oder häßlich, gerecht oder ungerecht, passend oder unpassend sein kann. Kritik betrifft nicht die Dinge für sich selbst, sondern nur, insofern sie als abhängig vom menschlichen Handeln gedacht werden, und das bedeutet, daß der Grund ihrer Veränderlichkeit im freien Willen des Menschen liegt."[94] Was von Bormann an dieser Stelle nur implizit entwickelt, ist das sich über die Philosophiegeschichte durchhaltende Verständnis von Natur als nicht-kritikabel. Kritik an der Natur als Nicht-Gemachtes, Natur als in ihrer reinen außersubjektiven Natürlichkeit als invariant begriffene, ist per se unvernünftig und schlichtweg sinnlos. Es ist „nicht allein Kontingenz, sondern darüber hinaus so etwas wie die Annahme von Freiheit (zum Handeln) und Macht (zum Handeln) Bedingung der Möglichkeit von K[ritik]."[95] Und so wie nur menschliche Individuen kritisch, d.h. kritisierend tätig werden können, können auch nur menschliche Taten – sowie deren etwaige Konsequenzen – kritisiert werden. Selbst die oben ins Spiel gebrachte Klage über schlechtes Wetter beispielsweise fällt als Wunsch, es möge anders sein,[96] der vollendeten Ohnmacht anheim, weil sie sich auf kein Objekt richtet, das als Subjekt für sich jenes zu verantworten hätte und es insofern ändern könnte. Änderung des jeweiligen Wetters, um das Beispiel fortzuführen, wäre einzig vom technischen Fortschritt innerhalb der Gesellschaft zu erwarten, die dereinst tatsächlich das Wetter bestimmen könnte. (Gleiches gilt im übrigen für die Abschaffung von Krankheit und, eben doch, gar Tod – als *die* fürwahrhaft utopische Idee.[97]) Damit erst wäre auch die Bedingung geschaffen, diejenigen zu kritisieren, die das bestimmte Wetter *gemacht hätten*. Eine Bedingung von Kritik ist es mithin, das Unnatürliche als solches zu begreifen, auch wenn es als Natürliches erscheint; das scheinbar natürlich Gegebene als gesellschaftliches Produkt zu erkennen, als das es ausführlich bei Marx ausgewiesen und kritisiert ist. Das Ganze, als Objekt der Kritik, ist das *gesellschaftlich* Ganze. „Kritik", so sagt Helmut Dahmer, „entzieht uns der Fatalität bewußtloser Praxis"[98], entzieht also den Kritiker dem ideologischen Schein der Natur- und das heißt Schicksalhaftigkeit. Nicht umsonst nimmt der moderne Kritikbegriff seinen Ausgang in der Aufklärung – und soweit, mindestens, wäre die Aufklärung zu retten.

Kritik muß sich am geschichtlich Konkreten abarbeiten, auch deshalb ihr Bezug auf den jeweiligen Inhalt. Als jeweils inhaltlich vollzogene kommt ihr keinerlei ontologische Dignität zu, sondern sie ist je 'bloß' verzeitlicht. Aber erst dadurch kann sie überhaupt potentiell Wirksamkeit reklamieren. So steht denn auch eine kritische Theorie der modernen Gesellschaft nicht einfach 'da' als eine ein für allemal geleistete, sondern realisiert sich erst durch ihre Ausführung. Indem sie nur inhaltlich geübt werden kann, offenbart sich das immanent utopische Moment radikaler Kritik. „Erkenntnis, die den Inhalt will, meint die Utopie."[99] Durch den Allgemeinheitsanspruch der Kritik, durch ihren Anspruch also, sich notwendigerweise auf alles, inklusive sich selbst, beziehen zu können, wohnt der Kritik eine Potentialität inne, sich selbst zu übersteigen, um eine Spur dessen zu finden, was nicht schon Moment der bestehenden Verhältnisse ist.

„Das sich aufzwingende Prinzip, daß es zu der Alternativlosigkeit der Gegenwart nur die Alternative des unvermittelt Anderen der Utopie gebe, ist selbst unfrei und falsch."[100] Denn schwerlich wird jene Spur jenseitig ihrer Entdeckung harren. Der einzig womöglich gangbare Weg ist der, welcher in bestimmter Negation dessen, was bereits ist, über dieses hinausführt, indem „das Falsche, einmal bestimmt erkannt und präzisiert, bereits Index des Richtigen, Besseren ist"[101], denn „das einzig Positive, das man 'hat', ist das Gegebene in seiner Schlechtigkeit, über das die Erkenntnis mit nichts anderem hinausgeht als damit daß sie die Schlechtigkeit durch den immanenten Widerspruch des Gegebenen bestimmt. Das Positive ist das Negative, und nur das Negative, die bestimmte Negation, eigentlich positiv"[102]; das meint konkrete Kritik an konkreten Verhältnissen im Gegensatz zur 'konstruktiven Kritik', für die 'das Positive' immer schon abrufbar scheint, wenn man sich nur seine rechten Gedanken macht.

Insoweit Kritik immer ein Verhältnis zwischen Subjekt und Objekt ist, können die Subjekte gar nicht anders, als sich kritisch auf das jeweils Vorgefundene beziehen. Solange etwas kritisierbar ist, ist es auch als falsch zu kritisieren. Das 'normative Fundament' von Gesellschaftskritik, nach dem zuweilen so heftig begehrt wird,[103] ist ein doppelt negatives: Es ist gekennzeichnet durch die Nichtexistenz der Unmöglichkeit, Kritik zu üben. Insofern die Intention der Kritik das Nicht der Kritik ist, das Andere, das *noch nicht ist*, dürfen dazu allerdings Kritik und ihr Anderes nicht positiv unter eine sie umfassende Totalität fallen. „Zu den Erfahrungen der Neuen Linken […] gehört es, daß Kritik, sie mag noch so radikal gemeint sein, nicht dagegen gefeit ist, vom Bestehenden in 'systemimmanente' Kritik umgebogen zu werden"[104], beklagt Röttgers. Radikal meinen und radikal kritisieren ist eben zweierlei, und solange Gesellschaftskritik nicht aufs Ganze der Gesellschaft geht, kann sie bestenfalls Korrekturen innerhalb des bestehenden gesellschaftlichen Ganzen erwirken. „Ihre Krise und ihr eigenes Ende – das wären demnach letztlich die Ziele radikaler Gesellschaftskritik. Denn radikale Gesellschaftskritik zielt nicht nur auf die Überwindung ihres Gegenstandes – zuletzt der kapitalistischen Gesellschaft als solcher –, sondern Kritik hat, weil sie sich aus nichts anderem als diesem Gegenstand begründen kann, zugleich sich selbst zum Gegenstand. Folgerichtig hat sie sich vollendet, wenn sie unmöglich zu sein scheint insofern, als sie ihre eigene Kritik zu formulieren imstande ist."[105] Kritik trägt demgemäß und dergestalt ihr eigenes Möglichkeitskriterium in sich: Ihre Möglichkeit erweist sich in ihrem Vollzug. Ist ihr Ziel die Selbstabschaffung, so muß sie die Bedingung der Möglichkeit ihrer Ausübung kritisieren. Was Adorno über die Kulturindustrie im besonderen bemerkt, gilt auch für die Gesellschaft im allgemeinen: sie „enthält das Gegengift ihrer eigenen Lüge. Auf nichts anderes wäre zu ihrer Rettung zu verweisen."[106] Voraussetzung radikaler Gesellschaftskritik ist, daß die kritisierte Gesellschaft die Kritik ihrer selbst ermöglicht, und somit muß Gesellschaftskritik „immer aufs neue die Immanenz einer Kritik zum Problem machen, die sich als Durchsetzungsmoment dessen rekonstruieren läßt, was durch die Kritik überwunden werden sollte."[107] Erst wenn die Situation entstanden ist, daß Kritik tatsächlich nur noch sich selbst kritisieren kann, weil ihrer Objekte ledig geworden und somit überflüssig oder gar unmöglich geworden ist, hätte sie endlich zugleich ihr Ziel erreicht und schaffte sich mit ihrem Gegenstand selbst ab. „Gesellschaft, die ihrem Begriff entspräche, ginge über in Menschheit"[108]. Und wäre schließlich alles andere als 'Gesellschaft'.

Sondern.

*Anmerkungen*

[1] 'Hochschulgruppe der Antifaschistischen Aktion Berlin', We didn't start the fire, it was always burning since the world was turning, 10. Vgl. dazu Adornos Aussage: „Kants Satz, der kritische Weg sei allein noch offen, ist einer von jenen verbürgtesten, deren Wahrheitsgehalt unvergleichlich viel größer ist als das an Ort und Stelle Gemeinte." (Adorno, Über Tradition, AGS 10.1, 315.)
[2] Willemsen, Kopf oder Adler, 170.
[3] Schuberth, Wer liebt Elfriede Jelinek?, 55.
[4] Ickler, Falsch ist richtig, 201 f.
[5] Riha, Kritik, Satire, Parodie, 121.
[6] Anonym (b), Kritik – wie geht das?, 26.
[7] Marmontel, Critique, 492. (Auf deutsch etwa: „Der unwissende Kritiker ist derjenige, der diese Vergleichsgegenstände gar nicht oder nur schlecht kennt.") Reinhart Koselleck weist darauf hin, daß sich am zitierten Artikel Jean-François Marmontels über 'critique' zeigt, daß Kritik seinerzeit „über Kunst und Wissenschaft hinaus bereits definitionsgemäß Staat und Gesellschaft erfaßt hat." (Koselleck, Kritik und Krise, 203, Fn.)
[8] Schulz, Morbus fonticuli oder Die Sehnsucht des Laien, 349.
[9] 'Hannes', Kritik der Politik, 29.
[10] Röttgers, Kritik und Praxis, 31. Claus von Bormann relativiert jene Selbstzuschreibung allerdings, wenn er sagt, „daß mit guten Gründen jedes Jahrhundert seit etwa 1600 als 'Zeitalter der Kritik' bezeichnet werden konnte." (von Bormann, Der praktische Ursprung der Kritik, 12.)
[11] „Kritik und Kritizismus entstanden im Zuge einer großen intellektuellen Bewegung im Europa des 17. Jahrhunderts. In ihrem Mittelpunkt stand die philologische Untersuchung von antiken Texten, einschließlich der heiligen Schriften. Im folgenden Jahrhundert wurde dies auf die Kritik der Politik, der Religion und der Vernunft ausgedehnt." (Therborn, Dialektik der Moderne, 4.)
[12] Adorno, Negative Dialektik, AGS 6, 219.
[13] Heinrich, Die Wissenschaft vom Wert, 208.
[14] Dem 'Historischen Wörterbuch der Philosophie' zufolge geht der heutige Kritikbegriff auf das griechische Wort 'êñéôéêÞ (ôÝ÷íç)' zurück, „wobei die Bedeutung von 'beurteilen' oder 'entscheiden' in ethisch-politischer und juristischer Hinsicht, aber auch ganz allgemein im unterscheidenden Wahrnehmungsurteil oder Denkakt überwiegt." (von Bormann, Kritik, 1249.) Kritik als Instrument des unterscheidenden Urteils wird bereits von Aristoteles nicht nur auf alltägliche Praxis bezogen, sondern auf Logik und Wissenschaft im allgemeinen. (Ebd., 1250 f. u. ebd.,1256 f.) Einen weiteren Objektbereich erhält die Kritik aus der Philologie: „Der philologische Beruf erhielt seit etwa 300 v.Chr. neben den Bezeichnungen des Grammatikers (ãñáììáôéêüò) und des Philologen (öëëïëïãïò) die des Kritikers (êñéôéêüò). Nach späterem Zeug-

nis scheint sogar der Name des 'Kritikers' der ursprüngliche terminus technicus für Literaturwissenschaftler gewesen zu sein" (Ebd., 1252. Vgl. dazu Beumann, Der Schriftsteller und seine Kritiker im frühen Mittelalter). Nachdem das „seit dem 17. Jh. bezeugte Substantiv *Kritik*" (Drosdowski, Duden „Etymologie", 389) in der deutschen Sprache etabliert ist – laut 'Etymologischem Wörterbuch des Deutschen' zunächst „*Critique*. Ende 17. Jh., dann *Critic, Critik*. 18. Jh." (Pfeifer et al., Etymologisches Wörterbuch des Deutschen, 736); Röttgers zufolge taucht das Wort 'Kritik' hingegen „in deutscher Sprache erstmals 1718" auf (Röttgers, Kritik und Praxis, 21) –, bezeichnet das Grimmsche 'Deutsche Wörterbuch' „kritik" ganz in diesem Sinne als „die kunst des fachmäszigen urtheilens oder beurtheilens in sachen der künste und wissenschaften." (Anonym (a), kritik, 2334.)

[15] von Bormann, Der praktische Ursprung ..., 51.
[16] Ebd., S. 9.
[17] Röttgers, Kritik und Praxis, 25.
[18] Schweppenhäuser, Theodor W. Adorno zur Einführung, 21.
[19] Kant, Beantwortung der Frage: Was ist Aufklärung?, KW XI, 55.
[20] Röttgers, Kritik und Praxis, 31.
[21] Kant, Beantwortung der Frage ..., KW XI, 55.
[22] Röttgers, Kritik und Praxis, 31.
[23] Vgl. ebd., S. 56.
[24] Adorno, Kritik, AGS 10.2, 788 f. Zusammengefaßt heißt das: „Kritik am Privileg wird zum Privileg" (Ders., Negative Dialektik, AGS 6, 51) – und ist insofern wiederum der Kritik ausgesetzt.
[25] Vgl. Krause, Das historische Spektrum der philosophischen Kritik.
[26] Röttgers, Kritik und Praxis, 57.
[27] Ebd., S. 25.
[28] Adorno, Kritik, AGS, 10.2, 786. Röttgers weist darauf hin, daß sich eine „*Aufspaltung des Begriffs*" (Röttgers, Kritik und Praxis, 147) der Kritik bei Hegel besonders in seinen systematischen Hauptwerken feststellen läßt. Drei „semantische Kreise" (ebd., S. 149.) seien es, in denen sich der Kritikbegriff als nurmehr impliziter bewege: Der Widerspruch und das Negative, (s. ebd., 149 ff.) die Prüfung in der 'Phänomenologie des Geistes' (s. ebd., 152 ff. u. vgl. Hegel, Phänomenologie des Geistes, HW 3, 77 f.) und das Prinzip der immanenten Kritik. (s. Röttgers, Kritik und Praxis, 155.) Adorno charakterisiert letzteres dadurch, daß es den Kritisierten „mit seiner eigenen Kraft dorthin treibt, wohin er um keinen Preis möchte, und ihm mit dem Geständnis der eigenen Unwahrheit Wahrheit abnötigt." (Adorno, Zur Metakritik der Erkenntnistheorie, AGS 5, 14. Vgl. Röttgers, Kritik und Praxis, S. 145.) Gleichwohl steht dieser Modus der Kritik bei Hegel ausschließlich für die rein philosophische Kritik.
[29] Ebd., S. 163.
[30] Hegel, Grundlinien der Philosophie des Rechts, HW 7, 24.

[31] Adorno, Kritik, AGS 10.2, 786. Bezeichnenderweise negiert gerade Adorno diese Hegelsche Bestimmung, indem er den gesellschaftlichen „Verblendungszusammenhang", in dem die Gesellschaft unterm Kapital verfangen ist, als „universal" betrachtet: was ist, ist unvernünftig, weil es ein vermitteltes Moment des ganzen Falschen ist. (Siehe ders., Negative Dialektik, AGS 6, 397; ders., Ästhetische Theorie, AGS 7, 252.)
[32] Röttgers, Kritik, 889.
[33] Ders., Kritik und Praxis, 1.
[34] von Bormann, Der praktische Ursprung …, 1. Jene Emphase macht von Bormann bei „Hermeneutische[r] Reflexion, kritische[m] Rationalismus, analytische[r] Sprachphilosophie, kritische[r] Theorie und marxistisch-materialistische[r] Philosophie" (ebd.) aus. – Das 'Historisch-Kritische Wörterbuch des Marxismus' notiert: „Kritisches Gesellschaftsdenken in der Nachfolge v.a. der *marx*schen Kr[itik der] p[olitischen] Ö[konomie] blieb in den Ländern des Kapitalismus Kritik bürgerlicher Wissenschaft und galt daher nicht als allgemeine G[esellschaftstheorie]. Marxistische Wissenschaft entfaltete sich oppositionell und wählte zumeist ausdrücklich das Suffix 'kritisch' – manchmal auch 'demokratisch' – zur Selbstbezeichnung: Kritische Theorie, Kritische Psychologie, Kritische Pädagogik, Kritische Justiz, demokratische Psychiatrie usw." (Haug, Gesellschaftstheorie, 598. – Das vermeintliche Suffix ist hier allerdings ein Adjektiv.)
[35] von Bormann, Der praktische Ursprung …, 1.
[36] Ebd., S. 3.
[37] Röttgers, Kritik, 889.
[38] Albert, Kritischer Rationalismus, 15.
[39] Popper, Die Logik der Sozialwissenschaften, 106. Vgl. von Bormann, Der praktische Ursprung …, 116, Fn.
[40] Röttgers, Kritik, 890.
[41] von Bormann, Der praktische Ursprung …, 115.
[42] Horkheimer, Traditionelle und kritische Theorie, HGS 4, 180.
[43] Ebd., Fn.
[44] „Die gewöhnlichsten Irrschlüsse der Menschen sind diese: eine Sache existirt, also hat sie ein Recht. Hier wird aus der Lebensfähigkeit auf die Zweckmässigkeit, aus der Zweckmässigkeit auf die Rechtmässigkeit geschlossen." (Nietzsche, Menschliches, Allzumenschliches, 50.)
[45] Horkheimer, Zur Kritik der instrumentellen Vernunft, HGS 6, 183.
[46] Adorno, Der getreue Korrepetitor, AGS 15, 400.
[47] So warnt die 'Marxistische Streit- und Zeitschrift' davor, „'aus Prinzip' kritisch zu sein", weil „Kritik nicht einfach [ist]. Sie besteht weder in der billigen Konfrontation: 'Das paßt mir nicht' – noch in der ebenso heuchlerischen wie unterwürfigen Übernahme der gemeinnützigen Gesichtspunkte, unter denen die Demokratie den Totalitarismus ihrer 'konstruktiven Kritik' veranstaltet. Sie beruht auf der Erklärung ihrer Gegenstände." (Anonym (b), Kritik – wie geht das? 29.)

[48] Améry, Über das Altern, 133.
[49] Adorno, Vorlesung über Negative Dialektik, ANS IV/16, 40.
[50] Das hat auch der derzeit amtierende Bundespräsident Horst Köhler gemerkt und als Vorteil begriffen, weshalb er seinem Buch den Titel gab: „Offen will ich sein und notfalls unbequem" (vgl. auch dort S. 193). – Wenngleich Köhler nicht verrät, wann mit einem derartigen „Notfall" zu rechnen wäre, der es bedingte, „unbequem" sein wollen zu müssen, so lehrt doch der Lauf der Dinge, daß die radikalkonformistische Selbstbezichtigung als Nonkonformist im Wartestand einen folgerecht vom Amt des Direktors des Internationalen Währungsfonds in das des Bundespräsidenten führen kann.
[51] Vgl. diesen, durchaus metaphysischen, Begriff der Klage bei Scholem, Tagebücher nebst Aufsätzen und Entwürfen bis 1923, 148.
[52] Creydt, Kritik – Eine Frage der Existenz, 826.
[53] „Für den, der nicht mitmacht, besteht die Gefahr, daß er sich für besser hält als die andern und seine Kritik der Gesellschaft mißbraucht als Ideologie für sein privates Interesse. Während er danach tastet, die eigene Existenz zum hinfälligen Bilde einer richtigen zu machen, sollte er dieser Hinfälligkeit eingedenk bleiben und wissen, wie wenig das Bild das richtige Leben ersetzt." (Adorno, Minima Moralia, AGS 4, 27.)
[54] Henscheid, Musikplaudertasche, 270. Der Ausdruck einer „kritischen Folklore" stammt von Michael Rutschky: „Bekanntlich befindet sich die philosophische Gesellschaftskritik in einer schwierigen Lage. Weil der Zeitgeist, klagt die eine Fraktion der Achtundsechziger, sich seit den achtziger Jahren dem Affirmativen verschrieben hat, die Yuppies, der Hedonismus, das Eleganzprogramm. Keiner erträgt mehr den Schmerz der Negation. Ich rechne mich zu der anderen Fraktion. Sie erkennt als Ursache für die Schwierigkeiten der Gesellschaftskritik heute ihren Massenerfolg. Wir leben in einer Gesellschaft, die samt und sonders aus Gesellschaftskritikern besteht. Wäre ich Professor, ich gäbe mal als soziologische Diplomarbeit in Auftrag: Untersuchen Sie ein Jahr lang den Leserbriefteil der" – immerhin reichlich konservativen – „*Welt* im Hinblick darauf, welche kritischen Formeln der Frankfurter Schule die Leserbriefschreiber verwenden! Längst sind diese Formeln eine Art Folklore geworden." (Rutschky, Der Alte Meister …, 10. Vgl. dazu Demirovic, Der nonkonformistische Intellektuelle, 11.)
[55] Bröckling, Kritik oder Die Umkehrung des Genitivs, 95.
[56] Schulz, Morbus fonticuli …, 228 f.
[57] Adorno an Peter Suhrkamp, 25. Juni 1951, in Schopf (Hg.), „So müßte ich ein Engel und kein Autor sein", 25.
[58] Horkheimer an Pollock, 7. Mai 1946, HGS 17, 728.
[59] „Wer kennt Fabri, Albrecht Fabri?", fragt Jürgen Roth. (Roth, Die große Wehmut der Instrumente, 32.) Und das höchstvermutlich zu Recht, denn der Schriftsteller, Literatur-, Kunst- und strenge Sprachkritiker: Albrecht Fabri (1911–1998) dürfte weitgehend unbekannt sein, obgleich mittlerweile des-

sen 'Gesammelte Schriften' (Fabri, Der Schmutzige Daumen) erschienen sind. Und er, der Formalist Fabri, zweitens beinahe für das 'Institut für Sozialforschung' tätig gewesen wäre: Mit Adorno bestand seit 1953 Kontakt, die geplante Mitarbeit scheiterte jedoch schließlich aus finanziellen Gründen.

[60] Ebd., 387. Falsch gesetztes Komma im Original.
[61] Anonym (b), Kritik – wie geht das?, 27.
[62] Adorno, Kritik, AGS 10.2, 792.
[63] Entfällt
[64] Adorno, Minima Moralia, AGS 4, 63.
[65] Willemsen, Kopf oder Adler, 9.
[66] Adorno, Negative Dialektik, AGS 6, 42.
[67] Beziehungsweise könnte sie es unter dem Umstand, daß eine ganz andere zur Auswahl zur Verfügung stünde – das Auswahlverfahren, das 'konstruktiv' genannt wird, fände so jedoch nur eine Abstraktionsstufe höher statt. Bezugspunkt bliebe immer noch das jeweils Vorgefundene.
[68] Ders., Graeculus (II), 12. An anderer Stelle heißt es: „Frei wäre erst, wer keinen Alternativen sich beugen müßte, und im Bestehenden ist eine Spur von Freiheit, ihnen sich zu verweigern." (Ders., Negative Dialektik, AGS 6, 225, Fn.)
[69] Willemsen, Kopf oder Adler, 167.
[70] Walser, Basta, 14.
[71] Willemsen, Kopf oder Adler, 169. Ein Beispiel gibt der „gewerkschaftliche Info-Service" 'Einblick', wo es heißt – und es wäre maliziös, wäre es nicht ernst gemeint –, der DGB übe „sanfte Kritik" an Vorschlägen der Regierungskommission zur Reform der Arbeitsmarktpolitik, indem, der vollendeten Ohnmacht nahe, hinter jene ein „'Fragezeichen' gesetzt" (Anonym (c), DGB übt sanfte Kritik, 1) wird.
[72] Nach Henscheid, Alle 756 Kulturen, 97.
[73] „Das Kompositum 'Streitkultur' übt eine unwiderstehliche Anziehungskraft auf andere Lieblingsworte des Gutmenschen aus: Dialog, Konsens, Sacharbeit. Streitkultur […] ist nichts anderes als das Gegenteil eines richtigen Streits. Denn um sich ernsthaft streiten zu können, um überhaupt einen Anlaß zum Streiten zu haben, muß man doch wohl von der exklusiven Wahrheit der eigenen Meinung überzeugt sein und darf eben nicht […] von vornherein 'auf Dialog und Konsens orientiert' sein. […] Mit Leuten, die so schaumig daherreden, zu streiten – das weiß buchstäblich jedes Kind –, ist absolut sinnlos. Nicht weil sie wie jedermann 'auf der eigenen als der einzig richtigen Wahrheit' beharren, sondern weil sie am Ende immer *euren* unauflöslichen Dissens als *deinen* Mangel an Streitkultur ausgeben werden. […] Der Gebrauchswert des Wortes 'Streitkultur' ist ein kultischer – man benutzt es wie ein Amulett, mit dem man hektisch herumfuchtelt, weil man ihm die Kraft zum Abwehrzauber gegen die bösen Geister der Zwietracht zuschreibt. Das ist es letztlich, worauf die landläufige Rede von der Streitkultur hinausläuft: 'Bloß

keinen Streit!'" (Lau, Streitkultur, 146 f. Vgl. auch Henscheid, Alle 756 Kulturen, S. 40.)
[74] Ders., Dummdeutsch, 228.
[75] Schweppenhäuser, Theodor W. Adorno ..., 18.
[76] Adorno, George und Hofmannsthal, AGS 10.1, 200.
[77] Misik, Genial dagegen, 11.
[78] Ebd., S. 10.
[79] Stadelmaier, Haltungsnote Eins, 31.
[80] Misik, Genial dagegen, 45.
[81] Holofernes, Wir sind Heldinnen, 40.
[82] Droste, Wir sägen uns die Beine ab und sehen aus wie Gregor Gysi, 115.
[83] Willemsen, Kopf oder Adler, 8.
[84] Adorno, The Psychological Technique of Martin Luther Thomas' Radio Addresses, AGS 9.1, 80.
[85] Henscheid, Dummdeutsch, 140 f.
[86] Schweppenhäuser, Theodor W. Adorno ..., 19.
[87] Adorno, Negative Dialektik, AGS 6, 329.
[88] Rath, Adornos Kritische Theorie, 108.
[89] Demirovic, Der nonkonformistische Intellektuelle, 956.
[90] Adorno, Versuch, das Endspiel zu verstehen, AGS 11, 311.
[91] Im Register zu Pierre Bourdieus Studie 'Die feinen Unterschiede' findet sich ganz in diesem Sinne, nach fünf Einträgen zum Stichwort „Kritik", übrigens der eigentümlich frankomorphe Hinweis: „*siehe auche [sic!]* Ressentiment" (ebd., 897).
[92] Arendt, Macht und Gewalt, 46.
[93] Ebd., S. 45.
[94] von Bormann, Der praktische Ursprung ..., 33.
[95] Röttgers, Kritik, 889.
[96] Alle Kritik kann sich nur aus dem Wunsch speisen, das Kritisierte möge einem Anderen weichen. In diesem Sinne diktiert Adorno: „Der Kritiker [...] darf nicht mitspielen. Wer nicht kritisch ist in dem Sinn, daß er es anders will als es ist, taugt nicht zum Kritiker." (Adorno, Reflexionen über Musikkritik, AGS 19, 588.)
[97] „Ich glaube allerdings [...], daß die Frage nach der Abschaffung des Todes in der Tat ja der neuralgische Punkt ist. Darum geht es eigentlich. Man kann das sehr einfach feststellen; man braucht nur irgendwann einmal bei sogenannten 'wohlgesinnten' Menschen [...] von der Möglichkeit der Abschaffung des Todes zu sprechen. Da wird man also [...] *sofort* der Reaktion begegnen: Ja, wenn der Tod abgeschafft würde, wenn die Menschen nicht mehr sterben würden, das wäre das Allerschlimmste und das Allerentsetzlichste. Ich würde sagen, genau diese Reaktionsform ist das, was eigentlich dem utopischen Bewußtsein am allermeisten entgegensteht. Das, was noch über die Identifikation der Menschen mit bestehenden gesellschaftlichen Verhältnis-

sen hinausgeht, worin sich die verlängern, ist die Identifikation mit dem Tod. Utopisches Bewußtsein meint ein Bewußtsein, für das also die *Möglichkeit*, daß die Menschen nicht mehr sterben müssen, nicht etwas Schreckliches hat, sondern im Gegenteil *das* ist, was man eigentlich will." (Ders. in Adorno/ Bloch, Etwas fehlt ..., 694.) – Hingegen wird „Ergebung ins Unvermeidliche [...] zu dessen Empfehlung" (ders., Wien, nach Ostern 1967, AGS 10.1, 424), so wie „das unselige 'Es soll nicht anders werden', Endprodukt der urprotestantischen Verquickung von Einkehr und Repression [ist]. Weil der Mensch erbsündig und auf Erden des Besseren nicht fähig sei, wird die Verbesserung der Welt selber in die Sünde umgebogen." (Ders., Aldous Huxley und die Utopie, AGS, 10.1, 121 f.) Und schließlich sei darauf hingewiesen, daß Adorno gemäß Naturgesetze, wenn die Sterblichkeit des Menschen denn eins sein soll, „nicht [à] la lettre, nicht zu ontologisieren" sind, was heißt, daß „Naturgesetzlichkeit abschaffbar" (ders., Zur Lehre von der Geschichte und von der Freiheit, ANS IV/13, 167. Vgl. ders. Negative Dialektik, AGS 6, 348) ist.

[98] Dahmer, Zur Genealogie der Kritik, S. 39.
[99] Adorno, Vorlesung über Negative Dialektik, ANS IV/16, 224.
[100] Demirovic, Zur Dialektik von Utopie und bestimmter Negation, 145.
[101] Adorno, Kritik, AGS 10.2, 793. Vgl.: „Falsum – das Falsche – index sui et veri. Das heißt, vom Falschen, d.h. von dem als falsch Kenntlichen aus bestimmt sich das Wahre. Und so wenig wir wissen, wie das Richtige wäre, so genau wissen wir allerdings, was das Falsche ist." (Ders. in Adorno/Bloch, Etwas fehlt ..., 698.)
[102] Ders., Contra Paulum, 486.
[103] Die Feldgeschrei nach einem normativen Maß selbst radikaler Kritik ist womöglich auch einem Sekuritätsbedürfnis einer fortschreitend säkularisierten Gesellschaft (welche immerhin ihrerseits erst eine umfassende Gesellschaftskritik ermöglicht) geschuldet: als Wunsch, trotz fortdauernder Katastrophen den Boden unter den Füßen nicht zu verlieren.
[104] Röttgers, Kritik und Praxis, 267.
[105] Engster, Ihre Unmöglichkeit als Gegenstand der Kritik, 33 f.
[106] Adorno, Filmtransparente, AGS 10.1, 356.
[107] Engster, Ihre Unmöglichkeit ..., 35.
[108] Demirovic, Kritische Gesellschaftstheorie und Gesellschaft, 22.

# Sven Ellmers
# Korporation und Sittlichkeit
*Zu Hegels Versöhnung der entzweiten bürgerlichen Gesellschaft in den „Grundlinien der Philosophie des Rechts"*

## I.

Hegels Beschäftigung mit dem „System der sogenannten politischen Ökonomie"[1] nimmt innerhalb der klassischen deutschen Philosophie eine Sonderstellung ein. Während Kant ökonomische Theorien lediglich als Ansammlung von Regeln der Mittelwahl zur Erreichung von Zwecken, d.h. als technische oder pragmatische Disziplinen verstand, die für den Begriff der Gesellschaft keine Bedeutung haben, integriert Hegel den Bereich der „allgemeinen gegenseitigen Abhängigkeit in Ansehung der physischen Bedürfnisse, und der Arbeit und der Anhäuffung für dieselben"[2] systematisch in die praktische Philosophie.[3]

In den „Grundlinien der Philosophie des Rechts" erfüllt der Abschnitt „Die bürgerliche Gesellschaft" die Funktion, den Staat als die höchste, die Beschränkungen des abstrakten Rechts und der Moralität aufhebende Form der Sittlichkeit zu erweisen. Die von Hegel seit den Jenaer Schriften formulierte Kritik an den individualistischen Naturrechtslehren der Neuzeit zielt darauf, den der klassischen Politik entlehnten Begriff der Sittlichkeit wieder ins Recht zu setzen – allerdings ohne hinter die freiheitlichen Standards der bürgerlichen Gesellschaft zurückzufallen, die in der Französischen Revolution proklamiert wurden.[4] Im Unterschied zu klassischen Vertretern der Restauration (wie Carl Ludwig v. Haller) strebt Hegel mit seiner politischen Philosophie also eine Vermittlung von bürgerlicher Subjektivität und der um das Allgemeinwohl sich sorgenden politischen Gemeinschaft an – ein Grundgedanke, der seine Rechtsphilosophie heute insbesondere Vertretern des Kommunitarismus attraktiv erscheinen läßt. Sie akzeptiert einerseits den Vertragsgedanken der individualistischen Staatstheorien, sie grenzt ihn andererseits auf die Sphäre der Arbeit und des Eigentums ein. Nach Hegel verkennen die modernen Naturrechtslehren das Wesen des Staats, weil sie ihn durch die

Verwendung des vertragstheoretischen Arguments[5] nur als Verlängerung des „System[s] der Realität"[6] konzipieren, d.h. nur als äußere Begrenzung des *bellum omnium contra omnes* und nicht als die Sphäre der Sittlichkeit begreifen, in der die „Einzelnheit als solche nichts, und schlechthin Eins mit der absoluten sittlichen Majestät"[7] ist.[8]

Damit steht Hegels „Rechtsphilosophie" im Gegensatz zu Marx' ökonomiekritischem Verständnis von Recht und Staat.[9] Wenngleich Marx das moderne Naturrecht kritisiert, stimmt er jedoch mit diesem darin überein, daß der Staat ausgehend von der bürgerlichen Gesellschaft zu begreifen sei und in ihm daher kein höheres Prinzip der Sittlichkeit walte.

Im folgenden soll gezeigt werden, welche immanenten Probleme auftreten, wenn Hegel in der „Rechtsphilosophie" das neuzeitliche Naturrecht mit einem an der antiken Polis orientierten Begriff von Sittlichkeit zu vermitteln sucht. Zuvor wird allerdings Marx' Rechts- und Staatstheorie skizziert, weil sie die elaborierteste Variante des Paradigmas darstellt, das laut Hegel die fundamentale Differenz von bürgerlicher Gesellschaft und Staat verfehlt. Die Darstellung beginnt deshalb mit Marx' Begriff gesellschaftlicher Totalität.

## II.

*Rechts- und Staatstheorie bei Marx*

Den wohl bedeutendsten Anstoß zur Klärung des Marxschen Totalitätsbegriffs gab Louis Althusser mit seiner Kritik an Hegels Vorstellung expressiver Kausalität. Diese basiere – im Gegensatz zur junghegelianischen Programmatik, welche die Entgegensetzung von Philosophie und Wirklichkeit durch lineare Einflußnahme überwinden möchte[10] – auf der Annahme einer sich in verschiedene Sphären/ Instanzen auslegenden einfachen Substanz.[11] Philosophie, Religion, Staat und bürgerliche Gesellschaft seien bei Hegel demnach nur Selbstmanifestationen eines gleichzeitig immanenten wie transzendenten (da nicht mit einer besonderen Instanz zusammenfallenden) geistigen Prinzips.[12] Da bei Hegel die unterschiedlichen Ebenen in den ihnen gemeinsamen Ursprung aufgelöst werden, handele es sich bei dem Ganzen im Modell expressiver Totalität nur um eine scheinkomplexe Einheit, in der die Sphären als Erscheinungen einer bestimmten Gestalt des „Geistes" als gegenseitig indifferent und gleichrangig vorgestellt werden.

Nach Althusser ist das Modell eines innerhalb wie außerhalb der gesellschaftlichen Instanzen angesiedelten archimedischen Punktes – die „Idee" als höchste Form des Begriffs – weder mit dem Marxschen Totalitätsverständnis identisch noch stellt es eine Metapher dar, die mittels einer „symptomalen Lektüre"[13] in materialistische Begriffe übersetzt werden kann.[14] Nach dem in der „Deutschen Ideologie" vollzogenen „epistemologischen Bruch" gehe Marx stattdessen von einem in sich komplex strukturierten Ganzen mit Dominante aus.[15] Mit anderen Worten: Die gesellschaftlichen Ebenen existieren nicht beziehungslos nebeneinander, sondern stehen untereinander in wechselseitigen, aber nicht als gleichrangig gedachten Abhängigkeitsverhältnissen. Die Betonung der unterschiedlichen Wirkungsgrade im Totalitätsgefüge wurde in der Rezeptionsgeschichte häufig als einseitige Determination des Überbaus durch die Basis, als Reduzierung der „Superstrukturen"[16] auf bloße Epiphänomene des ökonomischen Fundaments verstanden.[17] Mit dieser mechanistischen Auffassung konfrontiert, haben Marx und Engels den strukturell gekoppelten Instanzen mehrfach eine relative Autonomie zuerkannt.[18] Philosophie, ästhetische Produktion, Politik etc. haben eine eigene Geschichte, eine eigene Zeit, aber diese Unabhängigkeit bedeutet eben nicht, daß sich die unterschiedlichen Momente der Totalität darum beziehungslos nebeneinanderstünden. Vielmehr sind „Art und Grad der Unabhängigkeit jeder Zeit und Geschichte [...] notwendig bestimmt durch die Art und den Grad der *Abhängigkeit* jeder Ebene in der Gesamtheit der Gliederungen des Ganzen"[19]. Diese mit der jeweiligen Gesellschaftsformation wechselnde Abhängigkeit der Instanzen – so spielte in vorkapitalistischen Gesellschaften die Ökonomie im Vergleich zur Religion oder Gewalt oft eine untergeordnete Rolle[20] – kann nach Marx nur durch Analyse der Verhältnisse erklärt werden, welche die Menschen in der gesellschaftlichen Produktion eingehen. In der Terminologie Althussers und Balibars: Die Produktionsverhältnisse „determinieren in letzter Instanz" das Gliederungsverhältnis in der „Struktur mit Dominante".[21] Damit unterscheidet sich Marx' Verständnis der Einheit gesellschaftlicher Wirklichkeit von systemtheoretischen und postmarxistischen[22] Interdependenzmodellen durch die Annahme, daß *grundlegende Formen* bestimmter außerökonomischer Lebensbereiche durch die Verhältnisse der materiellen Produktion erklärbar sind.[23]

Eine materialistische Staatstheorie steht demnach vor der doppelten Aufgabe, einerseits den (rechts-)staatlichen Bereich nicht auf ein ökonomisches Artikulations-, Durchsetzungs- oder Regulierungsorgan zu reduzieren[24] und andererseits die Möglichkeit und Notwendigkeit einer öffentlichen Zwangsgewalt durch Rekurs auf die formationsspezifischen Produktionsverhältnisse schlüssig zu begründen.

Daß ein solches Unterfangen keineswegs aussichtslos ist, zeigt der 1924 von Eugen Paschukanis[25] unternommene und in der sogenannten Staatsableitungsdebatte der 1970er Jahre fortgeführte Versuch, ausgehend von den Verkehrsformen der einfachen Warenzirkulation die *allgemeinen Formen* bürgerlicher Rechtssubjektivität und die daraus folgenden Staatsfunktionen zu entwickeln.[26]

Die Vorstellung, daß die bürgerliche Freiheit der Konkurrenz (Wahlfreiheit durch Handlungsalternativen und Substitution von Gewalt) nur durch den Staat aufrechterhalten werden kann, wurde erstmals in der Vertragstheorie systematisch entwickelt, die damit eine konsequente Inversion des politischen Aristotelismus vollzog.[27] Mit dem Ersatz der im antiken und mittelalterlichen Denken dominierenden Kooperationsanthropologie, die den Menschen als ein von Natur aus politisch-soziales Lebewesen (*zoon politikon*) konzipiert hatte, durch eine individualistische Konfliktanthropologie, die umgekehrt die Dominanz eines gattungsfundierten, an Nutzenmaximierung ausgerichteten Selbstbezugs unterstellt (Utilitarismus), entwickelte die neuzeitliche Philosophie eine bisher weitgehend unbekannte Fragestellung: Die Ablehnung der klassischen Auffassung – Politik als Verwirklichung der menschlichen Natur – verschob die Problemstellung von der Diskussion spezifischer Souveränitätsformen – beispielsweise in Gestalt von Aristoteles' Verfassungstypologie – hin zur Legitimation von Herrschaft an sich. Die Diskreditierung eines teleologischen Naturbegriffs des Politischen und der zunehmende Bedeutungsverlust theologischer Rechtfertigung von Autorität ließ in den neuzeitlichen Philosophien nicht nur die *Beschaffenheit*, sondern bereits das *Dasein* von Herrschaft legitimationsbedürftig erscheinen.²⁸ Den theoretischen Rahmen, in dem Hobbes, Spinoza, Locke, Rousseau, Kant und Fichte die Notwendigkeit der staatlichen *potestas* begründeten, bildete die Vorstellung einer natürlichen Ausgangssituation²⁹ (*status naturalis*), welche die Freien und Gleichen vor ein derart signifikantes Problem stellt, daß sie konsensual einen Rechte und Pflichten festlegenden Gesellschafts- und Herrschaftsvertrag (*pactum unionis/pactum subiectionis*) schließen müssen.³⁰

Die Unterstellung eines durch die natürlichen Anlagen des Menschen bestimmten Urzustandes dechiffrierte Marx als theoretisches Derivat der in ihrer privatautonomen Verfaßtheit antagonistisch strukturierten Warenzirkulation. Anders als in der Wertformanalyse, in der Marx unter Abstraktion von den Menschen die Waren in Bezug zueinander setzt, agieren hier die ihre Partikularinteressen verfolgenden Warenbesitzer. Die Subjekte des Warentausches können ihre besonderen Willen aber nur unter der Voraussetzung der Willenskomplementarität realisieren, d.h. bei gegenseitiger Respektierung als freie und gleiche Privateigentümer: „Um diese Dinge als Waren aufeinander zu beziehen, müssen die Warenhüter sich zueinander als Personen verhalten, deren Willen in jenen Dingen haust, so daß der eine nur mit dem Willen des anderen, also jeder nur vermittelst eines, beiden gemeinsamen Willensakts sich die fremde Ware aneignet, indem er die eigne veräußert. Sie müssen sich daher wechselseitig als Privateigentümer anerkennen. Dies Rechtsverhältnis, dessen Form der Vertrag ist [...], ist ein Willenverhältnis, worin sich das ökonomische Verhältnis widerspiegelt. Der Inhalt dieses Rechts- oder Willensverhältnisses ist durch das ökonomische Verhältnis selbst gegeben."³¹ Mit dem reziproken Anerkennungsverhältnis der Akteure als Eigentümer setzt die Vermittlung des gesellschaftlichen Stoffwechsels qua Warentausch ein faktisches Rechtsverhältnis voraus: Die Marktteilnehmer müssen sich in ihrer Funktion als Träger und Repräsentanten von Waren zueinander als Rechtspersonen oder juristische Subjekte verhalten.

Die privatarbeitsteiligen Produktionsverhältnisse, die mit dem systematischen Austausch von Äquivalenten die „produktive reale Basis aller Gleichheit und Freiheit"³² bilden, impliziert aber auch eine gegenläufige, die Standards der einfachen Warenzirkulation untergrabende Tendenz. Denn mit der Fixierung des allgemeinen

Willensverhältnisses in der rechtlichen Form des Vertrags haben die aus den widersprüchlichen Faktoren der Ware (Gebrauchswert und Wert) hervorgehenden widersprüchlichen Interessen der Warenbesitzer lediglich eine Form gefunden, in der sie sich bewegen können – sie sind deshalb aber nicht aufgehoben. Dem einzelnen Subjekt ist der auf Symmetrie basierende allgemeine Wille lediglich ein notwendiges *Mittel*, nicht aber das *Motiv* seiner Handlung.[33] Da die Warenbesitzer als isolierte Privatproduzenten über das allgemeine Willensverhältnis lediglich ihre egoistischen Privatinteressen verfolgen (Aneignung fremder Gebrauchswerte zwecks individueller Bedürfnisbefriedigung), besteht die permanente Gefahr der Verletzung des auf Gewaltfreiheit und Äquivalenz basierenden Aneignungsgesetzes.[34] Das „allgemeine Interesse" als „Allgemeinheit der selbstsüchtigen Interessen"[35] kann deshalb nur durch die Kodifizierungen des politisch-rechtlichen Systems und das Sanktionssystem des Staates dauerhaft gegen die Warenbesitzer stabilisiert werden.

Dabei verfährt die mit dem Gewaltmonopol ausgestattete öffentliche Instanz prinzipiell neutral; die Normen der Warenzirkulation werden dem Grundsatz nach gegen alle Marktakteure gleichermaßen gesichert.[36] Mit dem begrifflichen Übergang vom Geld zum Kapital und dem Umschlag des Aneignungsgesetzes wird sich im Folgenden zeigen, daß die *universelle* Geltung der Zirkulationsnormen („Freiwillige Transaktion; Gewalt von keiner Seite"[37]) ein klassenförmiges Ausbeutungsverhältnis keineswegs ausschließt, sondern im Gegenteil gerade vermittelt. Lohnarbeiter und Kapitalisten exekutieren auf der *inhaltlichen* Ebene eine selbstreproduktive Unfreiheits- und Ungleichheitsstruktur, indem sie sich auf dem Markt als *formal* freie und gleiche Warenbesitzer gegenübertreten. Der bürgerliche Rechtsstaat sichert das Herrschaftsverhältnis demnach nicht durch einseitige Parteinahme für das Kapital, sondern er garantiert die systematische Aneignung fremder Arbeit vielmehr dadurch, daß er sich gegenüber den Subjekten des Austauschprozesses neutral verhält. Auf der vermittlungslos aufgenommenen Oberfläche ist davon nichts mehr zu erkennen: Hier gewährleistet die außerökonomische Gewalt nicht mehr die innerökonomische Herrschaftsreproduktion durch Sicherstellung gleicher Rechtssubjektivität, statt dessen erscheint der Staat als – zumindest potentiell[38] – klassenunabhängiger Garant des gesamtgesellschaftlichen Allgemeininteresses. Die Genesis dieses falschen Scheins hat Marx in seiner Kritik der politischen Ökonomie dargestellt.

*Marx' Darstellung der bürgerlichen Gesellschaft*

Bereits 1843 entwickelt Marx in „Zur Judenfrage" den Gedanken, daß die französischen Menschenrechtserklärungen eine theoretische Ausarbeitung der in der Zirkulation verwirklichten privatautonomen Freiheit darstellen.[39] 1867 nimmt er ihn im „Kapital" wieder auf, wenn er unter Anspielung auf zeitgenössische Naturrechtslehren die Zirkulationssphäre ironisch als „ein wahres Eden der angebornen Menschenrechte"[40] bezeichnet. Hinter dieser Formulierung steckt mehr als nur eine Kritik an der Naturalisierung zirkulationsbezogener Subjekteigenschaften in den Menschenrechten und in der politischen Ökonomie. Marx erhebt darüber hinaus den Vorwurf, daß jene Naturrechtslehren durch eine isolierte Betrachtung des Zirkulationsprozesses ein Trugbild der bürgerlichen Gesellschaft zeichnen. Wie sieht dieses Trugbild, dieser Garten Eden nun genau aus?

Innerhalb der Zirkulation gelten dem Warenbesitzer alle anderen Repräsentanten von Waren nur als bloße Mittel zur Befriedigung seiner egoistischen Bedürfnisse.[41] Die wechselseitige Instrumentalisierung der von Marx als „personifizierte Kategorien, nicht individuell"[42] gefaßten Personen ist allerdings begrenzt durch die uneingeschränkt geltenden Appropriationsnormen des Warentauschs: Vorausgesetzt sind die Abwesenheit von physischem Zwang und die Existenz von Handlungsalternativen (Freiheit) sowie der Austausch von Äquivalenten (Gleichheit). Ausgehend von den *innerhalb* der Zirkulation verwirklichten Gesetzen der sekundären Aneignung scheint nun die *außerhalb* der Zirkulation sich vollziehende, primäre Aneignung der Produkte auf eigener Arbeit zu beruhen.[43] Damit ist der falsche Schein der Zirkulation komplettiert: Die Zirkulation reguliert vermeintlich nur den Stoffwechsel atomisierter Einzelner, so daß die Existenz des Kapitals ihr äußerlich zu sein scheint; die ursprüngliche Aneignung der Tauschgegenstände erfolgt demnach durch eigene Arbeit in einem prinzipiell herrschaftsfreien Raum, womit die bürgerliche Gesellschaft schließlich als *die* Verwirklichung von Freiheit und Gleichheit erscheint. Im folgenden wird gezeigt, wie Marx diesen Verblendungszusammenhangs auflöst.[44]

Das Geld fungiert im Zirkulationsprozeß W-G-W als Maß der Werte und Zirkulationsmittel. Da es lediglich als Mittler zwischen die Waren tritt, bleibt der Austausch von Gebrauchswerten das treibende Motiv.[45] Durch die Trennung des Warentauschs in die beiden Teilmetamorphosen Ware-Geld und Geld-Ware ist jedoch nicht nur die Möglichkeit, sondern auch die Notwendigkeit gegeben, daß der Warenbesitzer das Geld als die allgemeine Form des gesellschaftlichen Reichtums festhält: „Mit mehr entwickelter Warenproduktion muß jeder Warenproduzent sich den nervus rerum, das 'gesellschaftliche Faustpfand' sichern. Seine Bedürfnisse erneuern sich unaufhörlich und gebieten unaufhörlichen Kauf fremder Ware, während Produktion und Verkauf seiner eigenen Ware Zeit kosten und von Zufällen abhängen."[46] Dadurch, daß der Warenbesitzer verkauft, ohne anschließend zu kaufen (Schatzbildung), verändert sich auch der Status des Geldes: Es fungiert nicht mehr als Mittler in einem Prozeß, dessen Zweck die Aneignung von nützlichen Produkten ist, sondern wird selbst zum zentralen Zweck des – prinzipiell endlosen[47] – Prozesses. Der Wert streift in seiner gegenständlichen Erscheinungsform damit seine bloß vermittelte und verschwindende Existenz ab und gewinnt außerhalb der Zirkulation ein *selbständiges* und *unvergängliches* Dasein.

Bei näherer Betrachtung erweist sich die Selbständigkeit und Unvergänglichkeit des Werts auf der Ebene der einfachen Zirkulation jedoch als Illusion. Versucht der Schatzbildner das Geld der Zirkulation dauerhaft zu entziehen, akkumuliert er nicht die allgemeine Form des gesellschaftlichen Reichtums, sondern einen bloßen Gegenstand: „So lange es der Cirkulation entzogen bleibt, ist es ebenso werthlos, als läge es im tiefsten Bergschacht vergraben."[48] Die dauerhafte Fixierung außerhalb der Zirkulation führt so unweigerlich zum Verlust des Werts. Umgekehrt scheint auch der Kontakt des Geldes mit der Zirkulation keine Möglichkeit zu bieten, den Wert vor seiner Entwertung zu bewahren. Hier tauscht er sich lediglich gegen Gebrauchsgegenstände, deren Konsumtion gleichsam den Verlust des Werts zur Folge hat. Der Mangel der einfachen Zirkulation besteht demnach darin, daß der Wert nur zeitlich begrenzt und damit nur scheinbar eine selbständige und unvergängliche Existenz erlangen kann. Zur Beseitigung des Mangels müßte der Verbrauch des Gebrauchswerts mit der Produktion des Werts zusammenfallen[49], was einer Verwandlung der Form Ware-Geld-Ware (W-G-W) in Geld-Ware-Geld (G-W-G) entspräche. Die einzige Ware, die die Forderung der „productive[n] Consumtion"[50] erfüllt, ist die Arbeitskraft: „Um aus dem Verbrauch einer Ware Wert herauszuziehn, müßte unser Geldbesitzer so glücklich sein, innerhalb der Zirkulationssphäre, auf dem Markt, eine Ware zu entdecken, deren Gebrauchswert selbst die eigentümliche Beschaffenheit besäße, Quelle von Wert zu sein, deren wirklicher Verbrauch also selbst Vergegenständlichung von Arbeit wäre. Und der Geldbesitzer findet auf dem Markt eine solche spezifische Ware vor – das Arbeitsvermögen oder die Arbeitskraft."[51]

Die Überwindung der negativen Spannung des Geldes gegenüber der Zirkulation durch Ankauf und Anwendung der Ware Arbeitskraft ist allerdings nur unter bestimmten Voraussetzungen möglich. Während die Erfüllung dieser Bedingungen ursprünglich kontingente oder externe historische Prozesse voraussetzte – Marx zeichnet sie detailliert im Kapitel über die sogenannte ursprüngliche Akkumulation im „Kapital" nach –, reproduziert die einmal etablierte kapitalistische Produktionsweise ihre Existenzbedingungen als eigenes Resultat. Im „Kapital" nennt Marx drei dieser Voraussetzungen:

(1) *Juridische Freiheit:* Der Arbeiter darf nicht – wie in der Sklaverei oder im Feudalismus – persönlichen Abhängigkeitsverhältnissen unterliegen, sondern muß sich als rechtlich freie Person zu seinem Arbeitsvermögen als einer ihm gehörenden Ware verhalten können.[52]

(2) *Faktische Unfreiheit/Ungleichheit:* Damit der Arbeiter gezwungen ist, seine Arbeitskraft auf dem Arbeitsmarkt anzubieten, darf er nicht über die Verwirklichungsbedingungen seines Arbeitsvermögens verfügen. Die „intertemporale Existenz des Werts"[53] setzt die Trennung in Besitzer und Nicht-Besitzer von Produktionsmitteln voraus.[54]

(3) *Konformität:* Die bloße Existenz einer Klasse doppelt freier Lohnarbeiter garantiert noch nicht die Etablierung oder Fortführung der kapitalistischen Produktion. Dafür bedarf es neben der Anerkennung der Legitimität der bestehenden Sozialverhältnisse einer den

Arbeitsanforderungen entsprechenden Disziplin, die durch physische Gewaltanwendung von außen erzwungen oder durch Habitualisierung intrinsisch bereitgestellt wird.[55]

Bisher wurde eine entscheidende Differenz der Kritik der politischen Ökonomie zu den ökonomischen Systemen der Klassik und Neoklassik noch nicht explizit angesprochen: Der Geldbesitzer kauft nicht den Produktionsfaktor Arbeit, sondern die *Arbeitskraft,* nicht die tatsächlich geleistete Arbeit, sondern die physische und psychische *Fähigkeit* zu arbeiten. Während Klassik und Neoklassik im Rahmen ihrer Produktionsfaktorentheorie von einer gerechten Entlohnung des Faktors Arbeit ausgehen, gelingt Marx durch die Unterscheidung zwischen wirklich geleisteter Arbeit und Arbeitskraft der Vorstoß zur grundlegenden Struktur und inneren Dynamik der kapitalistischen Produktionsweise. Der Geldbesitzer erwirbt zweckgebunden und zeitlich befristet das Nutzungsrecht eines mit der personalen Integrität des Lohnarbeiters untrennbar verbundenen Vermögens, das sich auf der einen Seite dadurch von anderen Waren unterscheidet, daß es aufgrund seiner lebensweltlichen Verankerung nicht rein kapitalistisch produziert wird, auf der anderen Seite aber die beiden Eigenschaften besitzt, die ein Arbeitsprodukt als Ware charakterisieren: Wert und Gebrauchwert.

Der Wert der Arbeitskraft wird durch den Wert der Lebensmittel bestimmt, die für die Reproduktion der Arbeitskraft notwendig sind. Dabei bildet nicht das zum bloßen Überleben notwendige Minimum an Lebensmitteln den Warenkorb, vielmehr ist „der Umfang sog. notwendiger Bedürfnisse [...] von der Kulturstufe eines Landes"[56] abhängig. Die Besonderheit der Wertbestimmung der Arbeitskraft erschöpft sich aber nicht darin, daß sie „im Gegensatz zu den andren Waren [...] ein historisches und moralisches Element"[57] enthält. Die Arbeitskraft nimmt unter den Waren eine – von Marx nicht explizit behandelte – Sonderstellung ein, weil in ihre Wertbestimmung über die Lebensmittel, die der Arbeiterhaushalt käuflich erwerben muß, nur die zu ihrer Produktion notwendige *indirekte* Arbeit eingeht. Die *direkte* und *unbezahlte* Reproduktionsarbeit, die innerhalb des Haushaltes zumeist von Frauen verrichtet wird, ist hingegen kein Faktor, der sich *positiv* auf die Wertbestimmung der Arbeitskraft auswirkt.[58]

Der Gebrauchswert der Ware Arbeitskraft besteht in deren Eigenschaft, mehr Wert zu produzieren, als sie selbst besitzt.[59] Der Verbrauch oder die Anwendung des Arbeitsvermögens erschöpft sich daher nicht, wie die Formel G-W-G nahelegt, in der bloßen Reproduktion des in Arbeitskraft vorgeschossenen Werts. Der mit der Konsumtion des Arbeitsvermögens zusammenfallende Produktionsprozeß der Waren vergrößert den Wert, so daß die Formel G-W-G präzisiert werden muß: G-W-G' oder G-W (Produktionsprozeß) W'-G'. Da Ausgangspunkt und Resultat des Verwertungsprozesses sich nur quantitativ unterscheiden, qualitativ aber identisch sind (Geld), muß der Neuwert die gleichen Anforderungen erfüllen wie der ursprüngliche Wert: Er darf weder außerhalb der Zirkulation festgehalten noch innerhalb der Zirkulation gegen einen Gebrauchswert ausgetauscht werden, dessen Verbrauch den Wert vernichtet. Auch für den Neuwert gilt: „Sein Eingehn in die Cirkulation muß selbst ein Moment seines Beisichbleibens, und sein Beisichbleiben ein Eingehn in die Cirkulation sein."[60] Mit anderen Worten: Der aus dem Produktionsprozeß resultierende Neuwert muß den Ausgangspunkt eines neuen Produktionsprozesses bilden.

Der Wertbegriff hat damit einen entscheidenden Bedeutungswandel erfahren. Der Wert erschien ursprünglich als Eigenschaft der Waren, die in Form des Geldes zwar unmittelbare Gestalt annahm, aber selbst in der Schatzbildung über ihr vermitteltes und verschwindendes Dasein nicht hinauskam. In der auf erweiterter Stufenleiter (Akkumulation) sich stets wiederholenden Kreislaufform G-W (Produktionsprozeß) W'-G' streift der Wert seine Unselbständigkeit und Vergänglichkeit ab, er wechselt permanent zwischen seinen Erscheinungsformen Ware und Geld, um sich kontinuierlich vermehren zu können. Der so als selbstzweckhafter *Prozeß* bestimmte Wert ist *Kapital*.

Mit der begrifflichen Entwicklung der ökonomischen Kategorien verändern sich auch ihre Personifikationen: Der Privatproduzent, der den von ihm geschaffenen Wert außerhalb der Zirkulation festzuhalten suchte, vergrößert seinen Besitz nicht mehr durch eigene Arbeit und Verzicht, er eignet sich nun durch Ankauf und Konsumtion der Ware Arbeitskraft fremde unbezahlte Arbeit an. Indem der Geldbesitzer den vom Arbeiter geschaffenen Mehrwert nicht vollständig konsumiert, sondern erneut in Arbeitskraft und Produktionsmittel investiert, wird der schatzbildende Privatproduzent zum Privatkapitalisten, „personifiziertes, mit Willen und Bewußtsein begabtes Kapital"[61]. Die vom Privatkapitalisten zur Erweiterung des Produktionsprozesses durchgeführte Investition des Mehrwerts in zusätzliches variables Kapital entspricht dabei ebenso den Gesetzen des Äquivalententauschs wie der zuvor erfolgte Ankauf der Arbeitskraft, deren Anwendung die zu kapitalisierende Mehrwertmasse erst produzierte: Der Mehrwert ist als Resultat der „productive[n] Consumtion"[62] der zu ihrem vollen Wert gekauften Ware Arbeitskraft das rechtmäßig erworbene Eigentum des Kapitalisten, mit dem dieser wiederum den vollen Wert der zusätzlichen Arbeitskraft bezahlt. Nach Marx beruht der Akkumulationsprozeß des Kapitals daher nicht auf einer systematischen, durch Machtasymmetrien stabilisierten Verletzung des Äquivalenzprinzips („ungerechter Tausch"), sondern auf dessen Einhaltung.

Und dennoch: Mit einem Wechsel der Betrachtungsperspektive – vom zeitlich und räumlich isolierten Austausch zwischen Privatkapitalist und einzelnem Lohnarbeiter hin zur gesamtgesellschaftlichen Akkumulationsdynamik – erweist sich der in der Zirkulation verwirklichte Äquivalententausch als lediglich formelle Bestimmung, die den sozialen Inhalt der Transaktion verbirgt: „Das Verhältnis des Austausches zwischen Kapitalist und Arbeiter wird also nur ein dem Zirkulationsprozeß angehöriger Schein, bloße Form, die dem Inhalt selbst fremd ist und ihn nur mystifiziert. *Der beständige Kauf und Verkauf der Arbeitskraft ist die Form*. Der Inhalt ist, daß der Kapitalist einen Teil der bereits vergegenständlichten fremden Arbeit, die er sich unaufhörlich ohne Äquivalent aneignet, stets wieder gegen größeres Quantum lebendiger fremder Arbeit umsetzt."[63] Berücksichtigt man von einem gesamtgesellschaftlichen Standpunkt aus die Akkumulation in der Zeit, erweist sich die im Zirkulationsprozeß generierte Vorstellung von Eigentum als Resultat eigener Arbeit endgültig als „reine Fiktion"[64]. Dem sozialen Inhalt nach ist der Äquivalententausch im Ankauf der Arbeitskraft durchbrochen, weil der (gesellschaftliche Gesamt-)Arbeiter für den (gesellschaftlichen Gesamt-)Kapitalisten nicht nur einen größeren Wert produziert, als er im Austausch für seine Arbeitskraft erhält. Der von den Kapitalisten in Arbeitskraft investierte Kapitalteil ist darüber hinaus nicht Resultat ihrer eigenen Arbeit, sondern in vorherigen Produktionszyklen von den Lohnarbeitern selbst geschaffen worden. Trifft in der durch Autonomie und Gleichheit gekennzeichneten Zirkulation der doppelt freie Lohnarbeiter auf den Kapitalisten, ist es faktisch das Resultat seiner eigenen Arbeit, das ihm als eine fremde Macht gegenübertritt. Die Zirkulation realisiert so durch die unbedingte Geltung des Appropriationsgesetzes des Warentausches eine auf Unfreiheit, Ungleichheit und Ausbeutung gegründete menschliche Beziehung[65], die weder aus der Persönlichkeitsstruktur der Ausbeuter noch aus der Unterordnung eines Willens unter einen anderen heraus erklärbar ist. Die in dieser subjektlosen und selbstreproduktiven Form der Herrschaft nicht nur nominalistisch, sondern real zu Gruppen zusammengefaßten „Personifikation[en] ökonomischer Kategorien"[66] bilden in der Marxschen Formanalyse die Klassen: „Der kapitalistische Produktionsprozeß, im Zusammenhang betrachtet oder als Reproduktionsprozeß, produziert also nicht nur Ware, nicht nur Mehrwert, er produziert und reproduziert das Kapitalverhältnis selbst, auf der einen Seite den Kapitalisten, auf der anderen den Lohnarbeiter."[67] Hier zeigt sich die Diskrepanz zwischen dem Selbstverständnis der bürgerlichen Gesellschaft, dem eine unzulässige Projektion zirkulationsspezifischer Subjektivitätsformen (Freiheit, Gleichheit) auf die Gesamtgesellschaft zugrunde liegt, und ihrer tatsächlichen Grundprinzipien. Die kapitalistische Produktionsweise beruht nicht nur auf der systematischen Dissoziation der in der Zirkulation als freie und gleichberechtigte Ver-/Käufer aufeinander treffenden Privatproduzenten. Das zu Rollen oder „Charaktermasken"[68] verdichtete Verhaltensrepertoire der Zirkulationsagenten basiert mit der Monopolisierung der Arbeitsmittel und der daran anschließenden Aneignung fremder (Mehr-)Arbeit auf einem rekurrenten Komplex der sozialen Ungleichheit, Unfreiheit und Ausbeutung.[69]

Wie verhält es sich aber bei Hegel? Bestehen Parallelen zwischen Marx' und Hegels Darstellung der bürgerlichen Gesellschaft, und wenn ja: welche? Wie gelangt Hegel vom „System der Bedürfnisse" zu den Institutionen des Rechts und des Staats?

## III.

*Hegels Darstellung der bürgerlichen Gesellschaft*

In seiner „Rechtsphilosophie" vollzieht Hegel im Abschnitt „Die bürgerliche Gesellschaft" den begrifflichen Übergang zum sittlichen Staat. Er verwendet dazu ein Begründungsverfahren, das zum einen die negativen Konsequenzen des „Systems der Bedürfnisse" aufzeigt, zum anderen mit den Korporationen ein Sittlichkeitsmoment noch innerhalb der bürgerlichen Gesellschaft einführt, das den immanenten Destruktionskräften entgegenwirken und einen die instrumentelle Vernunft aufhebenden Gemeinsinn stiften soll.

Der zweite Abschnitt der „Rechtsphilosophie" beginnt mit der Darlegung der paradoxen Ausgangssituation des bürgerlichen Subjekts: Die „konkrete Person"[70] als „ein Ganzes von Bedürfnissen"[71] ist sich selbst Zweck, ohne über die Realisierungsbedingungen des egoistischen Selbstbezugs unmittelbar zu verfügen. Sie muß sich auf andere Individuen beziehen, die wiederum nur ihre Einzelinteressen verfolgen, so daß die „Besonderheit [...] nur als durch die Form der *Allgemeinheit, das andere Prinzip, vermittelt* sich geltend macht und befriedigt"[72]. Die Bindung der Bedürfnisbefriedigung und der privatrechtlichen Freiheiten des vereinzelten Einzelnen an das Allgemeine (d.h. an die Bedürfnisbefriedigung und an die privatrechtlichen Freiheiten aller anderen Personen), das durch den „äußeren Staat" oder „Not- und Verstandesstaat"[73] repräsentiert wird (heute besser bekannt als „liberaler Nachtwächterstaat"), führe zu einer defizienten Entwicklungsstufe der Sittlichkeit, weil sie die beiden Extreme – Besonderheit und Allgemeinheit – nicht miteinander vermittele, sondern in ihrer Gegensätzlichkeit fixiere: Zum einen soll dem systematisch isolierten Privatproduzenten das Allgemeine nur als Mittel zur Verfolgung seiner egoistischen Privatinteressen gelten. Dies äußere sich positiv in der Möglichkeit, die „Subjektivität in ihrer Besonderheit zu bilden"[74] und „nach allen Seiten zu entwickeln"[75], negativ im „Schauspiel ebenso der Ausschweifung, des Elends und des [...] physischen und sittlichen Verderbens"[76]. Komplementär zur instrumentellen Inanspruchnahme der Allgemeinheit durch die Privatpersonen reduziere sich zum anderen der Zuständigkeitsbereich des Allgemeinen darauf, „sich als Grund und notwendige Form der Besonderheit, sowie als die Macht über sie [...] zu erweisen"[77]. Pointiert arbeitet Hegel das negative Spannungsverhältnis von Privatautonomie und Allgemeinheit bereits im ersten Teil „Das abstrakte Recht" heraus: „Im Verhältnis unmittelbarer Personen zueinander überhaupt ist ihr Wille, ebensosehr wie *an sich identisch* und im Vertrage von ihnen *gemeinsam* gesetzt, so auch ein *besonderer*. Es ist, weil sie *unmittelbare* Personen sind, zufällig, ob ihr *besonderer* Wille mit dem *an sich seienden* Willen übereinstimmend sei, der durch jenen allein seine Existenz hat. Als besonderer *für sich* vom allgemeinen *verschieden*, tritt er in Willkür und Zufälligkeit der Einsicht und des Wollens gegen das auf, was *an sich* Recht ist, – das *Unrecht*."[78] Aus der möglichen Abweichung des besonderen Willens vom allgemeinen leitet Hegel die Notwendigkeit einer öffentlichen Zwangsgewalt ab.[79] Diese habe zu garantieren, daß die isolierten Einzelnen den Eigentumswechsel in freier Übereinkunft vollziehen und sich damit gegenseitig als Personen anerkennen.[80] Durch die Fixierung des gemeinsamen Willens im Vertrag etablieren sie faktisch ein Rechtsverhältnis.[81] Abstrahiert man von Hegels subjektivitätsontologischen und geschichtsphilosophischen Grundannahmen[82], die es ihm erlauben, die Begriffe Wille, Person, Vertrag und Recht zu historisieren und gleichzeitig als Bestimmungen des Begriffs einer konsequenten Historisierung zu entziehen, deckt sich Hegels Argumentation bis hierhin weitgehend mit Marx' Analyse der einfachen Zirkulation in den „Grundrissen" und im „Urtext". Differenzen in der Darstellung der bürgerlichen Gesellschaft ergeben sich hingegen, wenn die Elemente einer Arbeits- und Werttheorie in den „Grundlinien der Philosophie des Rechts" in den Blick genommen werden.

Hegel hat sein Verhältnis zur klassischen politischen Ökonomie in der „Rechtsphilosophie" zwar nicht systematisch ausgeführt – er verweist lediglich an einer Stelle pauschal auf Adam Smith, David Ricardo und Jean-Baptiste Say[83] –, zumindest bei einem zentralen Punkt treten die Gemeinsamkeiten jedoch deutlich hervor. In seinen Ausführungen über „Das System der Bedürfnisse" präsentiert Hegel ein Verständnis gesellschaftlicher Vermittlung, das Adam Smith mit dem Walten einer *invisible hand* zu veranschaulichen suchte: „In dieser Abhängigkeit und Gegenseitigkeit der Arbeit und der Befriedigung der Bedürfnisse schlägt die subjektive Selbstsucht in den Beitrag zur Befriedigung der Bedürfnisse aller anderen um, – in die

Vermittlung des Besonderen durch das Allgemeine als dialektische Bewegung, so daß, indem jeder für sich erwirbt, produziert und genießt, er eben damit für den Genuß der Übrigen produziert und erwirbt."[84]

Der über Arbeit realisierte Selbstbezug, der gerade als egoistischer das Allgemeinwohl fördern soll, bleibt indes an zwei Bedingungen geknüpft. An der bürgerlichen Gesellschaft können nur die Personen teilhaben, die über „Kapital"[85] – hierunter versteht Hegel die stofflichen Produktionsbedingungen, d.h. Arbeitsgegenstände und Arbeitsmittel – und „Geschicklichkeit"[86] verfügen. Für Hegel folgt die „*Ungleichheit* des *Vermögens* und der *Geschicklichkeiten* der Individuen" zum einen aus der „Zufälligkeit und Willkür"[87] einer über den Markt integrierten Gesellschaft und zum anderen aus den „*ungleichen* natürlichen körperlichen und geistigen Anlagen"[88]. Er versteht soziale Ungleichheit demnach als Konsequenz der atomistischen Isolation der Individuen, durch welche deren Abhängigkeit von äußeren Umständen verstärkt wird, sowie „der Natur – dem Elemente der Ungleichheit"[89], nicht aber – wie Marx in seiner Klassen-/Kapitaltheorie – als ein durch die Freiheit und Gleichheit der Zirkulation zugleich realisiertes wie verdecktes Strukturprinzip der bürgerlichen Gesellschaft.

Hegels Annahme, daß diese sich zwar naturwüchsig reguliere, aufgrund der primären Aneignung durch eigene Arbeit aber als prinzipiell herrschaftsfreier Handlungsbereich zu gelten habe, geht am deutlichsten aus der Beschreibung der Stände hervor. Diese werden zuerst „nach *dem Begriffe*" bestimmt als „substantielle[r]" Stand (hierunter versteht Hegel den Stand der auf den Familienverband gegründeten Landwirtschaft), als „reflektierende[r] oder formelle[r]" Stand (Stand des Gewerbes) und als „allgemeine[r] Stand" (der das Allgemeinwohl vertritt).[90] Anschließend untergliedert Hegel das Gewerbe horizontal in den Handwerksstand[91], der wenige spezielle Aufträge von Einzelpersonen erfüllt und komplexe Arbeitsvorgänge verrichtet, in den Massenartikel herstellenden und dazu die Produktion mechanisierenden Fabrikantenstand[92] und in den Handelsstand, der die Privateigentümer über das Geld miteinander in Beziehung setzt[93]. Bezeichnend ist jedoch, daß Hegel keine vertikale Strukturierung vornimmt – z.B. durch die Unterscheidung von Lohnarbeitern und Kapitalisten. Statt dessen heißt es ohne Differenzierung: „Der *Stand des Gewerbes* hat die *Formierung* des Naturprodukts zu seinem Geschäfte und ist für die Mittel seiner Subsistenz an seine *Arbeit*, an die *Reflexion* und den Verstand, sowie wesentlich an die Vermittlung mit den Bedürfnissen und den Arbeiten anderer angewiesen. Was er vor sich bringt und genießt, hat er vornehmlich *sich selbst*, seiner eigenen Tätigkeit zu danken."[94] In der Behandlung des Gewerbes betont Hegel zwar die Vermögensbildung durch eigene Arbeit, auch um diesen Stand vom allgemeinen[95] abzugrenzen; er unterschlägt aber, daß innerhalb des Gewerbestandes eine Gruppe ohne Verletzung des Äquivalenzprinzips systematisch „vor sich bringt und genießt", was sie eben nicht „sich selbst [...] zu danken" hat.

Dem steht auf den ersten Blick eine Passage in „C. Die Polizei und Korporation" entgegen, in der Hegel eine zunehmende Kluft zwischen Armut und Reichtum konstatiert: „Durch die *Verallgemeinerung* des Zusammenhangs der Menschen durch ihre Bedürfnisse und der Weisen, die Mittel für diese zu bereiten, und hereinzubringen, vermehrt sich die *Anhäufung der Reichtümer* [...] auf der einen Seite, wie auf der anderen Seite die Vereinzelung und *Beschränktheit* der besonderen Arbeit und damit die *Abhängigkeit* und *Not* der an diese Arbeit gebundenen Klasse".[96] Da eine plausible Erklärung für die zunehmende Wohlstandsdifferenz weder an dieser noch an einer anderen Stelle in der „Rechtsphilosophie" vorliegt, ist zu vermuten, daß es sich hier nur um die äußerliche Aufnahme eines empirischen Befunds handelt. Hegel verweist ausschließlich auf die Kehrseite privatautonomer Freiheit: auf die Abhängigkeit von gesellschaftlichen Entwicklungen, die der individuellen wie kollektiven Kontrolle entzogen sind. Die privatarbeitsteiligen Produktionsverhältnisse müssen bei Hegel mehr erklären als sie können.[97]

*Der Übergang von der bürgerlichen Gesellschaft zum sittlichen Staat*

Entscheidend ist nun, wie Hegel auf Grundlage seines Verständnisses der bürgerlichen Gesellschaft zum Staat gelangt. Die Frage, die er beantworten muß, wenn er die Notwendigkeit des die sittliche Idee realisierenden Staates in Form einer dialektischen Darstellung begründen möchte, lautet: Wie kann die Sittlichkeit, die in einem durch Eigensucht angetriebenen und zu Armut wie übermäßigem Reichtum führenden „System der Bedürfnisse" scheinbar vollkommen abhanden gekommen ist, noch innerhalb der bürgerlichen Gesellschaft wieder eingeführt werden, so daß sich immanent ein begrifflicher Übergang zum Staat ergibt? Denn schließlich soll Hegels – im Vergleich zur platonischen – „höhere Dialektik" darin bestehen, „die Bestimmung nicht bloß als Schranke und Gegenteil, sondern aus ihr den *positiven* Inhalt und Resultat hervorzubringen und aufzufassen, als wodurch sie allein *Entwickelung* und immanentes Fortschreiten ist"[98]. Sollen die 'Grundlinien der Philosophie des Rechts' dem auf die 'Wissenschaft der Logik' verweisenden Anspruch genügen, daß „der Begriff sich aus sich selbst entwickelt und nur ein *immanentes* Fortschreiten"[99] ist, muß Hegel also zeigen können, daß das egoistische Einzelinteresse mit dem (sittlichen) Allgemeinen noch auf der Ebene des „System[s] allseitiger Abhängigkeit"[100] vermittelt werden kann. Hegel zufolge leistet die das Eigentum und die körperliche Unversehrtheit der Person garantierende „Rechtspflege" diese Vermittlung nur ungenügend, da in ihr die „Einheit des an sich seienden Allgemeinen mit der subjektiven Besonderheit" nur in der Differenz von „abstraktem Recht" und dem darunter subsumierbaren „einzelnen Falle"[101] zur Geltung kommt. Eine weitergehende Verzahnung ergebe sich erst durch die Polizei und die Korporationen, deren Zuständigkeitsbereich sich auf die Gewährleistung der „Subsistenz" und des „Wohls der Einzelnen", das ebenso „als *Recht*"[102] zu behandeln sei, erstrecke.

Im Unterschied zum heutigen Sprachgebrauch erfüllt die „Polizei" im damals herrschenden Verständnis nicht nur exekutive Funktionen, sondern soll darüber hinaus durch „Aufsicht und Vorsorge"[103] den Handlungsspielraum der rationalen Egoisten begrenzen, um individuelle Benachteiligungen und kollektiven Schaden zu verhüten. Hierbei handelt es sich – wie schon bei der Rechtspflege – lediglich um eine einseitige Einwirkung der „öffentlichen Macht"[104] auf die subjektive Willkür: Sie erläßt Gütevorschriften für besondere Warengruppen und kontrolliert deren Einhaltung[105], reißt im gesamtwirtschaftlichen Interesse die Leitung ganzer Industriezweige an sich[106], entzieht den als erziehungsunfähig eingestuften Eltern das Sorgerecht[107] und übernimmt die Vormundschaft für Personen, die durch „Verschwendung die Sicherheit ihrer und ihrer Familie Substanz vernichten"[108]. Mit anderen Worten: sie soll als „äußere Ordnung"[109] die negativen externen Effekte bürgerlicher Vergesellschaftung verhindern. Nach Hegel gelingt der Polizei dies jedoch in einem entscheidenden Punkt nicht: Sie vermag die Verarmung großer Bevölkerungsteile und die damit einhergehende Anhäufung „unverhältnismäßige[r] Reichtümer in wenige Hände"[110] nicht aufzuhalten. Denn einerseits verstoße die nicht an Arbeit gebundene Versorgung der Armen durch öffentliche Institutionen gegen das „Prinzip der bürgerlichen Gesellschaft und des Gefühls ihrer Individuen von ihrer Selbständigkeit und Ehre"[111], andererseits werde die öffentliche Bereitstellung von Arbeitsplätzen nur die Überproduktionskrisen verschärfen, die erst zum Verlust der Arbeitsplätze geführt haben sollen.[112] Da für Hegel eine polizeiliche, d.h. eine *externe* Lösung der *inner*ökonomisch produzierten Wohlstandsdifferenz ausscheidet, muß demnach die bürgerliche Gesellschaft – soll sie nicht an ihren eigenen Folgen zugrunde gehen – selbst ihre Aufhebung in sich einschließen.

Diese immanente Vermittlung von Desorganisation und sittlicher Allgemeinheit sollen die dauerhaften Zusammenschlüsse der in bezug auf das Arbeitswesen gleichartigen Gewerbe vollbringen – die Korporationen. „Das Arbeitswesen der bürgerlichen Gesellschaft zerfällt nach der Natur seiner Besonderheit in verschiedene Zweige. Indem solches an sich Gleiche der Besonderheit als *Gemeinsames* in der *Genossenschaft* zur Existenz kommt, faßt und betätigt der auf sein Besonderes gerichtete, *selbstsüchtige* Zweck zugleich sich als allgemeinen, und das Mitglied der bürgerlichen Gesellschaft ist, nach seiner *besonderen Geschicklichkeit*, Mitglied der Korporation"[113]. Für Hegel zeichnet die Korporation aus, daß sie im Unterschied zur Polizei die Versorgung ihrer verarmten Mitglieder übernehmen kann, weil diese ein Gefühl der Gemeinsamkeit, die Standesehre, verbinde. In der als „*zweite* Familie"[114] verstandenen Korporation „verliert die Hilfe, welche die Armut empfängt, ihr Zufälliges, sowie ihr mit Unrecht Demütigendes, und der Reichtum in seiner Pflicht gegen seine Genossenschaft den Hochmut und den Neid, den er, und zwar jenen in seinem Besitzer, diesen in den anderen erregen kann – die Rechtschaffenheit enthält ihre wahre Anerkennung und Ehre."[115]

Korporationen zeichnen sich durch statische Organisationsprinzipien aus: Die Mitglieder der auf ähnlichen Arbeitsformen gegründeten, vom Staat beaufsichtigten und in die ständische Repräsentation[116] integrierten Selbstverwaltungseinheiten tradieren über Generationen ein die Fürsorgepflicht einschließendes Norm- und Wertegefüge. Als umfassende Lebensverbände unterscheiden sich die berufsgenossenschaftlichen Korporationen von Vereinen oder Assoziationen, die als interessegeleitete Zweckverbände nicht nur den freiwilligen Eintritt und Austritt ihrer Mitglieder vorsehen, sondern auch den Bestand und die Struktur der Organisation an die Zustimmung der Mitglieder binden.[117] Der ständische Charakter der Korporationen steht jedoch im Widerspruch zu der von Hegel selbst beschriebenen Dynamik der bürgerlichen Gesellschaft.[118] In „Das System der Bedürfnisse" ging er noch davon aus, daß permanent neue Bedürfnisse entwickelt und neue Gebrauchswerte hervorgebracht werden, die diese Bedürfnisse befriedigen – „eine ins Unendliche fortgehende Vervielfältigung"[119]. Diese prinzipiell schrankenlose Erweiterung der Zwecke und Mittel erfordert die ebenso unaufhörliche Revolutionierung der Arbeitsabläufe und Arbeitstechniken. Mit der permanenten Veränderung des Arbeitswesens entfällt indessen die Grundlage für die Verfestigung kurzlebiger oder stetigem Wandel unterworfener Interessenvereinigungen zu dauerhaften, ihre Mitglieder über Standesehre und Gesinnung integrierenden Korporationen. Dies zeigt sich deutlich beim Industriegewerbe: Laut Hegel sind die hier erfolgenden Veränderungen im Warenangebot und in der zunehmend mechanisierten Produktion der Grund für die Entstehung von Massenarmut und Gesinnungsverlust: „Da nun der Fabrikarbeiter, der immer eine einzige abstrakte Arbeit hat, sehr schwer zu einer anderen Arbeit übergehen kann und durch Moden und alle die oben angeführten Zufälligkeiten [dazu zählt Hegel konkurrierende Firmen, die mit verbesserten Maschinen oder günstigeren Arbeitern produzieren, S.E.] die Fabriken leicht gestürzt werden, so tritt leicht dann Elend ein."[120] Wenn die sozialen Mißstände ihren Grund u.a. darin haben, daß die Industrie in vergleichsweise kurzen Zeitabständen ihre Arbeitsprozesse modifiziert, können sie aber nicht von den traditionsstabilisierten Korporationen behoben werden. Als ständischen Berufsverbänden ist ihnen ausgerechnet in dem Gewerbe der Boden entzogen, das nach Hegel am dringendsten der ideellen Integration und der materiellen Fürsorge bedarf.

Hegel selbst war sich dessen bewußt, daß die von ihm beschriebene Vermittlung der atomistischen Isolation mit der sittlichen Allgemeinheit dem korporationsfeindlichen Zeitgeist entgegenstand. So räumt er in den „Vorlesungen über Naturrecht und Staatswissenschaft" ein: „Unser Standpunkt der Reflexion, dieser Geist der Atomistik, dieser Geist, in sein Einzelnes, nicht in das Gemeinsame seine Ehre zu setzen, ist schädlich und hat es bewirkt, daß die Korporationen zerfallen. Deutschland ist durch diesen Geist in Atome zerfallen, und das Kaisertum ist gesunken. Diese Zeit der Atomistik, dieser Geist der Barberei trat da ein, wo jeder Baron jedes Städtchen sich mit anderen herumpaukte, und da entstand es, daß Städte sich durch zusammenstoßende Bürger und Adlige (die künftigen Patrizier) bildeten; die Städte machten Bündnisse, und so entstand die Hanse, der Schwäbische Bund, und so wurde durch Korporationen die bürgerliche Gesellschaft gebildet. In den Städten waren alle Gewerbe wieder Korporationen, und es entstand die Standesehre der Zünfte, und dies war die schöne Zeit des bürgerlichen Lebens; da war der Genuß im Gemeinsamen, und der Einzelne vergnügte sich nicht für sich, sondern im Allgemeinen. Nun ist wieder dieser Geist eingerissen, daß man sich seines Standes schämt, nicht als Glied desselben auftreten will und in sich allein seine Ehre setzen will."[121]

Unter dem Druck der obrigkeitsstaatlichen Maßnahmen in Preußen büßten die Elemente der vorrevolutionären Gesellschaftsverfassung – Polizei, Ständewesen und Korporation – zwischen 1789 und 1848 zwar zunehmend an Bedeutung ein.[122] Hegel, der die von der Reformbeamtenschaft[123] vorangetriebene Entwicklung zur Kenntnis nimmt, kann die Idee der Korporation aber nicht aufgeben, weil sie im Rahmen der dialektischen Darstellung in zweifacher Hinsicht eine entscheidende Schnittstelle zwischen der bürgerlichen Gesellschaft und dem Staat als Verkörperung der absoluten Sittlichkeit darstellt.

*Erstens* sollen die Korporationen die destruktiven Folgen einer ungezügelten Kapitalisierung, die Hegel aus England bekannt waren, eindämmen. Im Unterschied zu modernen Privat- und Sozialversicherungen, die der staatlichen Fürsorge vorgelagert sind und bei denen ein Leistungsanspruch durch Beitragszahlungen erworben wird, gründet dieser Versuch einer sozialen Absicherung jedoch in der Vermengung kapitalistischer Vergesellschaftungsformen mit Elementen der traditionellen Sozialordnung.[124]

*Zweitens* ist für Hegel, der die bürgerliche Emanzipation mit dem aus der platonisch-aristotelischen Tradition stammenden Politikbegriff zusammenbringen will, ohne den Begriff der Korporation der „*wissenschaftliche Beweis* des Begriffes des Staats"[125] nicht zu führen. Die Korporation – eine Organisationsform, in der sich über die gemeinsame Verfolgung der besonderen Interessen ein die Handlungsrationalität des *homo oeconomicus* transzendierender Gemeinsinn herausbildet[126] – ist in der Rechtsphilosophie Hegels unentbehrlich, weil sie, zusammen mit der auf Liebe und Intimität gegründeten Familie[127], in der Entwicklung des Begriffs die entscheidende Stufenleiter zur Überwindung einer politischen Einstellung bildet, die lediglich die Eigensucht des bürgerlichen Reflexionssystems auf den Staat ausweitet. Für Hegel ist der Staat mehr als bloß ein Mittel zum Zweck.[128] Ohne die sittlich-integrative Wirkung der Berufsgenossenschaften könnte er darstellungsimmanent jedoch nicht zu einem politischen Gemeinsinn („Patriotismus"[129]) überleiten, für den die Sorge um das Allgemeinwohl einen Selbstzweck darstellt. Hegel bezeichnet die Korporation deshalb treffend als „die in der bürgerlichen Gesellschaft gegründete *sittliche* Wurzel des Staats".[130] Am deutlichsten geht ihre darstellungslogische Scharnierfunktion aus dem letzten Paragraphen des zweiten Abschnitts hervor. Hier heißt es: „Der Zweck der Korporation als beschränkter und endlicher hat seine Wahrheit [...] in dem an und für sich allgemeinen Zwecke und dessen absoluter Wirklichkeit; die Sphäre der bürgerlichen Gesellschaft geht daher in den Staat über."[131] Schließlich läßt sich die Bedeutung der Korporation für die innere Kohärenz der Hegelschen Rechtsphilosophie von ihrem Resultat her begründen. Der am Ende der Begriffsentwicklung stehende Staat ist laut Hegel „in der Wirklichkeit [...] vielmehr das *Erste*, innerhalb dessen sich erst die Familie zur bürgerlichen Gesellschaft ausbildet, und es ist die Idee des Staates selbst, welche sich in diese beiden Momente dirimiert"[132]. Wenn die Idee des Staats die Unterscheidung von Familie, bürgerlicher Gesellschaft und Staat hervorbringt, damit die „sittliche Substanz ihre *unendliche Form*"[133] über die Entfaltung der Subjektivität erlangt, dann müssen noch innerhalb des „System[s] allseitiger Abhängigkeit"[134] Sittlichkeitsspuren ihrer selbst aufgezeigt werden können. Mit anderen Worten: Erst die Lehre von den Korporationen macht als darstellungslogisches Propädeutikum des Staats ein spezifisches Fundierungsverhältnis plausibel: Ohne die berufsständische Gesinnung als einer (wenn auch nicht hinreichenden) Gestalt der Sittlichkeit könnte Hegel die Differenz von bürgerlicher Gesellschaft und Staat nicht als vermitteltes *Selbstverhältnis* der Idee des Staats ausweisen. „Der Gegensatz" zwischen beiden Sphären wäre nicht mehr „organisch" zu „einem Schein herabgesetzt", sondern ein „substantieller Gegensatz" – und dann, so schlußfolgert Hegel, wäre der die absolute Sittlichkeit realisierende „Staat in seinem Untergange begriffen."[135]

## Fazit

Es läßt sich positiv konzedieren, daß Hegels Versuch, die entzweite bürgerliche Gesellschaft durch vorrevolutionäre Institutionen zu versöhnen, die von ihm erlebte Zeit der politischen, sozialen und wirtschaftlichen Umbrüche in Gedanken faßt. Dies kann aber nicht darüber hinwegtäuschen, daß er mit der Einführung der dem modernisierungsbedingten Sittlichkeitsverlust entgegenwirkenden Korporationen sich bereits nicht mehr auf der Höhe des von ihm selbst in Ansätzen entwickelten Begriffs der bürgerlichen Gesellschaft bewegt. Anstatt der „eigenen immanenten Entwicklung der Sache selbst zuzusehen"[136], versucht er, präskriptiv in sie einzugreifen. Für die Beurteilung der Rechtsphilosophie Hegels ist jedoch weniger das notwendige Scheitern dieser Aspiration von Bedeutung. Im Mittelpunkt steht vielmehr der Umstand, daß das Begründungsziel – der Staat als die vollkommene Gestalt der Sittlichkeit – ohne das antiquierte Korporationswesen nicht erreicht würde.[137] Berücksichtigt man zudem Walter Jaeschkes Diagnose, daß „die von Hegel angestrebte Dominanz des Staats nicht verschont geblieben [ist] von der Dynamik der „bürgerlichen Gesellschaft""[138], im Zusammenhang mit Marx' Kritik der außerökonomischen Zwangsgewalt als einer Bedingung innerökonomischer Ungleichheitsreproduktion, läßt sich der Staat nicht länger als Realisierung der Freiheit im emphatischen Sinne begreifen. Schließlich stellt sich angesichts der immanenten Vermittlungsprobleme und der begründeten Einwände gegen Hegels Staatsverständnis die hier nicht zu klärende Frage, ob nicht bereits der sozialontologische Ausgangspunkt der 'Rechtsphilosophie' – der freie Wille, dessen Strukturelemente sich in der sozialen Welt realisieren[139] – in Zweifel gezogen werden muß.

## Anmerkungen

[1] Hegel, Ueber die wissenschaftlichen Behandlungsarten des Naturrechts, 450.

[2] Ebd.

[3] Vgl. Riedel, Die Rezeption der Nationalökonomie, 118; Wolf, Hegels Theorie der bürgerlichen Gesellschaft, 11-32.

[4] Die Kontinuität dieser Problematik von den Jenaer Schriften bis hin zur 'Rechtsphilosophie' zeigen Horstmann, Über die Rolle der bürgerlichen Gesellschaft in Hegels politischer Philosophie, und Rüddenklau, Das System der Bedürfnisse und die Idee des guten Lebens. Hegels ambivalente Einschätzung der Französischen Revolution behandeln ausführlich Lukács, Der junge Hegel, und Ritter, Hegel und die französische Revolution.

[5] Siehe hierzu Kersting, Die politische Philosophie des Gesellschaftsvertrags, 19-58.

[6] Hegel, Ueber die wissenschaftlichen Behandlungsarten des Naturrechts, 450.

[7] Ebd., 427.

[8] Vgl. Hegel, Grundlinien der Philosophie des Rechts, §29/45, §75/80, §100/96.

[9] Die rechtsphilosophische, demokratietheoretische und entfremdungstheoretische Thematisierung von Recht und Staat in den frühen Schriften von Marx behandelt Böhm, Kritik der Autonomie. Freiheits- und Moralbegriffe im Frühwerk von Karl Marx.

[10] Vgl. Kratz, Philosophie und Wirklichkeit, 13-24.

[11] Vgl. Althusser, Für Marx, 149.

[12] Vgl. Ebd., 150 Fn.

[13] Siehe hierzu Althusser/Balibar, Das Kapital lesen, 38-51.

[14] Vgl. Althusser, Für Marx, 149 Fn.

[15] Vgl. Ebd., 148 f.

[16] Marx/Engels, Die deutsche Ideologie, MEW 3, 36.

[17] Der in diesem Zusammenhang am häufigsten zitierte Text ist die Einleitung von „Zur Kritik der Politischen Ökonomie'. Eine detaillierte Untersuchung dieser kurzen Passage und der in ihm angelegten Mißverständnisse findet sich bei Weber, Basis.

[18] Siehe Marx' Ausführungen zur Kunst in den Grundrissen der Kritik der politischen Ökonomie (MEW 42, 44 f.) und die Briefe des späten Engels (MEW 37, 491-494, und MEW 39, 206 f.).

[19] Althusser/Balibar, Das Kapital lesen, 131.

[20] Marx, Das Kapital, MEW 23, 96, Fn. 33.

[21] Vgl. Althusser/Balibar, Das Kapital lesen, 129 f., 299 f.

[22] Vgl. Laclau/Mouffe, Hegemonie und radikale Demokratie.

[23] Vgl. Marx, Das Kapital, MEW 25, 799 f.
[24] Die in der DDR und z.t. in der westdeutschen Studentenbewegung verbreitete Theorie des „staatsmonopolistischen Kapitalismus" sah die Hauptaufgabe des Staates in der Bewältigung der ökonomischen Krisen, die der auf dem Konkurrenzkapitalismus folgende Monopolkapitalismus notwendig aus sich erzeuge. Durch diese bereits von Lenin beschriebene Verschmelzung von Ökonomie und Staat entstünden zugleich sozialistische Strukturelemente, die nur noch von ihrer monopolkapitalistischen Hülle befreit werden müßten. Siehe hierzu die Beiträge in Ebbighausen, Monopol und Staat. Die erste Generation der Kritischen Theorie, konfrontiert mit dem Staatssozialismus in der Sowjetunion und den faschistischen Diktaturen im Westen, sah in der immanenten Dynamik dieses Modells (Zunahme der staatlichen Steuerungsfunktionen) umgekehrt den entscheidenden Grund für die Entstehung des „autoritären Staats". Dieser kontrolliere den Produktionsprozeß (Horkheimer, Autoritärer Staat, HGS 5, 304, 310 f.), vollende damit die Liquidierung der Zirkulation (ebd., 295), bilde als „Racket-System" das institutionelle Gefüge für die Herrschaft mafiotischer Gangsterorganisationen (Horkheimer, Die Rackets und der Geist, HGS 12) und durchdringe zunehmend alle Fasern der Gesellschaft. Vgl. dazu Wiggershaus, Die Frankfurter Schule, 314-327, und Gangl, Politische Ökonomie und Kritische Theorie, 201-243.
[25] Paschukanis, Allgemeine Rechtslehre und Marxismus, 87 f. Eine umfassende Monographie zu Paschukanis' Rechtskritik und dessen Rezeption schrieb Harms, Warenform und Rechtsform.
[26] Einen Überblick über die Staatsableitungsdebatte geben Rudel, Die Entwicklung der marxistischen Staatstheorie in der Bundesrepublik, 97-142, und Kostede, Die neuere marxistische Diskussion über den bürgerlichen Staat. Von den Protagonisten selbst zur Charakterisierung ihrer theoretischen Bemühungen verwendet, bekam das Wort „Ableitung" mit der systemtheoretischen und poststrukturalistischen Kritik einen zunehmend pejorativen Klang: Ableitung wurde kurzgeschlossen mit Ökonomismus/Reduktionismus. Die an der staatstheoretischen Debatte beteiligten Autoren waren daran sicher nicht ganz unschuldig. Denn sehr häufig wurden die Grenzen des formanalytischen Zugangs durch Ableitung noch der konkretesten staatlichen Strukturen und Funktionen überschritten. Mit dieser berechtigten Kritik ist aber noch nicht erwiesen, daß ein mechanistisches Verfahren für Staatsableitungen auch konstitutiv ist. Einige Autoren – etwa Blanke u.a., Kritik der politischen Wissenschaft, Bd. 2, 417-419; Läpple, Zum Legitimationsproblem politischer Herrschaft in der kapitalistischen Gesellschaft, 163 f. Fn; Rottleuthner, Marxistische und analytische Rechtstheorie, 249 f. – waren sich der Reichweite ihrer Untersuchungen durchaus bewußt. „Ableitung" zielt hier nicht auf Totalitätsanalyse im Sinne totaler Erkenntnis der Überbauinstanzen aus der ökonomischen Basis – dies unterstellte u.a. Poulantzas, Staatstheorie, 43 – sondern lediglich auf die „begriffliche Entwicklung politischer Grundstrukturen aus

der ökonomischen Formation der bürgerlichen Gesellschaft" (Kostede, Die neuere marxistische Diskussion über den bürgerlichen Staat, 156).

[27] Eine ausführliche Darstellung der Inversionsebenen gibt Kersting, Die politische Philosophie des Gesellschaftsvertrags, 1-11.

[28] „Unser Zeitalter ist das eigentliche Zeitalter der Kritik, der sich alles unterwerfen muß. Religion, durch ihre Heiligkeit, und Gesetzgebung, durch ihre Majestät, wollen sich gemeiniglich derselben entziehen. Aber alsdann erregen sie gerechten Verdacht wider sich, und können auf unverstellte Achtung nicht Anspruch machen, die die Vernunft nur demjenigen bewilligt, was ihre freie und öffentliche Prüfung hat aushalten können" (Kant, Kritik der reinen Vernunft, 13)

[29] Im Unterschied zu den auf Tradierung beruhenden Gründungsmythen, die den Naturzustand als eine realhistorische Situation beschreiben – man denke an das Paradies in der christlichen Religion –, konzipiert die neuzeitliche Philosophie den Naturzustand dezidiert als eine rein gedankliche Simulation. Mit dem kognitiv-experimentellen Status der Ausgangssituation verschiebt sich auch die Legitimationskraft von der Macht der Tradition und der Bindungskraft real geschlossener Verträge auf das Überzeugungspotential der vertragstheoretischen Konstruktion selbst.

[30] Neben den klassischen Staatsphilosophien des 17. und 18. Jahrhunderts greifen auch zeitgenössische Autoren (wie James M. Buchanan, Robert Nozick, Jan Narveson, John Rawls u.a.) wieder auf das kontraktualistische Argument zurück. Deren wissenschaftliches Programm bleibt dabei nicht auf die Erklärung oder Rechtfertigung staatlicher Herrschaft beschränkt, sondern erstreckt sich auch auf die Ableitung von gerechten Verteilungsprinzipien für soziale und wirtschaftliche Grundgüter. Siehe hierzu Koller, Neue Theorien des Sozialkontrakts. In methodischer Hinsicht unterscheidet sich v.a. Rawls kohärenztheoretisches Konzept des Überlegungsgleichgewichts von der vertragstheoretischen Tradition. Siehe hierzu Kersting, Spannungsvolle Rationalitätsbegriffe in der politischen Philosophie von John Rawls.

[31] Marx, Das Kapital, MEW 23, 99. Siehe auch Marx, Zur Kritik der politischen Ökonomie. Urtext, MEGA II/2, 56.

[32] Marx, Grundrisse der Kritik der politischen Ökonomie, MEW 42, 170.

[33] Vgl. Marx, Zur Kritik der politischen Ökonomie, MEW 13, 616. Siehe auch Marx, Grundrisse der Kritik der politischen Ökonomie, MEW 42, 169 f., und Marx, Zur Kritik der politischen Ökonomie. Urtext, MEGA II/2, 53f.

[34] Da es für jeden Warenbesitzer ein unkalkulierbares Sicherheitsrisiko darstellt, den anderen Marktsubjekten eine gewaltentsagende Kooperationsdisziplin zu unterstellen, bräche der Markt als Koordinationsmechanismus der privatarbeitsteiligen Produktionsanordnung zwangsläufig zusammen. Die für jeden rationalen Egoisten vorteilhaftere Lösung – stabile Erwartbarkeit von Verhalten durch allgemeinen Gewaltverzicht – würde so durch die Anreizstruktur des rationalen Egoismus verfehlt. Der Struktur nach entspricht diese Situation

dem aus der Spieltheorie bekannten Gefangenendilemma. Vgl. hierzu Kersting, Die politische Philosophie des Gesellschaftsvertrags, 69 f.

[35] Marx, Grundrisse der Kritik der politischen Ökonomie, MEW 42, 170.

[36] Heinrich, Kritik der politischen Ökonomie, 199 Fn, weist zu Recht darauf hin, daß die Gewährleistung der gleichen Freiheit für alle nur für den bürgerlichen Rechtsstaat „in seinem idealen Durchschnitt" gilt. So ist die rechtliche Gleichstellung der Frauen in vielen Staaten bis heute nicht abgeschlossen, für Migranten gelten zahlreiche Zugangsbeschränkungen (z.b. zum Arbeitsmarkt), und illegal Eingewanderte stehen weithin außerhalb des rechtsstaatlichen Rahmens.

[37] Marx, Grundrisse der Kritik der politischen Ökonomie, MEW 42, 170.

[38] Siehe Gerstenberger, Die subjektlose Gewalt, 10.

[39] „Keines der sogenannten Menschenrechte geht also über den egoistischen Menschen hinaus, über den Menschen, wie er Mitglied der bürgerlichen Gesellschaft, nämlich auf sich, auf sein Privatinteresse und Privatwillkür zurückgezogenes und vom Gemeinwesen abgesondertes Individuum ist" (Marx, Zur Judenfrage, MEW 1, 366). Verglichen mit der späteren Ökonomiekritik hat diese Argumentation deutliche Schwächen. Marx' Kritik an der Deklaration der Menschenrechte beschränkt sich darauf, die dissoziativen Implikationen der zirkulationsbezogenen Freiheit, Gleichheit und Sicherheit nachzuweisen. Eine Einsicht in die wechselseitige Verschränkung von Freiheit und Unfreiheit sowie Gleichheit und Ungleichheit liegt hier noch nicht vor.

[40] Marx, Das Kapital, MEW 23, 189.

[41] Vgl. Marx, Zur Kritik der politischen Ökonomie. Urtext, MEGA II/2, 56 f.

[42] Marx, Das Kapital, MEW 23, 177.

[43] Vgl. Marx, Zur Kritik der politischen Ökonomie. Urtext, MEGA II/2, 48 f. Dem widerspricht zwar selbst die oberflächlichste Betrachtung der kapitalistischen Wirklichkeit; da es sich bei der Aneignung durch eigene Arbeit aber um einen systematisch sich reproduzierenden Schein handelt, wurde das Aneignungsgesetz von der klassischen politischen Ökonomie nicht einfach als falsch verworfen. Statt dessen projizierte sie seine unverfälschte Geltung in die Vergangenheit. „So daß sich das sonderbare Resultat ergäbe, daß die Wahrheit des Aneignungsgesetzes der bürgerlichen Gesellschaft in eine Zeit verlegt werden müßte, worin diese Gesellschaft selbst noch nicht existierte, und das Grundgesetz des Eigentums in die Zeit der Eigentumslosigkeit" (ebd., 49).

[44] Für den Nachvollzug der Verwandlung von Geld in Kapital werden v.a. die „Grundrisse' und das Fragment „Zur Kritik der politischen Ökonomie. Urtext' herangezogen, da Marx nur in diesen beiden Schriften die Kapitalform aus dem Mangel der einfachen Warenzirkulation entwickelt – und damit auch wissenschaftlich begründet. Im Kapital suspendierte er hingegen die dialektische Darstellung im Rahmen seiner Popularisierungsversuche zugunsten einer äußerlichen Aufnahme des Kapitalbegriffs aus der Empirie. Siehe hierzu Heinrich, Die Wissenschaft vom Wert, 253-257.

[45] Vgl. u.a. Marx, Zur Kritik der politischen Ökonomie. Urtext, MEGA II/2, 70 f.
[46] Marx, Das Kapital, MEW 23, 145.
[47] Vgl. Marx, Zur Kritik der politischen Ökonomie. Urtext, MEGA II/2, 81.
[48] A.a.O., 48.
[49] Vgl. a.O., 82.
[50] A.a.O., 78.
[51] Marx, Das Kapital, MEW 23, 181.
[52] Vgl. Marx, Das Kapital, MEW 23, 182.
[53] Heinrich, Die Wissenschaft vom Wert, 255.
[54] Vgl. Marx, Das Kapital, MEW 23, 183. Die Monopolisierung der Arbeitsmittel ist der Warenproduktion keineswegs akzidentiell, sondern die Grundlage ihrer Universalisierung. Gegen die auf einfacher Warenproduktion basierende Sozialutopie von Pierre Joseph Proudhon wendet Marx daher ein: „Erst da, wo die Lohnarbeit ihre Basis, zwingt die Warenproduktion sich der gesamten Gesellschaft auf [...]. Sagen, daß die Dazwischenkunft der Lohnarbeit die Warenproduktion fälscht, heißt sagen, daß die Warenproduktion, will sie unverfälscht bleiben, sich nicht entwickeln darf" (ebd., 613). Eine ausführliche Kritik der Sozialutopien, die den wirklichen Kapitalismus entsprechend der ihm entlehnten Ideale modifizieren wollen, formuliert Rakowitz, Einfache Warenproduktion.
[55] Siehe Marx, Das Kapital, MEW 23, 765.
[56] Marx, Das Kapital, MEW 23, 185.
[57] Marx, Das Kapital, MEW 23, 185.
[58] Vgl. Beer, Marx auf die Füße gestellt?, 31, und Heinrich, Die Wissenschaft vom Wert, 260. Die Reproduktionsarbeit wird erst dann zu einem wertbildenden Element, wenn sie – z.B. infolge zunehmender Frauenerwerbstätigkeit (siehe Marx, Das Kapital, MEW 23, 417) – durch Dienstleistungen und fertige Produkte kommerziell substituiert werden muß. Da im 'Kapital' nur sporadisch darauf hingewiesen wird, daß der Grad kommerzialisierter Reproduktionsarbeit den Wert der Arbeitskraft beeinflußt, warf die Gruppe der Bielefelder Entwicklungssoziologinnen (Maria Mies, Claudia von Werlhof, Veronika Bennholdt-Thomsen) Marx einen „blinden Fleck" (Bennholdt-Thomsen, Subsistenzproduktion und erweiterte Reproduktion, 45) vor, der einem „hypnotisierten Blick auf den angestellten, männlichen, industriellen Lohnarbeiter" (ebd., 44) geschuldet sei. Marx habe nicht gesehen, daß die Ausbeutung der Frauen (und der Entwicklungsländer) qua „Subsistenzarbeit" die unverzichtbare außerökonomische Grundlage kapitalistischer Akkumulation darstelle. Braig/Lentz, Wider die Enthistorisierung der Marxschen Werttheorie, 11-15, Beer, Marx auf die Füße gestellt?, und Heinrich, Die Wissenschaft vom Wert, 261 f., weisen zu Recht darauf hin, daß hier historische Konfigurationen, die auf einer geschlechtsspezifischen und internationalen Arbeitsteilung basieren, mit der allgemeinen Grundstruktur kapitalistischer

Ausbeutung verwechselt werden (den gleichen Fehler begeht auch Roswitha Scholz mit ihrer Theorie der „Wertabspaltung"). Es ist nicht einzusehen, warum das Geschlecht eine konstitutive Bedeutung für den Kapitalismus haben muß: „Hypothetisch denkbar wären auch gesellschaftliche Kräfteverhältnisse, aufgrund derer weitaus mehr Elemente der Reproduktion als gegenwärtig aus gegen Lohn erworbenen Gütern und Dienstleistungen bestehen, ebenso wie eine Verallgemeinerung der Lebensform der Wohngemeinschaften und die 'Abschaffung der Hausfrau' politökonomisch nichts am zentralen kapitalistischen Ausbeutungsverhältnis ändern würde" (Braig/Lentz, Wider die Enthistorisierung der Marxschen Werttheorie, 13).

[59] Die Formulierung „Produktion des Werts" ist mißverständlich, da sie eine substanzialistische Auffassung des Werts nahelegt. Sie besitzt ihre Berechtigung nur unter der Voraussetzung, daß die Waren sich auf dem Markt als Teil der gesellschaftlichen Gesamtarbeit bewähren.

[60] Marx, Zur Kritik der politischen Ökonomie. Urtext, MEGA II/2, 77.

[61] Marx, Das Kapital, MEW 23, 168.

[62] Marx, Zur Kritik der politischen Ökonomie. Urtext, MEGA II/2, 78.

[63] Marx, Das Kapital, MEW 23, 609.

[64] Marx, Theorien über den Mehrwert, MEW 26.3, 127.

[65] Die wechselseitige Implikation direkt entgegengesetzter Bestimmungen arbeitet Marx schon in den „Grundrissen' und dem „Urtext' sehr deutlich heraus: „Das Tauschwerthsystem und mehr das Geldsystem sind in der That das System der Freiheit und Gleichheit. Die Widersprüche aber, die bei tieferer Entwicklung erscheinen, sind immanente Widersprüche, Verwicklungen dieses Eigenthums, Freiheit und Gleichheit selbst" (Marx, Zur Kritik der politischen Ökonomie. Urtext, MEGA II/2, 61).

[66] Marx, Das Kapital, MEW 23, 16.

[67] Marx, Das Kapital, MEW 23, 604. Marx bezeichnet diesen Prozeß, in dem der Kapitalismus mit seinen Resultaten seine eigenen Voraussetzungen hervorbringt, auch als „kontemporäre Geschichte" (Grundrisse, MEW 42, 372). Hiervon grenzt er mit der „Geschichte seiner Bildung" (ebd.) die historischen Entwicklungen ab, auf deren Basis sich eine universalisierte Warenproduktion als selbstreferentielles System erst etablieren konnte.

[68] Marx, Das Kapital, MEW 23, 100.

[69] Die Dialektik von Un-/Freiheit und Un-/Gleichheit wird aber nicht nur von Theoretikern verfehlt, die die Bestimmungen der einfachen Zirkulation affirmativ gegen deren eigene „Verwicklungen" wenden, sondern mitunter auch von Marxisten, die eine grundlegende Kritik des Kapitalismus zu leisten beanspruchen. Gegen die traditionsmarxistische Fixierung auf den Klassenkampf gerichtet, schreiben z.B. Kurz/Lohoff ('Der Klassenkampf-Fetisch'), daß „der letzte Grund der Gesellschaft" nicht die Klasse, sondern die Ware sei. Die Klassen sollen nur „sekundäre, abgeleitete Kategorie[n]" (ebd.) sein. Den

Autoren dient der Zeitpunkt der Einführung des Klassenbegriffs im „Kapital' anscheinend als Kriterium zur Beurteilung seiner Relevanz. Damit mißverstehen sie aber den Begründungscharakter der dialektischen Darstellung. Die ökonomisch-soziale Form Ware wird zwar zunächst vor und unabhängig von den Objekten Geld und Kapital untersucht. Mit der Darstellung des *notwendigen Zusammenhangs* von Ware, Geld und Kapital erweist sich jedoch die Ware, mit der die Untersuchung als Voraussetzung begann, als vom Kapital gesetztes Resultat. Liegt nämlich im 'Kapital' ein „Zirkellauf" (Marx, Resultate des unmittelbaren Produktionsprozesses, 91) der Darstellung vor, der die Voraussetzung als Resultat und das Resultat als Voraussetzung ausweist, dann kann das mit dem Klassenbegriff erfaßte soziale Verhältnis kein Phänomen minderer Priorität sein. Der kritische Rückgang in die zu Beginn der Untersuchung nicht thematisierten Voraussetzungen soll gerade zeigen, daß für die Universalisierung der Warenproduktion die Existenz der Klassen ebenso notwendig ist wie die Existenz voneinander unabhängiger Privatproduzenten. Indem Kurz/Lohoff ('Der Klassenkampf-Fetisch') und Schandl ('Kommunismus oder Klassenkampf?') übersehen, „daß schon in der einfachen Bestimmung des Tauschwerts und des Geldes der Gegensatz von Arbeitslohn und Kapital etc. latent enthalten ist" (Marx, Grundrisse der Kritik der politischen Ökonomie, MEW 42, 173), wiederholen sie den Fehler des Traditionsmarxismus in entgegengesetzter Richtung: Verstand dieser die Thematisierung von Ware und Geld nur als Hinführung zur Klassen- und Mehrwerttheorie als der eigentlichen Kritik, gilt ihnen die Existenz von Klassen nur als Epiphänomen eines Skandals, den sie in den ersten drei Kapiteln dargestellt finden.

[70] Zur Historisierung des Begriffs der Person bei Hegel siehe Ritter, Person und Eigentum. Zu Hegels „Grundlinien der Philosophie des Rechts' §§ 34 bis 81.
[71] Hegel, Grundlinien der Philosophie des Rechts, §182/165.
[72] Ebd.
[73] Ebd., §183/165.
[74] Ebd., §187/167 f.
[75] Ebd., §184/165.
[76] Ebd., §185/166.
[77] Ebd., §184/165.
[78] Ebd., §81/87.
[79] „Das abstrakte Recht ist Zwangsrecht" (ebd., §94/91).
[80] Vgl. ebd., §71/78 f.
[81] Hegel spricht deshalb von einem Recht, das „zuerst nur an sich und etwas Unmittelbares" (ebd., §82/88) ist.
[82] Siehe Horstmann, Wahrheit aus dem Begriff, bzw. Taylor, Hegel, 477-604.
[83] Hegel, Grundlinien der Philosophie des Rechts, §189/170. Der laut Karl Rosenkranz 1799 von Hegel geschriebene und in dieser Frage möglicherweise

erhellende Kommentar zur deutschen Übersetzung von James Steuarts 'Inquiry into principles of political economy' ist nicht erhalten. In einschlägigen Interpretationen wird davon ausgegangen, daß Hegel weder Ricardos objektive noch Smith' subjektive Arbeitswerttheorie übernommen hat (vgl. Arndt/Lefèvre, System und Systemkritik, 12, bzw. Arndt, Die Arbeit der Philosophie, 57), sondern sich bei seiner Verwendung des Wertbegriffs an dem „naturrechtlichen Gedanken der Vertragsgerechtigkeit als Äquivalent der (auf Bedürfnisse bezogenen) Leistungen" (ebd.) orientierte.

[84] Hegel, Grundlinien der Philosophie des Rechts, §199/174.
[85] Ebd., §200/174.
[86] Ebd.
[87] Ebd., §200/175.
[88] Ebd., §200/174.
[89] Ebd., §200/175.
[90] Ebd., §202/175.
[91] Vgl. ebd., §204/177; Hegel, Vorlesungen über Naturrecht und Staatswissenschaft, §104/131 f.
[92] Vgl. Hegel, Grundlinien der Philosophie des Rechts, §204/177.
[93] Vgl. ebd. In der Vorlesungsnachschrift von Wannenmann heißt es ergänzend: „Der Gewinn ist die Hauptsache", er werde „zur unbestimmten Sucht" (Hegel, Vorlesungen über Naturrecht und Staatswissenschaft, §104/134). Dies unterscheide den Handels- vom Handwerksstand, da dieser nur arbeite, um seine Bedürfnisse befriedigen zu können.
[94] Vgl. Hegel, Grundlinien der Philosophie des Rechts, §204/177.
[95] Von diesem heißt es: „Der allgemeine Stand hat die allgemeinen Interessen des gesellschaftlichen Zustandes zu seinem Geschäfte; der direkten Arbeit für die Bedürfnisse muß er daher entweder durch Privatvermögen oder dadurch enthoben sein, daß er vom Staat, der seine Tätigkeit in Anspruch nimmt, schadlos gehalten wird, so daß das Privatinteresse in seiner Arbeit für das Allgemeine seine Befriedigung findet" (Hegel, Grundlinien der Philosophie des Rechts, §205/177).
[96] Vgl. Hegel, Grundlinien der Philosophie des Rechts, §243/200.
[97] Vgl. Wolf, Hegels Theorie der bürgerlichen Gesellschaft, 160-164.
[98] Hegel, Grundlinien der Philosophie des Rechts, §31/47.
[99] Ebd., §31/46.
[100] Ebd., §183/165.
[101] Ebd., §229/195.
[102] Ebd., §230/195 f.
[103] Ebd., §235/197.
[104] Ebd.
[105] Ebd., §236/197.

[106] Ebd., §236/197 f.
[107] Ebd., §239/199.
[108] Ebd., §240/199.
[109] Ebd., §249/203.
[110] Ebd., §244/201.
[111] Ebd., §245/201.
[112] Siehe ebd., §245/201.
[113] Ebd., §251/204.
[114] Ebd., §252/204.
[115] Ebd., §253/206.
[116] Die Nationalrepräsentation hat Hegel als liberalistischen Irrtum abgelehnt, weil sie die Einzelwillen nicht über das Ständewesen „organisch" in den Staat einbeziehe, sondern diese voneinander isoliere und der Volksvertretung abstrakt entgegensetze (Hegel, *Grundlinien der Philosophie des Rechts*, §303/264f).
[117] Vgl. Müller, Korporation und Assoziation, 15.
[118] Vgl. hierzu Bensch, Sozialstaatliche Elemente in der Hegelschen Rechtsphilosophie.
[119] Hegel, Grundlinien der Philosophie des Rechts, §191/171.
[120] Hegel, Vorlesungen über Naturrecht und Staatswissenschaft, §104/133.
[121] Ebd.
[122] Siehe hierzu Conze, Staat und Gesellschaft in der frührevolutionären Epoche Deutschlands, 173 f.
[123] Ebd., 170 f.
[124] Kersting, Polizei und Korporation in Hegels Darstellung der bürgerlichen Gesellschaft, 373-382; Pöggeler, Einleitung, XLVII.
[125] Hegel, Grundlinien der Philosophie des Rechts, §256/207.
[126] „[...] – die Corporation, in welcher der besondere Bürger als Privatmann die Sicherung seines Vermögens findet, eben so sehr als er darin aus seinem einzelnen Privatinteresse heraustritt, und eine bewußte Thätigkeit für einen relativ-allgemeinen Zweck, wie in den rechtlichen und Standespflichten seine Sittlichkeit, hat". (Hegel, Enzyklopädie der philosophischen Wissenschaften im Grundrisse, §534/507).
[127] Hegel, Grundlinien der Philosophie des Rechts, §255, 206; Hegel, Vorlesungen über Naturrecht und Staatswissenschaft, §122/171.
[128] Siehe Hegel, Grundlinien der Philosophie des Rechts, §258/208.
[129] Ebd., §268/218.
[130] Ebd., §255/206.
[131] Ebd., §256/206f.
[132] Ebd., §256/207.

[133] Ebd.,
[134] Ebd., §183/165.
[135] Ebd., §302/264.
[136] Ebd., §2/19.
[137] Es ist auch nicht ersichtlich, welche Institution heute als funktionales Äquivalent fungieren könnte. Gewerkschaften und Arbeitgeberverbände sind zwar ebenfalls nach Sparten differenzierte Berufszusammenschlüsse, als interessengeleitete Zweckverbände sind sie aber nicht darauf angewiesen, die Persönlichkeit, die interpersonellen Beziehungen und die kulturellen Deutungsmuster ihrer Mitglieder in einem hohem Maße zu bestimmen, wie Hegel es für die Korporation vorsieht.
[138] Jaeschke, Hegel-Handbuch, 389.
[139] Siehe hierzu Schmidt am Busch, Religiöse Hingabe und soziale Freiheit, 93-111.

# Ingo Elbe
# „Umwälzungsmomente der alten Gesellschaft"
*Revolutionstheorie und ihre Kritik bei Marx*

> „Statt unnütze Systeme für das Glück der Völker aufzustellen, will ich mich darauf beschränken, die Gründe ihres Unglücks zu untersuchen."
>
> *Giammaria Ortes,* zitiert bei Karl Marx[1]

Im marxistischen Denken wurde das Verhältnis der Arbeiterklasse zum Kapitalismus lange Zeit nach dem Motto konzipiert, daß der Arbeiter „von vorn herein dagegen in einem rebellischen Verhältniß steht".[2] Bereits in den Schriften der frühen Kritischen Theorie wird diese Position einer grundlegenden Kritik unterzogen. Hier sind es die Krise der sozialistischen Arbeiterbewegung und das Aufkommen des Faschismus und Nationalsozialismus in Europa in der ersten Hälfte des 20. Jahrhunderts, die die bisherigen revolutionstheoretischen Annahmen mit ihrer Fokussierung auf das sozialstrukturell vermeintlich zur revolutionären Klasse prädestinierte Proletariat zweifelhaft erscheinen lassen. Die Kritische Theorie bedient sich zu ihren zeitdiagnostischen Zwecken allerdings kaum der Marxschen Ökonomiekritik, sondern versucht die Psychoanalyse als rationale Theorie irrationalen Verhaltens in einen nicht-deterministisch verstandenen historischen Materialismus zu integrieren. Dies ermöglicht es ihr, die mit dem „spätkapitalistischen" Massenzeitalter verbundenen neo-archaischen Mystifikationen und ihre Apparate in den Blick zu nehmen – Formen des gesellschaftlichen Bewußtseins, die Marx und Engels nicht antizipieren konnten.[3]

Ein halbes Jahrhundert später ist es wieder eine Krise des – inzwischen renovierten – arbeiterbewegungsmarxistischen Weltbildes der Linken, die neue, diesmal auf Marx fokussierte Perspektiven auf die Frage entstehen läßt, warum die Revolution trotz ökonomischer Verwerfungen ausbleibt und sich die Arbeiterbewegung in der technokratischen Ideologie der „eindimensionalen" Gesellschaft verfangen hat. Im Zuge dieser Mitte der 1970er Jahre anhebenden Debatte[4] werden die Erklärungspotentiale gerade des Marxschen ökonomiekritischen Spätwerks für systemkonformes Denken und Handeln herausgestellt. Einige Ergebnisse dieser Neuaneignung der revolutionstheoretischen Erklärungspotentiale des Marxschen Werks sollen im folgenden dargestellt werden.

Die kritische Intention der Marxschen Theorie besteht der neuen Lesart zufolge wesentlich darin, kapitalistische Vergesellschaftungsformen (Ware, Geld, Kapital, Recht, Staat usw.) als nicht-natürliche, historisch-spezifische zu dechiffrieren und den inneren, notwendigen Zusammenhang dieser Formen sowie die Unmöglichkeit zu zeigen, einzelne ökonomische oder politische Strukturen in emanzipatorischer Absicht gegen den Gesamtzusammenhang des Systems geltend machen zu können. Sie betreibt aber nicht allein die Dechiffrierung und Kontextualisierung kapitalistischer Vergesellschaftungsformen. Das ihr inhärente praktische Erkenntnisinteresse impliziert darüber hinaus auch eines an den Chancen der Befreiung von diesen Formen. Marx' in diesem weiten Sinne als revolutionstheoretische zu verstehende Werkkomponenten umfassen dabei sowohl Aussagen über „materielle" Ermöglichungsbedingungen sozialer Emanzipation („Bildungselemente einer neuen [...] Gesellschaft"[5]) als auch über immanente Auflösungstendenzen der bürgerlichen Gesellschaft und die sozialen Trägerschichten der Revolution („Umwälzungsmomente der alten Gesellschaft"[6]). Schließlich finden sich in seinen Schriften vereinzelt auch einige vorsichtige und hochabstrakte Bemerkungen über die Umrisse einer emanzipatorischen Gesellschaftsordnung jenseits von Staat und Kapital sowie Überlegungen zur Problematik einer sogenannten Übergangsphase zum entwickelten Kommunismus.

Statt einer, sowohl vom Umfang als auch vom Gegenstand her den Rahmen dieses Textes sprengenden, Rekonstruktion der Marxschen Revolutionstheorie[7] soll im folgenden anhand ausgewählter Punkte der Frage nachgegangen werden, inwiefern zentrale revolutionstheoretische Argumentationsmuster von Marx mit seinen ökonomiekritischen Einsichten zu vereinbaren sind. Dabei sollen vornehmlich die obengenannten „Umwälzungsmomente" betrachtet werden.

# I.

Hinsichtlich ihrer revolutionstheoretischen Konsequenzen lassen sich für die Kritik der politischen Ökonomie drei verschiedene Lesarten identifizieren: Sie wird einmal als *positive Wissenschaft des negativen Zusammenbruchs* der kapitalistischen Produktionsweise verstanden, sodann als *positive Wissenschaft eines naturwüchsigen Emanzipationsprozesses* und schließlich als *negative Theorie des Kapitals in praktischer Absicht*.[8]

Die Betrachtung des Marxschen Kritikprogramms als positive Wissenschaft vom Untergang des Kapitalismus geht von dessen *ökonomischer*[9] Selbstdestruktivität aufgrund der Annahme eines Gesetzes des tendenziellen Falls der Profitrate aus. Diese negative ökonomische Zusammenbruchstheorie begnügt sich in ihrer Reinform (wie sie z.b. von Ernest Mandel und Robert Kurz vertreten wird[10]) mit der Feststellung, daß der letztlich fehlerhafte Kreislauf der Kapitalbewegung allenfalls auf die Barbarei hinauslaufe, die Errichtung einer alternativen Produktionsweise aber von der Entschlossenheit und den Kämpfen der Akteure abhängig sei, welche wiederum keineswegs als notwendig ökonomisch determiniert bzw. „unvermeidlich" angesehen werden könnten.

Dagegen geht die Deutung des historischen Materialismus als positiver Wissenschaft menschlicher Emanzipation zusätzlich von einem vom Willen und Bewußtsein der Akteure unabhängigen Automatismus der Befreiung aus, den sie – von Karl Kautsky[11] bis Mao Tsetung[12] – geschichtsphilosophisch durch die Annahme ebenso universeller wie eherner Fortschrittsgesetze „begründet": Absteigend vom „Klassenkampf" zu einer auf das causa-sui-Konzept der Produktivkräfte[13] gestützten „Dialektik von Produktivkräften und Produktionsverhältnissen" bis hin zur „gesetzmäßigen Abfolge der Gesellschaftsformationen".[14] Für differenzierter hält sich eine Variante dieser Lesart, die erst im eigentlichen Sinne *ökonomistische* Zusammenbruchstheorie aufstellt, indem sie zwar behauptet, die Revolution sei freilich ein bewußter politischer Akt, sie diesen aber wiederum – meist vor dem Hintergrund einer Verelendungstheorie – als notwendig durch ökonomische Vorgänge determiniert ansieht.[15]

Für beide Deutungen lassen sich im Marxschen Werk Ansatzpunkte finden. Wie nicht selten in der Wissenschaftsgeschichte,[16] repräsentieren diese zu mehr oder weniger populären Doktrinen ausgearbeiteten und teilweise sogar zum Selbstverständnis des Theoretikers gehörenden Theorieaspekte gerade nicht den revolutionären wissenschaftlichen Kerngehalt des Werks, sondern nur leicht modifizierte, traditionelle (hier:) geschichtsphilosophische Topoi. Diese lassen sich allerdings auch auf der Grundlage des als negative Theorie in praktischer Absicht verstandenen „esoterischen"[17] Kerns des Marxschen Ansatzes kritisieren. Dabei sind sowohl werkimmanente Lernprozesse als auch bleibende Ambivalenzen auszumachen, die im folgenden nur kursorisch gestreift werden können.

In seiner 'Einleitung zur Kritik der Hegelschen Rechtsphilosophie' von 1843/44 identifiziert Marx zum erstenmal in der modernen Arbeiterklasse den Träger der menschlichen Emanzipation. Diese gilt ihm deshalb als revolutionäres Subjekt par excellence, weil sie als „eigentumslose" „universellen Charakter durch ihre universellen Leiden besitzt"[18] und in der Aufhebung ihrer Lebensbedingungen als Klasse notwendig jede Form von Klassenherrschaft aufheben muß.[19] In den folgenden Schriften, vor allem in der 'Heiligen Familie' und dem 'Manifest der kommunistischen Partei', systematisiert er seine Auffassung vom historischen Subjekt der Revolution zu einem konsistenten Modell. In dessen Rahmen verläuft die Entwicklung des Proletariats von der „Klasse an sich", d.h. soziologisch betrachtet: vom latenten Merkmalskomplex individueller Produktionsmittel-Nichteigentümer/-besitzer, zur „Klasse für sich"[20], d.h. zum identitäts-, konflikt- und revolutionsbewußten[21] kollektiven Akteur wie folgt:

Existiert zunächst nur die Konkurrenz isolierter Arbeiter um den Erfolg beim Verkauf ihrer Arbeitskraft, so schließen sich diese allmählich zum Zwecke ihrer kreatürlichen Selbsterhaltung, also zur „Behauptung ihres Arbeitslohns"[22] – der das absolute Existenzminimum zwar nicht über-, jedoch unterschreiten kann – wie zur Verringerung der Arbeitszeit zu anfangs betrieblichen, dann lokalen, branchenmäßigen, nationalen und schließlich internationalen Koalitionen zusammen, die letztlich um die politische Macht kämpfen. Dieser Zusammenschluß der Arbeiter wird nicht nur durch die rücksichtslosen Verwertungsinteressen des Kapitals hervorgebracht, er wird auch durch die von diesem selbst betriebene Entwicklung innerbetrieblicher Kommunikationsstrukturen (massenhafte Kombination von Arbeitskräften im Betrieb und Wohngebiet) und industrieller Kommunikationsmittel (von der Eisenbahn über die Presse zum Telegraphen) begünstigt. Die wesentlichen Ursachen, die das Proletariat zur Revolution treiben, sind dem frühen Marx zufolge einerseits die Tatsache des absoluten Existenzminimums als Obergrenze des Lohns[23], ja eine darüber hinaus sich vollziehende absolute Pauperisierung und „Entmenschung"[24], die mit einer Homogenisierung proletarischer Lebenslagen und zunehmenden Polarisierung der sozialen Klassen einhergeht[25], andererseits die damit verbundene Entzauberung der bürgerlichen Ideale und Ideologien, wonach die Arbeiter gezwungen sind, „ihre Lebensstellung, ihre gegenseitigen Beziehungen mit nüchternen Augen anzusehen"[26], ihnen der Ausbeutungscharakter des kapitalistischen Produktionsprozesses offen zutage liegt und ihnen „die Gesetze, die Moral, die Religion" als bloße „bürgerliche Vorurteile" gelten, „hinter denen sich ebenso viele bürgerliche Interessen verstecken".[27] Marx konstatiert allerdings, daß nur im Zuge der mit dem empirischen Bewußtsein des eigenen Elends beginnenden Revolution selbst revolutionäres Klassenbewußtsein zum massenhaften Phänomen werden kann.[28]

Die spekulative Dialektik der Revolution besteht für den frühen Marx also in der Tatsache, daß die bürgerliche Gesellschaft mit ihrer Entwicklung „ihren eigenen Totengräber"[29] erzeugt, das Proletariat als sich notwendig selbst negierende negative Seite des Privateigentums zu begreifen ist.[30] Der Sieg der Arbeiterklasse, die durch die Eroberung der politischen Macht vermittelte Umwälzung der Vergesellschaftungsweise, ist durch die oben skizzierte Dynamik „unvermeidlich"[31] und geschichtsphilosophisch verbürgt. Es handelt sich nämlich „nicht darum, was dieser oder jener Proletarier oder selbst das ganze Proletariat als Ziel sich einstweilen *vorstellt*. Es handelt sich darum, *was* es *ist* und was es diesem *Sein* gemäß geschichtlich zu tun gezwungen sein wird".[32] Da Revolution und Entstehung revolutionären Bewußtseins als quasi-naturwüchsiger Prozeß erscheinen, kann Marx dem Intellektuellen auch keine konstitutive Funktion im revolutionären Geschehen mehr zumessen. Die auf eine Avantgarde-Theorie hinauslaufende Vorstellung der 'Einleitung zur Kritik der

Hegelschen Rechtsphilosophie' vom Proletariat als dem „Herzen" und der Philosophie als dem „Kopf" der menschlichen Emanzipation wird damit hinfällig.[33] Damit wird aber auch die Legende vom Vorbildcharakter des Marxschen „Parteikonzepts" für die Apparate der sozialdemokratischen bzw. kommunistischen Arbeiterbewegung destruiert. Marx' Spontaneismus hat mit dem von Kautsky und Lenin entwikkelten Avantgarde-Modell nichts zu tun.[34]

Die Revolution ist für Marx allerdings spätestens seit dem 'Kommunistischen Manifest' in eine Langzeitperspektive gerückt, in der sie neben der vollendeten Ausbildung des Klassenantagonismus auf die Entwicklung der Produktivkräfte verwiesen ist. Diese Einschätzung ist auch der Grund für den 1850 mit dem 'Bund der Kommunisten' – und seiner blanquistischen Strategie einer revolutionären Minderheiten-Diktatur auch in ökonomisch noch kaum dem Feudalismus entwachsenen europäischen Staaten – vollzogenen Bruch[35] oder der Tatsache, daß Marx noch 1870 realistischerweise nur in England die „materiellen" Bedingungen für eine sozialistische Revolution gegeben sieht.[36]

Die Produktivkräfte spielen generell in Marx' frühem Geschichtsverständnis eine prominente Rolle. Sie werden als universalhistorischer Selbstauslöser und Motor, die Produktionsverhältnisse hingegen als bloß reaktive Größe gesellschaftlicher Entwicklung unterstellt. Marx stilisiert die determinierende Funktion der Produktivkräfte zur „Basis [der] [...] ganzen Geschichte"[37] der Menschheit. Der Charakter der Produktionsmittel selbst legt Marx (und Engels) zufolge dabei spezifische Eigentumsverhältnisse nahe oder bedingt sie geradezu: „Die Handmühle ergibt eine Gesellschaft mit Feudalherren, die Dampfmühle eine Gesellschaft mit industriellen Kapitalisten".[38] Dabei wird die Gegenwartsdiagnose eines Widerspruchs zwischen Produktivkräften und Produktionsverhältnissen[39] zur universalgeschichtlichen Entwicklungshypothese ausgebaut. Die Produktivkräfte stiften nun die Einheit der Geschichte, ihr Widerspruch zu den Eigentumsverhältnissen bedingt den sozialen Fortschritt der Produktionsweisen: „Mit der Erwerbung neuer Produktivkräfte verändern die Menschen ihre Produktionsweise, und mit der Veränderung der Produktionsweise, der Art, ihren Lebensunterhalt zu gewinnen, verändern sie alle ihre gesellschaftlichen Verhältnisse".[40] Auch die zunächst im Kontext der Überwindung kapitalistischer Strukturen formulierte These, eine revolutionäre Veränderung setze die „fertige Existenz aller Produktivkräfte voraus, die sich überhaupt im Schoß der alten Gesellschaft entfalten konnten"[41], wird noch im populären Vorwort von 'Zur Kritik der politischen Ökonomie' (1859) zur transhistorischen Wahrheit hypostasiert.[42] Die Revolution ist für Marx schließlich nur als Weltrevolution denkbar.[43] Sein Beharren auf den objektiven Voraussetzungen einer sozialistischen Umwälzung führt ihn aber in Kombination mit einer unilinear verkürzten Perspektive auf die Entwicklung von Gesellschaftsformationen[44], die die Universalisierung des europäischen Verlaufsmodells Feudalismus → Kapitalismus (→ Sozialismus) zur Konsequenz hat, zu einem problematischen Verständnis historischer Gleichzeitigkeit und sogar zur partiellen Apologie vermeintlich modernisierender Wirkungen des Kolonialismus.[45]

Das hier grob skizzierte revolutionstheoretische Modell unterstellt also im wesentlichen Verelendung, Entzauberung, Universalität des Leidens, providentiellen Charakter der historischen Aufgabe sowie unilineare Evolution der Produktivkräfte als notwendige und hinreichende Bedingungen für die Bildung revolutionärer Subjektivität und gelingender Umwälzung der kapitalistischen Produktionsweise.

Hier liegt nun der Einwand seitens derer nahe, die das Nichtwahrhabenwollen zur eigenen Profession gemacht haben, der traditionellen Marxisten nämlich, die behaupten, daß bei dieser Diagnose nicht zwischen politischen und theoretischen Texten von Marx unterschieden würde. Daß es eine hermeneutische Selbstverständlichkeit darstellt, dies zu tun, ist auch mir bewußt. Und in der Tat verhält sich Marx in seinen politischen Schriften eindeutig strategisch, was das Vokabular und die Stoßrichtung der Aussagen betrifft. Noch späte Texte, wie der 'Bürgerkrieg in Frankreich' z.B., triefen nur so vor moralischen, personalisierenden Urteilen gegenüber der Reaktion und emphatischem Lob gegenüber den Revolutionären. In seinen Briefen liefert Marx gelegentlich hermeneutische Schlüssel, um solche Texte in ein richtiges Licht zu rücken: In bezug auf ein Statut der Internationalen Arbeiter-Assoziation schreibt er beispielsweise, er habe sich dort verpflichtet „zwei 'duty' und 'right' Phrasen, ditto ›truth, morality and justice‹ aufzunehmen, was aber so placiert ist, daß es einen Schaden nicht tun kann".[46]

Doch die oben in geraffter und viele Details und Schwankungen der konkreten revolutionstheoretisch-politischen Auffassungen[47] vernachlässigender Form zusammengestellten Aussagen von Marx finden sich in *allen* Textsorten – in für die politische Öffentlichkeit verfaßten Manifesten ('Manifest der kommunistischen Partei'), in philosophischen Polemiken ('Heilige Familie'), in theoretischen Selbstverständigungsschriften zu werttheoretischen Problemen ('Arbeitslohn'), in Briefen zwischen den engen Freunden Marx und Engels. Wie sehr Marx' frühe gesellschaftstheoretische Überlegungen noch geschichtsphilosophisch aufgeladen sind und wie sehr sie sich von seinen späteren ökonomiekritischen Einsichten unterscheiden, offenbart exemplarisch der Vergleich zwischen zwei Briefen, in denen Marx seine originären wissenschaftlichen Leistungen reflektiert: In einem Brief an Joseph Weydemeyer vom 5.3.1852 führt Marx als Innovationen seines Ansatzes noch die Historisierung des Klassenbegriffs, den „Nachweis" eines notwendigen Übergangs des Klassenkampfs in die „Diktatur des Proletariats" sowie deren Bestimmung als notwendiger Übergangsphase in die klassenlose Gesellschaft an.[48] Diese Äußerungen stammen allerdings aus der Zeit *vor* der Ausarbeitung seiner Ökonomiekritik. Gegen diese frühe Selbsteinschätzung lassen sich nun die Thesen in den Briefen an Engels vom 24.8.1867 und 8.1.1868 ins Feld führen, in denen Marx von der Ableitung von Profit und Grundrente aus dem Mehrwert, der Analyse des Doppelcharakters der Arbeit und dem Nachweis des objektiven Scheins der Lohnform als den zentralen Punkten seines Werks spricht.[49] Kein Wort mehr über die vermeintlichen theoretischen „Errungenschaften" der Frühphase. Eine *Formtheorie der Arbeit* tritt hier an die Stelle einer *Geschichtsphilosophie des Proletariats*.

II.

Die Grundfesten des frühen revolutionstheoretischen Modells werden von Marx' Kritik der politischen Ökonomie nun systematisch widerlegt:

Zunächst verwirft Marx in seinen ökonomiekritischen Schriften die Annahme eines „ehernen Lohngesetzes" und einer absoluten Verelendungstendenz. Das physische Existenzminimum gilt nunmehr als *untere* Grenze des durch das kulturelle Niveau einer Nationalökonomie mitbestimmten und durch Arbeitskämpfe zwischen Gewerkschaften und Kapitalisten ausgehandelten Werts der Arbeitskraft. Das Schwanken der Lohnhöhe ist abhängige Variable nicht der Masse der Arbeiterbevölkerung, sondern der zyklischen Akkumulationsbewegung.[50] Eine zunehmende Partizipation der Arbeiterklasse am gesellschaftlichen Reichtum wird damit nicht durch eherne demographische Wachstumsschwankungen quasi-physiologisch verunmöglicht.

Die sogenannte relative Verelendung – ein Terminus, der übrigens bei Marx nicht vorkommt –, d.h. das Auseinanderdriften der wertmäßigen Relation zwischen Lohnarbeit und Kapital, das im beständigen, durch Produktivitätsfortschritte bedingten Sinken des Werts der Arbeitskraft begründet ist, stellt eine vom Reallohn vollständig unabhängige Tendenz dar. Was mit der relativen Mehrwertproduktion sinkt, ist der wertmäßige Anteil des variablen Kapitals im Verhältnis zum erzeugten Mehrwert, nicht das Quantum der Gebrauchswerte, das der Arbeiter mit seinem Lohn kaufen kann: „Der Wert des Arbeitslohns ist zu schätzen nicht nach der Quantität Lebensmittel, die der Arbeiter erhält, sondern nach der Quantität Arbeit, die diese Lebensmittel kosten [...], nach dem *proportionellen Anteil*, den der Arbeiter vom Gesamtprodukt oder rather vom Gesamtwert dieses Produkts erhält. Es ist möglich, daß in Gebrauchswerten geschätzt (...) sein Arbeitslohn steigt und doch dem Wert nach fällt und umgekehrt."[51] Diese Wertrelation zwischen variablem Kapital (v) und Mehrwert (m) ist allerdings empirisch nicht durchschaubar und verlangt zu ihrer Erkenntnis einen enormen begrifflichen Aufwand. Dagegen werden Bewegungen des Reallohns, also der Menge an Lebensmitteln, die für eine als Preis der Arbeitskraft gezahlte Geldsumme erworben werden kann, von den Arbeitern unmittelbar wahrgenommen. Eine „relative Verelendung" muß somit, bei gleichzeitiger Möglichkeit eines steigenden Lebensstandards, weder notwendig ins Bewußtsein der Arbeiter treten noch diese zu Klassenkämpfen motivieren.[52] „Relative Verelendung" bzw. „Sinken des Werts der Arbeitskraft" sind als reine Kategorien des wissenschaftlichen Beobachterstandpunkts damit revolutionstheoretisch unbrauchbar.[53] Sie können die „wichtige

*Indiz-Funktion*", die der absoluten Verelendung traditionell unterstellt wird, nämlich „das Grundverhältnis der Ausbeutung den Beteiligten unmittelbar sinnfällig"[54] zu machen, nicht ersetzen. Dennoch findet sich auch im Marxschen Spätwerk, z.b. im für den Traditionsmarxismus so wichtigen, deklamatorischen Kapitel 24.7 des ersten 'Kapital'-Bandes, noch die Behauptung eines Kausalnexus „Kapitalismus – Verelendung – Revolution"[55], die allerdings jenseits jeglicher ökonomietheoretischer Fundierung liegt, was hier allein Interessiert.

Neben der Verelendungstheorie wird vor allem in den früheren Marxschen Schriften, wie geradezu notorisch in der marxistischen Tradition, über einen undifferenzierten Begriff von „Eigentumslosigkeit" das Proletariat als „transbürgerliche Entität"[56] konstruiert. Die Evidenzen für den Mythos eines prinzipiell äußerlichen Bezugs auf die bürgerliche Gesellschaft und den daraus abgeleiteten universalistischen Gehalt des „objektiven" Interesses der Lohnarbeiter werden dabei aus historisch kontingenten Erfahrungen *kollektiver* Rechtlosigkeit, milieuhafter Ghettoisierung, niedrigen Lebensstandards und dem notgedrungen militant-"gesetzlosen" Charakter der Klassenkämpfe vor ihrer Institutionalisierung geschöpft.

Die revolutionäre Potenz des Klassenkonflikts ist dagegen ausgehend von den Darstellungen im 'Kapital' schlichtweg nicht mehr erkennbar. Den Klassenkampf erklärt Marx aus folgender Konstellation: Im Austausch zwischen Lohn und Arbeitskraft treten die Arbeiter die Verfügung über ihre Ware, in voller Übereinstimmung mit den Funktionsbedingungen des Warentauschs, dem Käufer ihrer Arbeitskraft ab: Gekauft wird das Arbeitsvermögen als wertbestimmte Ware, konsumiert wird die Arbeit als wertschaffende Tätigkeit, wobei der Konsum der Ware aus dem Zirkulationsprozeß herausfällt und seine Aneignungsgesetze (das Äquivalenzprinzip) nichts angeht. Aufgrund des spezifischen Charakters der Arbeitskraft als Ware – sie ist von der physischen und psychischen Konstitution ihres Anbieters nicht zu trennen – treten die Austauschenden während ihres Konsumtionsprozesses in ein anderes Verhältnis zueinander, ein Verhältnis der Unfreiheit und Ungleichheit, wechseln ihre Charaktermasken.[57]

Dieses spezifische Verhältnis ist Grundlage der Tatsache, daß mit der gegebenen Länge des notwendigen Arbeitstages diejenige des Gesamtarbeitstages noch nicht gegeben ist, die Grenzen des Arbeitstages nicht durch die Gesetze des Warentauschs bestimmt werden. Daraus entsteht eine dem Austausch Kapital-Arbeitskraft eigentümliche, ökonomisch induzierte, rechtliche Pattsituation[58], welche wiederum den Klassenkampf notwendig aus sich hervortreibt: Der Kapitalist besteht auf seinem Recht als Käufer, den Arbeiter so lange wie möglich arbeiten zu lassen, er nötigt ihn, „für den Preis seiner gewohnheitsmäßigen Lebensmittel seine ganze aktive Lebenszeit"[59] zu verkaufen; der Arbeiter dagegen besteht – durch die spezifische Natur seiner Ware dazu genötigt – darauf, diese (also sich selbst) nicht durch Überbeanspruchung zu ruinieren, wieder als Warenbesitzer auf den (Arbeits-)Markt treten zu können. Der Klassenkampf – der, wie sich hier zeigt, nicht die Spur eines systemtranszendierenden Moments aufweist – ist Grundlage der historischen Tendenz des Eindringens der Rechtsform in den kapitalistischen Produktionsprozeß[60]: „Es findet hier also eine Antinomie statt, Recht wider Recht, beide gleichmäßig durch das Gesetz des Warenaustausches besiegelt. Zwischen gleichen Rechten entscheidet die Gewalt. Und so stellt sich in der Geschichte der kapitalistischen Produktion die Normierung des Arbeitstags als Kampf um die Schranken des Arbeitstags dar – ein Kampf zwischen [...] der Klasse der Kapitalisten, und [...] der Arbeiterklasse."[61]

Ob als Maßnahme gegen die Reduzierung des Preises der Arbeitskraft unter das physische Existenzminimum durch absolute Verlängerung der Mehrarbeitszeit bzw. übermäßige Intensivierung der Arbeit oder als offensiver Kampf um Ausnutzung gesellschaftlicher Produktivitätsfortschritte zwecks Erweiterung der notwendigen Bedürfnisse der Arbeiter, er bewegt sich stets im Rahmen der Prämissen des kapitalistischen Verwertungsprozesses. Die originären Klasseninteressen des Proletariats, als da sind: Erhaltung der Revenuequelle Arbeitskraft (Forderungen nach „Leben" und „Gesundheit"), die Erlangung eines möglichst hohen Einkommens (Forderungen nach „gerechtem Lohn" bzw. „sozialer Gerechtigkeit") sowie der kontinuierliche Fluß desselben (Verlangen nach „sozialer Sicherheit", „Arbeitsplätzen" und „Sozialstaatlichkeit"), sind allesamt dem Bezugssystem der Wertvergesellschaftung inhärente[62], implizieren sogar notwendig das Interesse an einem funktionierenden Reproduktionsprozeß des Kapitals: Arbeitern und Kapitalisten gemeinsam, wenn auch häufig auf beiden Seiten nur durch staatliche Regulation erzwingbar, ist die „Wertbildungsrücksichtsperspektive"[63] als systemisches a priori ihrer sozialen Existenz.[64] Der Arbeiter ist also (spezifischer) Warenbesitzer, dessen Interesse im Verkauf, und das heißt im Falle seiner Ware: in der Verwertung durch den Kapitalisten, besteht. Im Klassengegensatz steht er nicht als vollkommen Eigentumsloser in einem rein äußerlichen Verhältnis zu einer „Welt von Eigentümern", sondern in einem „wertimmanenten Konkurrenzgegensatz verschiedener Warenbesitzerkategorien".[65]

Schließlich erhält sich die kapitalistische Gesellschaft, nach dem Diktum Adornos, „nicht trotz ihres Antagonismus am Leben, sondern durch ihn".[66] Dies in doppelter Weise: Erstens ist der Gegensatz von Produktionsmittel-Eignern und Eigentümern von nichts als Arbeitskraft konstitutive Bedingung des kapitalistischen Verwertungsprozesses. Zweitens ist – wie Marx anhand des Kampfes um den Normalarbeitstag zeigt – der Klassenkampf nicht nur Folge, sondern langfristig gesehen auch Bedingung (der Bestandssicherung) des kapitalistischen Formzusammenhangs.

Neben dieser Untersuchung der weitgehenden „*materiellen*" Integration[67] des Proletariats ist es vor allem die Analyse der Stufenfolge der Mystifikationen kapitalistischer Empirie, die dessen *ideologische* Integration zu erklären vermag. Mit der Ausarbeitung der Formtheorie der Arbeit als Fetischtheorie des Alltagsbewußtseins bricht die zweite Säule im revolutionstheoretischen Konzept des jungen Marx zusammen. Fetischismus bedeutet hier eine grundlegende Verkennung des realen Charakters der Seinsweise von Wert, die von dieser Seinsweise (in Gestalt der Wertformen) selbst systematisch induziert wird. Die Tatsache, daß die Gesellschaftlichkeit ihrer Privatarbeiten den Akteuren erst innerhalb des – monetären – Austauschs erscheint, in welchem diese schon notwendig in sachhafter Form manifestiert ist, ihr sozialer Zusammenhang also „zugleich als ein sinnlicher, äußerlicher Gegenstand existiert, dessen sich mechanisch bemächtigt werden kann und der ebenso sehr verloren werden"[68] oder „in der Tasche mit sich" getragen werden kann,[69] bewirkt die ideologische Verkehrung dieser Verhältnisse in natürliche Sacheigenschaften.[70] Marx betont an mehreren Stellen[71] explizit den klassenübergreifenden Charakter der praktisch induzierten Naturalisierung sozialer Verhältnisse sowie der weitgehend illusionären Freiheits-, Gleichheits- und Eigentumsvorstellungen: Auch das Proletariat erkennt die Imperative der kapitalistischen Produktionsweise schließlich als „selbstverständliche Naturgesetze"[72] an.

Insbesondere die Analyse des objektiven Scheins der Lohnform und der darauf aufbauenden weiteren Fetischformen[73] zeigt, daß die Kontingenz kapitalistischer Produktionsverhältnisse der Erfahrung der Produktionsagenten nicht zugänglich ist. Das Kapital errichtet damit systematisch *klassenunspezifische innere Barrieren* gegen die Bildung kritischer, radikal-oppositioneller Intentionen: Für einen im verdinglichten Schein kapitalistischer Empirie befangenen Akteur stehen Ware, Geld und Kapital grundsätzlich nicht zur Disposition eines wie auch immer auf Gesellschaftsveränderung hin orientierten Handelns.[74]

Die Erfahrung klassenspezifischer Unfreiheiten und Ungleichheiten, Quelle der „Empörung"[75] des Proletariats, ist somit zunächst in systemkonforme Deutungsmuster eingebettet. Damit wird auch der noch im 'Kommunistischen Manifest' auftauchende Topos des Überwechselns bürgerlicher Intellektueller zum proletarischen Klassenstandpunkt[76] hinfällig. Da die originären Interessen und empirischen Vorstellungen des Proletariats keine spontane Quelle revolutionären Bewußtseins sind, kann der „wissenschaftliche Sozialismus" auch nicht als Ausformulierung eines *Klassen*bewußtseins oder als Rekonstruktion der Teilnehmerperspektive der Lohnabhängigen interpretiert werden.[77]

Mit dem Wegfallen von „Verelendung" und „Entzauberung" wird der Zusammenhang zwischen proletarischem Identitäts- und Konfliktbewußtsein einerseits sowie revolutionärem Bewußtsein andererseits kontingent. Wer als Marxist über die banalen Weisheiten, der Sozialismus sei ohne die Zustimmung und Teilnahme einer Mehrheit der Bevölkerung nicht zu errichten und könne ohne das Leiden an den systemischen Folgen des Kapitalismus überhaupt nicht zum Motiv werden, hinaus noch am (proletarischen) Klassencharakter revolutionären Bewußtseins festhalten wollte, müßte im Rahmen der Kritik der politischen Ökonomie Bruchstellen im Verblendungszusammenhang aufweisen und sie mit den alltäglichen Erfahrungen der Anbieter von Arbeitskraft systematisch in Verbindung bringen können.[78] Doch weder die Entfremdungstheorie der Frühschriften noch zusammenbruchstheoretische Argumente oder gar die Behauptung materieller Bildungselemente des Sozialismus im Kapitalismus können die Notwendigkeit des proletarischen Charakters einer revolutionären Bewegung stützen.[79] Statt aus der Analyse der spontanen Selbstlegitimationspotentiale der bürgerlichen Gesellschaft die Konsequenz zu ziehen, das utopische Bilderverbot auch auf die Frage nach dem revolutionären Subjekt auszuweiten[80], hält auch noch der späte Marx an der Vorstellung der Revolution als dem „geschichtliche(n) Beruf" der Arbeiterklasse fest, auch wenn er sich manchmal nicht mehr sicher scheint, ob seine „Kritik überhaupt eine Klasse vertritt".[81]

Deutlicher schlägt sich Marx' Abkehr von der These einer unilinearen Entwicklungslogik der Gesellschaftsformationen in seinen politischen Einschätzungen nieder. Die schon in der 'Deutschen Ideologie' proklamierte grundsätzliche Revidierbarkeit geschichtstheoretischer Begriffe, die Ablehnung einer „philosophischen" Historiographie, die diese in „ein Rezept oder Schema, wonach die geschichtlichen Epochen zurechtgestutzt werden können"[82], verwandelt, führt ihn fast 22 Jahre später, nach umfassenden historischen Studien, zur endgültigen Kritik der Auffassung, der historische Materialismus gebe einen „Universalschlüssel"[83] zur Erkenntnis geschichtlicher Entwicklungen an die Hand.

Anlaß dazu ist die Diskussion um die Frage, ob der archaischen russischen Dorfgemeinde bei der Errichtung einer sozialistischen Gesellschaftsordnung im Osten eine positive Funktion zukommen könne oder „alle Länder der Welt" zunächst „alle Phasen der kapitalistischen Produktion durchlaufen"[84] müßten, um für den Übergang in den Sozialismus „reif" zu sein. In diesem Zusammenhang verwahrt sich Marx gegen den Versuch, seine „historische Skizze von der Entstehung des Kapitalismus in Westeuropa[85] in eine geschichtsphilosophische Theorie des allgemeinen Entwicklungsganges zu verwandeln, der allen Völkern schicksalsmäßig vorgeschrieben ist, was immer die geschichtlichen Umstände sein mögen, in denen sie sich befinden".[86] Nur für die west- und mitteleuropäischen Staaten gilt also die Universalisierbarkeit der englischen Verlaufsform gesellschaftlicher „Modernisierung". Im 'Kapital' ist es auch explizit das *deutsche* Publikum, dem Marx zuruft: „De te fabula narratur."[87] Das englische Modell zeigt aber den peripheren Staaten Europas und erst recht den Kolonien keineswegs „das Bild der eigenen Zukunft".[88] Revolutionstheoretisch bedeutet das: „Wird die russische Revolution das Signal einer proletarischen Revolution im Westen, *so daß beide einander ergänzen*, so kann das jetzige russische Gemeineigentum am Boden zum Ausgangspunkt einer kommunistischen Entwicklung dienen."[89]

Marx' Verhältnis zur Geschichtsphilosophie bleibt dennoch ambivalent. Bis in sein Spätwerk hinein[90] finden sich vereinzelt immer wieder traditionelle geschichtsphilosophische Vorstellungen von der historischen Unvermeidlichkeit des (sozialen) Fortschritts der Menschheit. Diese laufen allerdings seinem „esoterischen" Geschichts- und Emanzipationsbegriff fundamental zuwider. Die strikte Determiniertheit, ja Unbewußtheit der Akteure, die in der Vorstellung eines naturwüchsigen Emanzipationsprozesses notwendig impliziert ist – die Menschen „machen" ihre Geschichte und sie machen sie doch zugleich nicht, woraus dennoch eine versöhnliche Erkenntnis, nämlich die vom unaufhaltsamen historischen Progreß, gezogen werden soll[91] – widerspricht dem Marxschen Befreiungsbegriff, der solidarisch-rationale Handlungskoordination, Selbstbestimmung und Selbsterkenntnis impliziert.[92] Bereits in der 'Heiligen Familie' und der 'Deutschen Ideologie' kritisiert Marx die Vorstellung einer Teleologie jenseits des bewußten Handelns von Individuen, eines überhistorischen Subjekts der Geschichte (ob man es nun Weltgeist, Naturabsicht, unsichtbare Hand, Gesetz, Tendenz oder Sinn nennen mag) jenseits der realen Akteure und ihrer Verhältnisse, einer auf ein moralisch qualifiziertes Ziel hin angelegten, eigentlich immer schon abgeschlossenen Geschichte, kurz: einer Konzeption, „wodurch dann die Geschichte ihre aparten Zwecke erhält und eine 'Person neben anderen Personen' wird."[93] Eine derartige geschichtsphilosophische Subjekt-Objekt-Verkehrung läßt sich historisch-materialistisch einzig als negativer Prozeß, als „Verhängnis"[94] entschlüsseln, dem als blinder Akkumulationsdynamik mit der immanenten Logik der Produktion um der Produktion willen ein menschlicher Sinn nicht mehr abzugewinnen ist. Bereits in der 'Deutschen Ideologie' deutet Marx daher den Hegelschen Weltgeist als Weltmarkt.[95] Die von Marxisten wie Anti-Marxisten gerne als Beweis wahlweise höchster Wissenschaftlichkeit oder gerade unwissenschaftlicher Prophetie angeführte Behauptung Marx', er fasse die kapitalistische Produktionsweise als „naturgeschichtlichen Prozeß"[96], ist damit als kritische Aussage zu verstehen. „Natur" bzw. „Naturwüchsigkeit" sind negativ bestimmte Kategorien für einen Vergesellschaftungszusammenhang, der aufgrund seiner privat-arbeitsteiligen Verfaßtheit sich der individuellen wie kollektiven Kontrolle der Akteure entzieht und doch nur durch ihr Handeln hindurch sich reproduziert.

Die Revolution ist so bestenfalls noch als „Frage von Leben und Tod"[97], in jedem Fall aber als irreduzibel praktische Aufgabe ohne jegliche theoretische Garantie[98] zu begreifen. Revolutionäres Handeln muß sich damit zugleich dem subalternen Appell an übermächtige Geschichtsgesetze oder einen kollektiven Klassenwillen entledigen, ist nur noch als „ontologiekritische Praxis"[99] möglich. Konstatierbar sind für eine Revolutionstheorie allein die objektiv-realen Möglichkeiten der Abschaffung des Kapitalismus, nicht dessen Abschaffung selbst.

Schließlich stehen sich im Marxschen Werk ein causa-sui-Konzept der Produktivkräfte und die Analyse der Produktivkraftentwicklung als Resultat des Kapitalverhältnisses gegenüber. Das erste Konzept entwickelt Marx, wie gezeigt, vornehmlich in seinen Frühschriften.[100] Dieser Ansatz kann als Erbe bürgerlich-fetischistischer Evolutionstheorien verstanden werden, bei denen sich „die Technik" und „das Wissen" als autonomer Modernisierungsfaktor erweisen. Diese „Unfähigkeit, stoffliche Seite und Formseite analytisch zu trennen und in ihrer komplizierten Einheit zu rekonstruieren"[101], hat nun Marx selbst seit den 'Grundrissen' als „grobe[n] Materialismus der Ökonomen" begriffen, „die die gesellschaftlichen Produktionsverhältnisse der Menschen und die Bestimmungen, die die Sachen erhalten, als natürliche Eigenschaften der Dinge betrachten" und damit in den „grobe[n]

Idealismus, ja Fetischismus" verfallen, „der den Dingen gesellschaftliche Beziehungen als ihnen immanente zuschreibt und sie so mystifiziert".[102] Darüber hinaus impliziert das causa-sui-Konzept notwendig die Annahme einer „okkulte[n] Qualität"[103] der Arbeit, ein Mehrprodukt hervorzubringen.[104] Marx wendet dagegen im 'Kapital' ein, daß die Aktualisierung des Vermögens zur Mehrarbeit ausschließlich von historischen Umständen, bisher weitgehend von äußerem gesellschaftlichem Zwang abhängt.[105] In antagonistischen Produktionsweisen ist demnach nicht erst die Aneignung von Mehrprodukt (bzw. -arbeit), sondern die Mehrarbeit selbst Ausdruck der Produktionsverhältnisse als (zum Teil ökonomischer) Herrschaftsverhältnisse, in denen die individuelle Selbsterhaltung der Subalternen durch den Zwang zur Mehrarbeit für andere vermittelt ist.[106]

Gegen die Fetischisierung geschichtlicher Prozesse durch ein technizistisches „Basis-der-Basis"[107]-Modell zeigt Marx' ausgearbeitete Ökonomiekritik, daß die industrielle Produktionsweise *Resultat* kapitalistischer Produktionsverhältnisse ist, nicht ihr vorhergeht, daß sich die Tendenz zur Entwicklung der Produktivkräfte „aus den Konkurrenzstrukturen der Kapitalreproduktion" ergibt, „weil unter diesen Bedingungen Einzelkapitale für ihre Bestandssicherung auf die Herstellung potentieller Konkurrenzvorteile angewiesen sind".[108] Mit der Einsicht in die Dynamik relativer Mehrwertproduktion und der mit ihr einhergehenden reellen Subsumtion des Arbeitsprozesses unter das Kapital findet eine Umkehrung des Entsprechungsmotivs statt.[109] Seit den 'Grundrissen' wird damit der industrielle Modernisierungsprozeß von „der eigendynamischen Kapitalbewegung"[110] her begriffen.[111] Die Produktionsverhältnisse sind es nun, die sich ihnen entsprechende Produktivkräfte schaffen und so auch die stoffliche Seite des Produktionsprozesses herrschaftlich formen: „In der Maschinerie tritt die vergegenständlichte Arbeit der lebendigen Arbeit im Arbeitsprozeß selbst als die beherrschende Macht gegenüber, die das Kapital als Aneignung der lebendigen Arbeit seiner Form nach ist".[112] Die Form- und Stoffdimension darf Marx zufolge damit freilich nicht konfundiert werden.[113] Inwiefern damit mehr als die äußerliche Konzeptualisierung der Differenz zwischen Maschinerie an sich und ihrer kapitalistischen Anwendung[114] gemeint ist und die Produktivkräfte trotz ihrer Präformierung weiterhin als „formspezifisch und formtransszendierend zugleich"[115] begriffen werden müssen, kann hier nicht mehr Thema sein.

Welche Konzeption von Einheit der Geschichte bleibt nun aber, nachdem die universalhistorische Hypothese des frühen historischen Materialismus sich selber noch als geschichtsphilosophisches Residuum erwiesen hat, wenn die „Frage nach den historischen Ursachen für die Durchsetzung einer neuen gesellschaftlichen Organisation der Produktion" nicht mehr „ein für allemal gelöst"[116] ist? Wenn der historische Materialismus „keine Theorie *der* Geschichte"[117] sein kann, wird historische Kontinuität nur noch „hergestellt über die Entwicklung der Arbeit, ihrer Mittel und ihrer Organisation in der einfachen Kontinuität der Generationen. Die Arbeit kann aber ebensowenig abstrakt verallgemeinert werden, wie sie als Subjekt der Geschichte gelten kann".[118] Jenseits der Annahme überhistorischer Bewegungsgesetze, wie sie im causa-sui-Modell der Produktivkräfte kenntlich wird, jenseits aber auch der Auflösung von Geschichte in ein „Sammelsurium beliebig arrangierbarer Daten", bleibt „ein Begriff der Gesellschaftsformationen als derjenigen Einheiten, in denen sich Geschichten strukturiert, d.h. innerhalb eines Determinationszusammenhanges ereignen".[119]

III.

Marx' Revolutionstheorie resultiert also hinsichtlich der Analyse der „Umwälzungsmomente der alten Gesellschaft" keineswegs aus den Kernannahmen seiner Kritik der politischen Ökonomie, sondern aus geschichtsphilosophischen Prämissen, die deren Einsichten fundamental widersprechen.[120] Die Tatsache, daß der wissenschaftliche Kern des historischen Materialismus „in einer geschichtsphilosophischen Umhüllung zur Welt gekommen ist", obwohl „den grundlegenden Kategorien der Marxschen Theorie ein dezidiert nichtgeschichtsphilosophischer Sinn zukommt"[121], und daß die revolutionstheoretischen Positionen noch des späten Marx häufig wider besseres ökonomiekritisches Wissen formuliert werden, kann daher nur aus kontingenten Ursachen erklärt werden.[122] Nur wer sich – wie der traditionelle Marxismus und seine Kritiker – ohne jedes Verständnis der Marxschen Kritik der politischen Ökonomie allein auf die exoterischen Gehalte und deklamatorischen Teile seines Werks bezieht, kann behaupten, Marx' Analysen seien zur Erfassung derjenigen Faktoren, „die der kapitalistischen Produktionsweise Flexibilität und Stabilität verleihen"[123], ungeeignet und beinhalteten ein unproblematisches Verständnis sozialer Emanzipation.[124]

Die Kritik der politischen Ökonomie bezieht sich aber auf den *Prozeß der Befreiung* nicht im Stile einer positiven Wissenschaft, sie ist vielmehr selbst *Element* dieses Prozesses, indem sie die Blockierung systemtranszendierender Interessen jenseits kapitalimmanenter Reformprojekte beseitigt.

Die Beziehung der kritischen Gesellschaftstheorie von Marx auf praktische soziale Bewegungen ist also wesentlich kritischer Art. Dies betrifft auch das *Ziel des Befreiungsprozesses*. Marx' utopisches Bilderverbot, die Weigerung, ein „sozialistisches System" aufzustellen[125], ist Resultat seiner nichtszientistischen und antiedukationistischen Konzeption kommunistischer Freiheit: Der als freie Tat der assoziierten Individuen vorgestellte Prozeß kommunistischer Vergesellschaftung entzieht sich per definitionem der Naturwüchsigkeit prognostizierbarer Entwicklungen.[126] Nicht „*Einsicht* in die Notwendigkeit", sondern deren *Sprengung*, ihr Aufgehen in Selbstbestimmung, ist das „Programm" der „vergesellschafteten Menschheit".[127] Eine Wissenschaft freier Vergesellschaftung wäre damit ein Widerspruch in sich, liefe auf eine manipulative Sozialtechnologie hinaus, wie sie vom Marxismus-Leninismus vertreten wurde, die „mit Notwendigkeit dahin" käme, „die Gesellschaft in zwei Teile zu sondern, von denen der eine über der Gesellschaft erhaben ist."[128]

Die historisch-materialistische Einsicht in die Involviertheit des Erkennenden in den Gegenstand seiner Erkenntnis: die repressive Gesellschaft, die Möglichkeit, daß die Vorstellung von einer befreiten „mit der gleichen Entstelltheit [...] geschlagen ist, der sie zu entrinnen sucht"[129], die enorme ideologische Schwerkraft des Systems, die noch deren Kritiker im Alltagsleben beständig in fetischistische Denkformen zurückfallen läßt[130], ist die zweite Quelle, aus der sich ein utopisches Bilderverbot speist. Gerade die vollständige Ignoranz gegenüber den erkenntniskritischen Motiven der Kritik der politischen Ökonomie ist es daher, die den Emanzipationsbegriff sozialdemokratischer wie leninistischer Provenienz zu einer bloßen Verlängerung kapitalistischer Vergesellschaftungsprinzipien, zum adjektivischen Sozialismus[131] degradiert.

Allein die historische Materialität bzw. geschichtliche Situiertheit noch der kommunistischen Freiheit gestattet es Marx, Umrisse einer kommunistischen Sozialformation zu benennen. Freilich ist der tastende und abstrakte Charakter solcher Antizipationen niemandem so bewußt wie Marx selbst. Nichts liegt ihm ferner, als Verlaufsformen und Zielvorgaben für eine praktische Emanzipationsbewegung doktrinär festzuschreiben.[132] Auch in seinen historisch-politischen Schriften entwickelt er Umrisse institutioneller Formen vor allem des möglichen *Übergangs* zum Kommunismus weniger im Stile eines Theoretikers der „kommenden Gesellschaft" als vielmehr ausgehend von den historiographisch detailgenau festgehaltenen Erfahrungen der revolutionären Bewegungen. Marx ist hier eher Beobachter als Prophet. Im Vordergrund seines ökonomiekritischen Werks wie seiner politisch-ideologiekritischen Interventionen steht allerdings eine desillusionierende Haltung gegenüber den landläufigen Sozialismusvorstellungen der Arbeiterbewegung. Diese Haltung ist dabei keinesfalls als autoritative Vorwegnahme der Ergebnisse einer freien Übereinkunft der assoziierten Individuen zu verstehen, sondern als Demonstration derjenigen Faktoren, die eine Vergesellschaftung über dieses Prinzip verunmöglichen würden.[133] Einzig in dieser Hinsicht kann von der Marxschen Theorie als von einem „wissenschaftlichen Sozialismus" die Rede sein.

*Anmerkungen*

1 Marx, Kapital I, MEW 23, 675, Fn 89.
2 Marx, Resultate des unmittelbaren Produktionsprozesses, MEGA II/4.1, 65
3 Vgl. Schmieder, Ludwig Feuerbach und der Eingang der klassischen Fotografie.
4 Zu deren Darstellung vgl. Teil 3 meiner 2008 erscheinenden Arbeit zur neuen Marx-Lektüre in der Bundesrepublik.
5 Marx, Kapital I, MEW 23, 526.
6 Ebd.
7 Vgl. dazu Sieferle, Die Revolution in der Theorie von Karl Marx; König, Geist und Revolution, Kapitel 3, Kluchert, Geschichtsschreibung und Revolution sowie Arndt, Karl Marx, Kapitel 2.
8 Tatsächlich finden sich Mischformen zwischen der ersten und zweiten (Tomberg u.a.), wie zwischen der zweiten und dritten (Schmied-Kowarzik, Kurz, Mandel u.a.), niemals aber zwischen der ersten und dritten.
9 Die Annahme *ökologischer* Selbstdestruktivität und ‚menschlicher Katastrophen' als Folge der kapitalistischen Produktionsweise ist nicht zwingend an diese ökonomische Zusammenbruchsdiagnose gebunden. Diese läuft zunächst einmal ‚nur' darauf hinaus, daß es eine immanente Schranke der *Kapitalverwertung* gibt. Jene geht nicht wie diese von der Untergrabung der *Wert*basis, sondern der Zerstörung der *stofflichen* Voraussetzungen des Kapitals durch das Kapital selbst aus.
10 Vgl. Mandel, Kontroversen um 'Das Kapital', 282-296, und Kurz, Der Kollaps der Modernisierung. Dieser Ansatz ist grundsätzlich vom diffusen und ökonomiekritisch unbegründeten Theoriekonglomerat der „allgemeinen Krise des Kapitalismus" zu unterscheiden, wie es von Lenin bis Varga im ML vertreten wurde. Vgl. dazu Mandel, Kontroversen, 287 f., sowie Kurz/Lohoff, Der Klassenkampf-Fetisch, 13.
11 Vgl. auch Kautsky, Ethik und materialistische Geschichtsauffassung, 261: Die Ausblicke auf Freiheit und Humanität sind nach Kautsky „nicht Erwartungen von Zuständen, die bloß kommen *sollen*, die wir bloß *wünschen* und *wollen*, sondern Ausblicke auf Zustände, die kommen *müssen*, die *notwendig* sind". Zwar wehrt er sich gegen die Deutung von 'notwendig' „in dem fatalistischen Sinne, daß eine höhere Macht sie von selbst uns schenken wird", doch unterstellt er einen unwiderstehlichen immanenten ökonomisch-geschichtlichen Zwang zur Revolution, wobei er immanente kapitalistische Zwangsgesetze und die Formierung des Proletariats zum auf erfolgreiche Weise revolutionär handelnden Subjekt in eine Linie stellt: „unvermeidlich in dem Sinne, wie es unvermeidlich ist, [...] daß die Kapitalisten in ihrer Profitgier [!] das ganze wirtschaftliche Leben umwälzen, wie es unvermeidlich ist, daß die Lohnarbeiter nach kürzeren Arbeitszeiten und höheren Löhnen

trachten, daß sie sich organisieren, daß sie die Kapitalistenklasse und deren Staatsgewalt bekriegen, wie es unvermeidlich ist, daß sie nach der politischen Gewalt und dem Umsturz der Kapitalistenherrschaft trachten. Der Sozialismus ist unvermeidlich, weil der Klassenkampf, weil der Sieg des Proletariats unvermeidlich ist."

[12] „Das sozialistische System wird letzten Endes an die Stelle des kapitalistischen Systems treten; das ist ein vom Willen der Menschen unabhängiges objektives Gesetz" (Mao, Worte des Vorsitzenden Mao Tsetung, 29).

[13] Der Begriff stammt von Ritsert, Der Kampf um das Surplusprodukt, 69 ff. Vgl. dazu die Ausführungen im zweiten Teil.

[14] Vgl. beispielhaft für viele: Cchikvadze, Staat – Demokratie – Gesetzlichkeit, 124.

[15] Vgl. exemplarisch Tomberg, Der Begriff der Entfremdung in den 'Grundrissen' von Karl Marx, v.a. 214, 220.

[16] Geradezu klassische Beispiele einer solchen Rezeption und eines solchen Selbstmißverständnisses bieten die Werke Charles Darwins und Sigmund Freuds. Wurde jenes lange Zeit lamarckistisch gedeutet, so begriff man dieses als „Naturwissenschaft von der Seele".

[17] Vgl. zum Begriff Heinrich, esoterisch/exoterisch.

[18] Marx, Zur Kritik der Hegelschen Rechtsphilosophie. Einleitung, MEW 1, 390.

[19] Vgl. auch Marx/Engels, Die heilige Familie oder Kritik der kritischen Kritik, MEW 2, 38 sowie dies., Manifest der Kommunistischen Partei, MEW 4, 472. Kautsky ('Das Erfurter Programm') radikalisiert in seinem Erfurter Programmkommentar von 1892 diesen Topos vom Proletariat als universeller und exterritorialer Klasse. Es bringe tendenziell nur die „positiven" Seiten des widersprüchlichen Kapitalismus zum Ausdruck: Es stehe für direkte Vergesellschaftung, Solidarität, Monopolisierung (!), Internationalismus, während Nationalismus, Konkurrenz usw. „immer unwirksamer für dasselbe" würden.

[20] Marx, Das Elend der Philosophie, MEW 4, 181.

[21] Vgl. zu dieser Differenzierung Giddens, Die Klassenstruktur fortgeschrittener Gesellschaften, 136-143.

[22] Marx/ Engels, Manifest, MEW 4, 470.

[23] Marx vertritt hier noch eindeutig eine Existenzminimum-, bzw. Verelendungstheorie: vgl. Marx/Engels, Die deutsche Ideologie, MEW 3, 69; dies., Manifest, MEW 4, 469, 476; Marx, Lohnarbeit und Kapital, MEW 6, 407, 422. Er übernimmt also klassisch-politökonomische Positionen (vgl. Mohl, Verelendung und Revolution, Kap. 1.I). Im Rahmen der Arbeiterbewegung darf als klassisches Beispiel für die demographische Lohntheorie das „eherne Lohngesetz" Lassalles gelten: Der Arbeitslohn könne sich nicht dauerhaft über das physische Existenzminimum erheben, weil sonst durch das höhere Lebensniveau der Arbeiter die Arbeiterbevölkerung sich vermehre, was schließlich wiederum zu einem Übersteigen des Arbeitskräfteangebots über die Nach-

frage und damit einem Sinken des Arbeitslohns führe (vgl. Lassalle, Offenes Antwortschreiben an das Zentralkomitee, 115-117).

[24] Marx/ Engels, Heilige Familie, MEW 2, 37 sowie dies., Manifest, MEW 4, 473. Vgl. auch die Behauptung 'relativer' und absoluter Verelendungstendenzen in Marx, Arbeitslohn, MEW 6, 544: „Im Laufe der Entwicklung fällt also der Arbeitslohn doppelt: *Erstens*: relativ im Verhältnis zur Entwicklung des allgemeinen Reichtums. *Zweitens*: absolut, indem die Quantität Waren, die der Arbeiter im Austausch erhält, immer geringer wird". Darauf, daß Marx die im Spätwerk durchaus noch enthaltene „relative Verelendungstheorie" hier noch gar nicht begründen kann, da ihm ein Begriff relativer Mehrwertproduktion fehlt, weist Mohl, Verelendung, 28 ff., hin. Sie betont auch die konstitutive Differenz zwischen einer konsumtionszentrierten Variante der relativen Verelendungstheorie, wie z.B. Kautsky sie im Anschluß an den frühen Marx (vgl. Marx, Lohnarbeit, MEW 6, 411 f.) vertritt, und der akkumulationszentrierten Variante beim späten Marx (Mohl, Verelendung, 277f.). Beiden Varianten liegt eine konträre Vorstellung des immanenten Telos der kapitalistischen Produktion zugrunde: Selbstverwertung des Werts bei dieser, Luxusgüterproduktion für die Kapitalisten bei jener (ebd., 192).

[25] Vgl. Marx/ Engels, Manifest, MEW 4, 470.

[26] Ebd., 465.

[27] Ebd., 472; vgl. auch Marx/Engels, Deutsche Ideologie, MEW 3, 40, wo behauptet wird, die in der 'Deutschen Ideologie' als ideologisch kritisierten Vorstellungen existierten nicht für die Masse der Menschen nicht.

[28] Vgl. ebd., 70.

[29] Marx/Engels, Manifest, MEW 4, 474.

[30] Vgl. Marx/Engels, Heilige Familie, MEW 2, 37 f.

[31] Marx/Engels, Manifest, MEW 4, 474.

[32] Marx/ Engels, Heilige Familie, MEW 2, 38.

[33] Vgl. Marx, Kritik der Hegelschen Rechtsphilosophie, MEW 1, 391. Vgl. dazu auch Mohl, Verelendung, 73 f.

[34] Vgl. Sieferle, Revolution, 228 f.

[35] Vgl. Marx, Sitzung der Zentralbehörde vom 15.9.1850, MEW 8, 598.

[36] Vgl. Marx, Brief an Sigfrid Meyer und August Vogt, 9.4.1870, MEW 32, 669. Die in den früheren Schriften verwendeten Termini 'proletarische Revolution', die sich auf andere Länder beziehen, bezeichnen, wie Sieferle, Revolution, S. 73-97 meint, keineswegs eine sozialistische Erhebung, sondern resultieren aus Marx' Einsicht, daß die Bourgeoisie niemals der Träger einer bürgerlich-demokratischen Revolution war. Kluchert, Geschichtsschreibung, u.a. 225 Fn, 229 Fn, 262 f. Fn widerspricht dieser These zumindest für die Phase der Schriften zwischen 1848 und 1850.

[37] Marx, Brief an P.W. Annenkow, 28.12.1846, MEW 4, 548.

[38] Marx, Elend der Philosophie, MEW 4, 130.

[39] Vgl. Marx/Engels, Deutsche Ideologie, MEW 3, 66.
[40] Marx, Brief an P.W. Annenkow, MEW 4, 549.
[41] Marx, Elend der Philosophie, MEW 4, 181.
[42] Marx, Zur Kritik der politischen Ökonomie, MEW 13, 9: „Eine Gesellschaftsformation geht nie unter, bevor alle Produktivkräfte entwickelt sind, für die sei weit genug ist, und neue höhere Produktionsverhältnisse treten nie an die Stelle, bevor die materiellen Existenzbedingungen derselben im Schoße der alten Gesellschaft selbst ausgebrütet sind."
[43] Vgl. Marx/Engels, Deutsche Ideologie, MEW 3, 36; dies, Manifest, MEW 4, 479.
[44] Vgl. Giddens, Die Konstitution der Gesellschaft, 295 ff.
[45] Vgl. Marx, Die britische Herrschaft in Indien, MEW 9, 133; ders., Die künftigen Ergebnisse der britischen Herrschaft in Indien, ebd., 220 ff.; Marx, Brief an Engels 8.10.1858, MEW 29, 360.
[46] Marx, Brief an Engels, 4.11.1864, MEW 31, 15.
[47] Vgl. dazu detailliert Kluchert, Geschichtsschreibung.
[48] Vgl. Marx, Brief an Joseph Weydemeyer, 5.3.1852, MEW 28, 508: „Was ich neu tat, war 1. nachzuweisen, daß die *Existenz der Klassen* bloß an *bestimmte historische Entwicklungsphasen der Produktion* gebunden ist; 2. daß der Klassenkampf notwendig zur *Diktatur des Proletariats* führt; 3. daß diese Diktatur selbst nur den Übergang zur *Aufhebung aller Klassen* [...] bildet."
[49] Vgl. Marx, Brief an Engels 24.8.1867, MEW 31, 326, und Marx, Brief an Engels 8.1.1868, MEW 32, 11 f.
[50] Vgl. zur „fünffachen Determination" langfristiger Lohnbewegungen durch den Akkumulationsprozeß des Kapitals: Mandel, Kontroversen, 82-84.
[51] Marx, Theorien über den Mehrwert II, MEW 26.2, 420 f. Vgl. auch ders., Kapital I, MEW 23, 545 f., 645 f., 675; ders., Kapital III, MEW 25, 829; ders., Randglossen zum Programm der deutschen Arbeiterpartei, MEW 19, 25 f. Sowohl der theoretische Zusammenhang als auch die expliziten Formulierungen an diesen Stellen widerlegen klar und deutlich jegliche absolute Verelendungstheorie, wie sie noch von jedem Marxisten-Leninisten affirmativ und jeder ebenso vulgären Marxkritik als erstes Totschlagargument verwendet wird.
[52] Kautsky, Erfurter Programm, versucht dagegen mit Hilfe seines konsumtionszentrierten Begriffs relativer Verelendung die „Zunahme der Unzufriedenheit des Proletariats mit seinem Lose" (240) und damit die transzendierenden Gehalte des Klassenkampfs zu begründen: Das „Beispiel des Luxus der Ausbeuter" (241) rufe eine wachsende „Begehrlichkeit" bei den Arbeitern hervor, die ihren Kampf notwendig über eine systemimmanente Reformperspektive hinaustreibe, weil die Ungleichheiten zwischen den Klassen, bei welcher materiellen Lage des Proletariats auch immer, nur im Kommunismus aufgehoben werden könnten.

[53] Vgl. Sieferle, Revolution, 197 f.; Mohl, Verelendung, 280.
[54] Hofmann, Verelendung, 28. Selbst wenn eine allgemeine Verelendungstendenz konstatierbar wäre, könnten daraus aber keine revolutionstheoretisch optimistischen Schlüsse hinsichtlich der Bewußtseinsbildung der Arbeiterschaft gezogen werden. Vgl. dazu Wagner, Verelendungstheorie, 72-77 und 90 f.
[55] Vgl. Marx, Kapital I, MEW 23, 790 f., wo Marx von der wachsenden „Masse des Elends, des Drucks, der Knechtschaft, der Entartung, der Ausbeutung, aber auch [der] Empörung der stets anschwellenden und durch den Mechanismus des kapitalistischen Produktionsprozesses selbst geschulten, vereinten und organisierten Arbeiterklasse" spricht, die schließlich zur Revolution führen sollen.
[56] Kurz/Lohoff, Klassenkampf-Fetisch, 6.
[57] Vgl. Marx, Kapital I, MEW 23, 190 f., sowie ders., Urtext, 946.
[58] Zur Frage der Rechtsantinomie vgl. die Kontroverse zwischen Wildt, Gerechtigkeit in Marx' 'Kapital', 161-166, einerseits und Maihofer, Das Recht bei Marx, 70 f., 254 Fn 15, sowie Heinrich, Die Wissenschaft vom Wert, 374 f., andererseits. Vgl. auch die hervorragende Darstellung bei Iber, Grundzüge der Marx'schen Kapitalismustheorie, 154.
[59] Marx, Kapital I, MEW 23, 287.
[60] Die systemische Grenze der Verrechtlichung des Produktionsprozesses bleibt allerdings die Kernbestimmung des kapitalistischen Produktionsverhältnisses selbst: die über den Austausch vermittelte unentgeltliche Aneignung von Mehrwert; vgl. dazu u.a. Blanke/Jürgens/Kastendiek, Das Verhältnis von Politik und Ökonomie als Ansatzpunkt einer materialistischen Analyse des bürgerlichen Staates, 435.
[61] Marx, Kapital I, MEW 23, 249. Gallas ('War Marx Monist?', 55 ff.) versucht umgekehrt aus der Delegation individueller Verfügungsmacht über die Arbeitskraft an (gewerkschaftliche) Kollektivakteure sowie den – ja nur zunächst, was er ausblendet – illegalen Kampfmaßnahmen des Proletariats im Klassenkampf eine „Durchbrechung" des bürgerlichen Rechtshorizonts abzuleiten. Daß es im Klassenkampf aber konträr u.a. um die *Verrechtlichung* der Produktionssphäre und die *Durchsetzung des Rechts* der Arbeiter auf Erhalt ihrer Arbeitskraft geht, scheint ihm zu entgehen. Wo der Wunsch Vater des Gedankens ist, wird noch der Kampf um jede mickrige Sozialgesetzgebung zur Betätigung einer „privilegierten Erkenntnisposition" (58) des Proletariats, ja zum Kampf gegen die Systemlogik.
[62] Vgl. Sieferle, Revolution, 182-188.
[63] Der Begriff stammt von Ulrich Enderwitz.
[64] Dies weiß Marx schon 1847 (in: Lohnarbeit und Kapital, MEW 6, 411), ohne allerdings daraus revolutionstheoretische Konsequenzen zu ziehen: „Solange der Lohnarbeiter Lohnarbeiter ist, hängt sein Los vom Kapital ab. Das ist die vielgerühmte Gemeinsamkeit des Interesses von Arbeiter und Kapitalist."

⁶⁵ Kurz/Lohoff, Klassenkampf-Fetisch, 6. Es geht allerdings auch nicht an, wie Schandl ('Kommunismus oder Klassenkampf') oder Kurz/Lohoff ('Klassenkampf-Fetisch') das tun, eine Priorität des Formzusammenhangs gegenüber den Klassenverhältnissen zu behaupten, da gerade das Klassenverhältnis zwischen Arbeitskraftanbietern und Kapitalisten formkonstitutiv ist. Vgl. dazu Brentel, Soziale Form und ökonomisches Objekt oder Ellmers, Die formanalytische Klassentheorie von Karl Marx, 46 f.

⁶⁶ Adorno, Negative Dialektik, AGS 6, 314.

⁶⁷ Der Begriff „Integration" ist eigentlich irreführend, weil er nahe legt, das Proletariat sei kein *konstitutiver* Bestandteil des Kapitalverhältnisses, sondern müsse erst nachträglich in dieses einbezogen werden. Eine Ausnahme bilden folgende Verwendungsweisen: 1) Integration *in* das Proletariat, i.s. des Hineinfolterns der vorkapitalistischen unmittelbaren Produzenten in die Rolle des Lohnarbeiters: 2) staatsbürgerlich-rechtliche Integration des Proletariats durch Verrechtlichung des Produktionsprozesses und Demokratisierung politischer Wahlen.

⁶⁸ Marx, Grundrisse, MEW 42, 148. Vgl. dazu auch Brentel, Soziale Form, 287.

⁶⁹ Marx, Grundrisse, MEW 42, 90.

⁷⁰ Vgl. Marx, Kapital I, MEW 23, 87, sowie ders., Resultate des unmittelbaren Produktionsprozesses, 25: „Diese Verrücktheit, die ein bestimmtes *gesellschaftliches Produktionsverhältnis*, das sich in Dingen darstellt, als dingliche Natureigenschaft dieser Sachen selbst nimmt".

⁷¹ Vgl. Marx, Resultate, MEGA II/4.1, 81; ders., Lohn, Preis und Profit, MEW 16, 134; ders., Kapital I, MEW 23, 562, 765; ders., Kapital III, MEW 25, S 49, 177, 838.

⁷² Marx, Kapital I, MEW 23, 765.

⁷³ Vgl. zu deren systematischer Rekonstruktion aus dem Marxschen ›Kapital‹ u.a. Fischer, Der reale Schein.

⁷⁴ Kurz, Subjektlose Herrschaft, 68, bezeichnet dies als „Form-Bewußtlosigkeit", die den gesellschaftlichen Handlungsrahmen blind voraussetzt.

⁷⁵ Marx, Kapital I, MEW 23, 790.

⁷⁶ Vgl. Marx/Engels, Manifest, MEW 4, 471 f.

⁷⁷ Vgl. dazu Heinrich, Wissenschaft vom Wert, 309, sowie Schandl, Kommunismus oder Klassenkampf, 17 f., der auch die paradoxe nachmarxsche Hilfskonstruktion eines „zugerechneten Klassenbewußtseins" einer Kritik unterzieht.

⁷⁸ Ob dies mit dem üblichen Verweis auf die Erfahrung der Despotie des Fabrikregimes oder von Krisenfolgen (vgl. Bierbaum/Bischoff/Herkommer/Maldaner, Bewußtseinsformen des Alltagslebens, 52, 78, oder Gallas (War Marx Monist?, 56 ff.) geleistet wird, halte ich für fraglich. Wie gerade *revolutionäres* Bewußtsein daraus entspringen soll, ist m.E. nicht plausibel begründbar. Weder motiviert die Erfahrung des unmittelbaren Produktionsprozesses

als Herrschaftsverhältnis notwendig zu revolutionären Vorstellungen oder Akten (vgl. Mohl, Verelendung, 152-154) noch läßt diese Erfahrung einen Rückschluß auf die Formspezifik – und damit die Veränderbarkeit – dieses Verhältnisses zu.

[79] Dies wird ausführlich von Mohl, Verelendung, 64-69 und 151-154, nachgewiesen.

[80] Wie das z.B. Kurz, Subjektlose Herrschaft, 92-94, tut oder Agnoli, Marx, der Staat, die Anarchie, 218, lakonisch formuliert: „Revolutionäres Subjekt ist das Subjekt, das die Revolution vor hat. Das revolutionäre Subjekt kann nicht abgeleitet werden von einem abstrakt analysierten Produktions- und Reproduktionsprozeß."

[81] Beide Zitate: Marx, Kapital I, MEW 23, 22.

[82] Marx/Engels, Deutsche Ideologie, MEW 3, 27.

[83] Marx, Brief an die Redaktion der 'Otetschestwennyje Sapiski', MEW 19, 112.

[84] Vera Sassulitsch zitiert nach MEW 19, 572 Fn.

[85] Gemeint ist das 24. Kapitel des ersten Bandes des ›Kapital‹.

[86] Marx, Brief an die Redaktion, MEW 19, 111.

[87] Marx, Kapital I, MEW 23, 12.

[88] Ebd.

[89] Marx/Engels, Vorrede, MEW 4, 576 (Hervorhebung von mir, IE). Eine solche Aussage konnte weder von den Determinsten der westeuropäischen Sozialdemokratie noch von der späteren voluntaristischen Modernisierungsdiktatur der Sowjetunion und ihrer Formel vom „Aufbau des Sozialismus in einem (zumal unterentwickelten) Land" als Legitimationsformel Verwendung finden.

[90] Vgl. u.a. Marx, Kapital I, MEW 23, 28, 791.

[91] Zur Kritik der bloßen Verdopplung der Verkehrung von Subjekt und Objekt in der kapitalistischen Produktionsweise im Rahmen eines geschichtsphilosophischen Emanzipationsmodells vgl. Kittsteiner, Naturabsicht und unsichtbare Hand, sowie Mohl, Verelendung, 70-73.

[92] Gegen die traditionsmarxistische These eines von der Partei bewußt gehandhabten historischen Entwicklungsgesetzes schreibt Taylor, Hegel, 729-731: „Die Gesetze, die von den Ingenieuren angewandt werden, die den Umständen ihren Willen aufzwingen, können nicht die Gesetze der ehernen Notwendigkeit sein, wenn das bedeutet, daß wir das Geschehen durch Bezug auf sie erklären können, ohne uns auf menschliche Entscheidungen zu berufen. Ein wahres Entwicklungsgesetz der Geschichte wäre ein Gesetz, dessen Antezedenzien nicht manipulierbar sind [...] Es wäre der Verwendung durch Ingenieure nicht zugänglich" (ebd., 730). Vgl. auch Poppers Kritik am Gedanken von historischen Entwicklungsgesetzen, die im Stile unbedingter Prognosen formuliert werden (Popper, Das Elend des Historizismus, 35 f.) sowie an dem

paradoxen Praxisbegriff des „Historizismus", der sich auf „Hebammenkunst" (ebd., 40) reduziere (vgl. auch ebd., 57f.). Gegen Popper ist aber einzuwenden: a) seine auch vor Textfälschungen nicht zurückschreckende Unterstellung eines Historizismus im Wissenschaftsmodell des 'Kapital' (vgl. ebd., 39, in der ein Marx-Zitat, in dem von der Behandlung der Gesetze der modernen Gesellschaft die Rede ist, kurzerhand in eines verfälscht wird, in dem von Gesetzen der „menschlichen" Gesellschaft gesprochen wird) sowie b) seine falsche Identifizierung von technologischen Prognosen mit solchen kurzer Reichweite (vgl. ebd., 35, 53 f.).

[93] Marx/Engels, Deutsche Ideologie, MEW 3, 45. Vgl. auch ebd., 71 oder die klassische Formulierung in dies., Heilige Familie, MEW 2, 98.

[94] Marx, Grundrisse, MEW 42, 92. Vgl. auch Horkheimer, Autoritärer Staat, HGS 5, 309: kritische „Theorie erklärt wesentlich den Gang des Verhängnisses".

[95] Vgl. Marx/Engels, Deutsche Ideologie, MEW 3, 37: „In der bisherigen Geschichte ist es allerdings ebensosehr eine empirische Tatsache, daß die einzelnen Individuen mit der Ausdehnung der Tätigkeit zur weltgeschichtlichen immer mehr unter einer ihnen fremden Macht geknechtet worden sind (welchen Druck sie sich denn auch als Schikane des Weltgeistes etc. vorstellten), einer Macht, die immer massenhafter geworden ist und sich in letzter Instanz als Weltmarkt ausweist."

[96] Marx, Kapital I, MEW 23, 16.

[97] Ebd., 512. Vgl. auch die im 'Manifest' konstatierte Möglichkeit des „gemeinsamen Untergang[s] der kämpfenden Klassen" (MEW 4, 462).

[98] Vgl. Haug, Krise oder Dialektik des Marxismus, 38, sowie Fleischer, Marxismus und Geschichte, 93 ff., 104-110, 122, und Habermas, Literaturbericht zur philosophischen Diskussion um Marx und den Marxismus, 413.

[99] Vgl. Demirovic, Bodenlose Politik. Dialoge über Theorie und Praxis, 73, 93.

[100] Vgl. Marx, Elend der Philosophie, MEW 4, 140; ders., Brief an P.W. Annenkow, MEW 4, 548 f.; ders., Lohnarbeit und Kapital, MEW 6, 408. Allerdings finden sich auch dort bereits gegenteilige Aussagen: „Bis jetzt haben sich die Produktivkräfte auf Grund dieser Herrschaft des Klassengegensatzes entwickelt" (ders., Elend der Philosophie, MEW 4, 92). Auf die Feuerbachsche Herkunft der ersten geschichtsphilosophischen Motive im Werk von Marx und Engels macht Schmieder, Ludwig Feuerbach, 209 f., aufmerksam.

[101] Reichelt, Zur Dialektik von Produktivkräften und Produktionsverhältnissen, 53.

[102] Marx, Grundrisse, MEW 42, 588.

[103] Marx, Kapital I, MEW 23, 538.

[104] Vgl. Bensch, Vom Reichtum der Gesellschaften, 14-20. Ritsert (Surplusprodukt, 137f.) zeigt anhand der Position des analytischen Marxisten G.A.

Cohen, daß auch anthropologisierende Motive ein causa-sui-Konzept begründen können. Die systematische Entwicklungstendenz der Produktivkräfte sei Cohen zufolge in der „Rationalität des Menschen" begründet, ihre Lebensbedingungen auch unter widrigen Umständen verbessern zu können und ein einmal erreichtes Produktivkraft-Level nicht mehr aufzugeben.

[105] Vgl. Marx, Kapital I, MEW 23, 537 f. Vgl. auch Marx, Theorien über den Mehrwert II, MEW 26.2, 409: „Es ist ferner klar, daß, wenn eine gewisse Produktivität der Arbeit vorausgesetzt werden muß, damit *Surplusarbeit* existieren könne, die bloße *Möglichkeit* dieser Surplusarbeit (also das Vorhandensein jenes notwendigen Minimums der Produktivität der Arbeit), noch nicht ihre *Wirklichkeit* schafft. Dazu muß der Arbeiter erst gezwungen werden, über jene Größe hinaus zu arbeiten, und diesen Zwang übt das Kapital aus".

[106] Vgl. Bensch, Reichtum, 86 Fn.

[107] Vgl. zum Begriff Weber, Basis, Sp. 34, der allerdings im klassisch westlichmarxistischen Verleugnungsstil dieses Theorem nur im ML, nicht aber bei Marx angelegt sieht.

[108] Gerstenberger, Die subjektlose Gewalt, 19.

[109] Vgl. Reichelt, Produktivkräfte, 49 f.

[110] Ebd., 44.

[111] Doch auch noch im 'Kapital' findet sich diese von Marx offenbar kaum wahrgenommene Ambivalenz, wenn auch das Motiv des Primats der Produktionsverhältnisse hier klar überwiegt. Vgl. nur Marx, Kapital I, MEW 23, 195: „Nicht was gemacht wird, sondern wie, mit welchen Arbeitsmitteln gemacht wird, unterscheidet die ökonomischen Epochen". Und in einer Fußnote lobt Marx die Einteilung der „Prähistorie" nach „Steinalter, Bronzealter und Eisenalter" (ebd.). Dies erinnert stark an einige grob materialistische Passagen aus den Frühwerken. Dagegen findet sich z.B. auf S. 231 des 'Kapital' die Aussage: „Nur die Form, worin diese Mehrarbeit dem unmittelbaren Produzenten, dem Arbeiter, abgepreßt wird, unterscheidet die ökonomischen Gesellschaftsformationen". Von noch im Spätwerk fortexistierenden Widersprüchen in der Marxschen Geschichtsbetrachtung läßt sich daher mit Tobias Reichardt sprechen, der Beispiele aus den 'Grundrissen' anführt, in denen Marx noch immer das Konzept des Primats der Produktivkräfte bemüht (vgl. Reichardt, Marx über die Gesellschaft der klassischen Antike, 208, 220 f.). Diese Passagen würden zwar durch die materialen Analyse Marx' bzw. sein Schweigen über die Ursachen bestimmter Umwälzungsprozesse von Gesellschaftsformationen widerlegt, es sei aber unzulässig, vom Verschwinden der geschichtsphilosophischen Konzeption oder seiner Anwesenheit in nur deklamatorischen Teilen des Werkes zu sprechen. So könne auch das Vorwort aus dem Jahre 1859 von Marx nicht „nur als exoterische Vereinfachung gemeint gewesen sein" (ebd., 207), sondern es müsse davon ausgegangen werden, daß er „hier genau den ›Universalschlüssel einer allgemeinen geschichts-

philosophischen Theorie‹ gefunden zu haben vorgibt, den er später als verfehlten Anspruch von sich weist" (ebd., 197).

[112] Marx, Grundrisse, MEW 42, 594. Die Marxsche Theorie der reellen Subsumtion des Produktionsprozesses unter das Kapital ist Ausgangspunkt einer Kritik der sogenannten Arbeitsmetaphysik des traditionellen Marxismus, der zufolge der Kapitalismus vom Standpunkt einer in sich bereits den Sozialismus antizipierenden und untergründig den Prinzipien des Werts entgegengesetzten Arbeit kritisiert werden kann, die das eine Mal als objektive Gestalt von Technik und Arbeitsprozeß, das andere Mal als seine Zwecke realisierendes, „hinter" den verdinglichten Entitäten von Ware und Geld lauerndes Gattungssubjekt gefaßt wird. Allerdings arbeiten prominente Vertreter dieser Kritik, wie Wolfgang Pohrt ('Theorie des Gebrauchswerts'), Stefan Breuer ('Die Krise der Revolutionstheorie') und Helmut König ('Geist und Revolution') mit kryptonormativistischen und identitätsphilosophischen Verzerrungen Marxscher Begriffe (z.b. „emphatischer Gebrauchswert" sowie „Stoff-Form-Identität"), die zum Resultat einer Krise der Revolutionstheorie als Ende der Möglichkeit von Gesellschaftskritik schlechthin führen. Zur Kritik vgl. Hafner, Gebrauchswertfetischismus. Eine alternative Position findet sich in Moishe Postone, Zeit, Arbeit und gesellschaftliche Herrschaft.

[113] Vgl., Marx, Grundrisse, MEW 42, 596.

[114] Vgl. Marx, Kapital I, MEW 23, 465.

[115] Zech, Produktivkräfte und Produktionsverhältnisse in der Kritik der politischen Ökonomie, 63.

[116] Gerstenberger, Subjektlose Gewalt, 19.

[117] Arndt, Karl Marx, 65.

[118] Ebd., 63. Arndt weist auf folgenden Satz aus der 'Deutschen Ideologie' hin: „Die Geschichte ist nichts als die Aufeinanderfolge der einzelnen Generationen, von denen Jede [...] einerseits unter ganz veränderten Umständen die überkommene Tätigkeit fortsetzt und andererseits mit einer ganz veränderten Tätigkeit die alten Umstände modifiziert, was sich nun spekulativ so verdrehen läßt, daß die spätere Geschichte zum Zweck der früheren gemacht wird [...], wodurch dann die Geschichte ihre aparten Zwecke erhält und eine 'Person neben anderen Personen' [...] wird" (Marx/Engels, Deutsche Ideologie, MEW 3, 63).

[119] Arndt, Karl Marx, 65.

[120] Vgl. Sieferle, Revolution, 8-11, oder König, Geist und Revolution, 154 ff.

[121] Kittsteiner, Naturabsicht und unsichtbare Hand, 84.

[122] Vgl. zu diesen u.a. Sieferle, Revolution, 173, 193 f.

[123] Heinrich, Geschichtsphilosophie bei Marx, 71 f.

[124] Vgl. beispielhaft für viele: Flechtheim, Karl Marx und die deutsche Sozialdemokratie, 332-335.

[125] Vgl. Marx, Randglossen zu Wagner, MEW 19, 357: „Da ich niemals ein 'sozialistisches System' aufgestellt habe [...]".

[126] Vgl. Sieferle, Revolution, 62, 148; Krauss, Marx und die Freiheit, 6, sowie Horkheimer, Autoritärer Staat, HGS 5, 315.

[127] Marx, Thesen über Feuerbach, MEW 3, 535.

[128] Ebd., 534.

[129] Adorno, Minima Moralia, AGS 4, 283.

[130] Vgl. Marx, Kapital I, MEW 23, 88: Die wissenschaftliche Entdeckung der Marxschen Arbeitswerttheorie „verscheucht keineswegs den gegenständlichen Schein der gesellschaftlichen Charaktere der Arbeit." Die Tatsache der Werteigenschaft der Arbeitsprodukte „erscheint vor wie nach jener Entdeckung, den in den Verhältnissen der Warenproduktion Befangenen (...) endgültig".

[131] Vgl. Behrens/Hafner, Auf der Suche nach dem „wahren Sozialismus", 223, sowie Kurz, Wir haben ihn so geliebt, den Klassenkampf, 37.

[132] Vgl. nur seine schroffe Zurückweisung der Bitte des niederländischen Marxisten Domela-Nieuwenhuis, für einen Kongreß der Sozialdemokraten einen Katalog mit administrativen Maßnahmen für den Fall des revolutionären Umsturzes zu erstellen: Marx, Brief an Ferdinand Domela Nieuwenhuis 22.1.1881, MEW 35, 159-161.

[133] Vgl. Marcuse, Repressive Toleranz, 99: Kritische Theorie kann „durchaus identifizieren, was *nicht* zu einer freien und vernünftigen Gesellschaft führt, was die Möglichkeiten ihrer Herbeiführung verhindert oder verzerrt".

# Christoph Hesse
# Warenfetisch und Kulturindustrie

### I.

Die Kulturindustrie, forderten Horkheimer und Adorno, müsse „ernster genommen [werden], als sie es von sich aus möchte."[1] Obzwar die zu scheinbar harmloser Unterhaltung des Publikums bestimmten Veranstaltungen selbst unter Berufung auf ihren kommerziellen Charakter ein „Bekenntnis zur gemilderten Wahrheit" ablegen, hält sich ihre Kritik „an den objektiv den Produkten innewohnenden Anspruch, ästhetische Gebilde und damit gestaltete Wahrheit zu sein."[2] In dieser „Welt der notwendigen Überflüssigkeiten", als welche sich die Kulturindustrie mit einem Wort Balzacs bezeichnen läßt[3], wird jedoch zugleich das „gesellschaftliche Unwesen" erkennbar, das sich an der „Nichtigkeit jenes Anspruchs"[4] erweist: das Reich der Kulturindustrie erscheint als „eines von Fetischen."[5] Und zwar von Fetischen, deren Zauber auch den über Hunger und Elend Erhabenen demonstriert, was Marx gemeint hat, als er über die modernen Erfindungen sagte, „daß sie materielle Kräfte mit geistigem Leben ausstatten und das menschliche Leben zu einer materiellen Kraft verdummen."[6]

### II.

„Es gibt", sagte Marx, „eine große Tatsache, die für dieses unser 19. Jahrhundert bezeichnend ist [...]. Auf der einen Seite sind industrielle und wissenschaftliche Kräfte zum Leben erwacht, von [denen] keine Epoche der früheren menschlichen Geschichte je eine Ahnung hatte. Auf der andern Seite gibt es Verfallssymptome, welche die aus der letzten Zeit des Römischen Reiches berichteten Schrecken bei weitem in den Schatten stellen. In unsern Tagen scheint jedes Ding mit seinem Gegenteil schwanger zu gehen. Wir sehen, daß die Maschinerie, die mit der wundervollen Kraft begabt ist, die menschliche Arbeit zu verringern und fruchtbarer zu machen, sie verkümmern läßt und bis zur Erschöpfung auszehrt. Die neuen Quellen des Reichtums verwandeln sich durch seltsamen Zauberbann zu Quellen der Not. [...] In dem Maße, wie die Menschheit die Natur bezwingt, scheint der Mensch durch andre Menschen oder durch seine eigne Niedertracht unterjocht zu werden. [...] All unser Erfinden und unser ganzer Fortschritt scheinen darauf hinauszulaufen, daß sie materielle Kräfte mit geistigem Leben ausstatten und das menschliche Leben zu einer materiellen Kraft verdummen."[7]

Die Tatsache, daß mit der fortschreitenden Entwicklung der technischen Fertigkeiten die Menschen nicht dahin gelangt sind, im Bewußtsein der Freiheit ihr Leben zu organisieren, sondern selbst nur mehr als Anhang eines ihrer Kontrolle entzogenen Produktionsprozesses mitgeschleift werden, greift Marx in seiner Kritik der politischen Ökonomie vielfach wieder auf. Eines der Geheimnisse des Fetischcharakters der Ware, das heißt der ökonomischen Gegenständlichkeit sozialer Formen, entdeckt er in einer für die kapitalistische Produktionsweise charakteristischen Verkehrung von Subjekt und Objekt. Der gesellschaftliche Zusammenhang, den die Menschen in der Produktion ihres Lebens unter den Bedingungen des Kapitals unweigerlich herstellen, betätigt sich über ihre Köpfe hinweg als das wirkliche Subjekt ihres Tuns und setzt sich „als eine den Produzenten gegenüber äußere und unabhängige Macht fest."[8] Dieser von ihnen selbst erschaffenen Macht gegenüber sind sie im doppelten Sinne gleichgültig: „Die Tätigkeit, welches immer ihre individuelle Erscheinungsform, und das Produkt der Tätigkeit, welches immer seine besondre Beschaffenheit, ist der *Tauschwert,* d.h. ein Allgemeines, worin alle Individualität, Eigenheit negiert und ausgelöscht ist. [...] Im Tauschwert ist die gesellschaftliche Beziehung der Personen in ein gesellschaftliches Verhalten der Sachen verwandelt; das persönliche Vermögen in ein sachliches."[9]

Das Programm einer ästhetischen Erziehung des Menschen, wie Schiller es stellvertretend für den gesamten Idealismus formuliert hat, findet unter diesen Umständen den Menschen nur mehr als „beseelte einzelne Punktualität"[10] vor, als lebendiges Zubehör des Kapitals. Das mochte auch Schiller von ferne geahnt haben, als er die Menschwerdung sogleich auf den Bereich der Kunst begrenzte und im Prolog zum 'Wallenstein' das Motto ausgab: „Ernst ist das Leben, heiter ist die Kunst". Der „Hofpoet des deutschen Idealismus", bemerkte dazu

Adorno, habe so „die verfestigte und allbeliebte Zweiteilung zwischen Beruf und Freizeit [bestätigt]. Was auf die Qual prosaisch unfreier Arbeit und den im übrigen keineswegs unberechtigten Abscheu vor ihr zurückgeht, sei ein ewiges Gesetz der beiden reinlich getrennten Sphären. Keine soll mit der anderen vermischt werden. Gerade durch ihre erbauliche Unverbindlichkeit wird die Kunst dem bürgerlichen Leben als dessen ihm widersprechende Ergänzung eingefügt und unterworfen. Schon ist die Freizeitgestaltung abzusehen, die einmal daraus wird. Sie ist der Garten Elysium, wo die himmlischen Rosen wachsen, welche die Frauen ins irdische Leben flechten sollen, das so abscheulich ist. Dem Idealisten verdeckt sich die Möglichkeit, es könne real einmal anders werden. Er hat dabei die Wirkung der Kunst im Auge. Bei aller Noblesse der Gebärde nimmt er insgeheim jenen Zustand vorweg, der in der Kulturindustrie Kunst als Vitaminspritze für müde Geschäftsleute verordnet."[11]

Auch Marx, dem selber noch ein klassizistisches Kunstideal vor Augen stand, hat als Kritiker der politischen Ökonomie eine solche fortschreitende Funktionalisierung der Kunst vorausgesehen; ebenso, daß, was Kunst genannt wird, unter den Bedingungen kapitalistischer Industrie nicht mehr dasselbe ist wie unter denen handwerklicher Produktion. Die unter Kunsthistorikern geläufige Ansicht, daß nicht jede Kunst zu jeder Zeit möglich sei, hat er dahingehend zugespitzt, daß künstlerische Produktion nicht nur von einem bestimmten Kunstwollen und einem geschichtlich gegebenen Bewußtseinsstand, sondern von den Umständen der gesellschaftlichen Produktion allgemein abhängig sei. Die kapitalistische Produktion, schreibt er, „ist gewissen geistigen Produktionszweigen, z.B. der Kunst und Poesie, feindlich. Man kömmt sonst auf die Einbildung der Franzosen" – namentlich Voltaires –, „die Lessing so schön persifliert hat. Weil wir in der Mechanik etc. weiter sind als die Alten, warum sollten wir nicht auch ein Epos machen können? Und die Henriade für die Iliade!"[12] Zwar bleibt den Kunstwerken, wie Adorno erkannte, in Erinnerung an die magischen Fetische als den geschichtlichen Wurzeln der Kunst stets „ein Fetischistisches beigemischt, das dem Warenfetischismus entragt."[13] Wenn aber die kapitalistische Produktion geistigen Produktionszweigen wie Kunst und Poesie feindlich ist, kann dies auch bedeuten, daß der Unterlegene, nämlich die Kunst, schließlich aus dem Feld geschlagen wird. Beiläufig bemerkte Marx einmal, „daß professionelle Poesie bloß eine Maske für den allertrockensten Prosaismus ist."[14] Eine Erfahrung, die einem heute so selbstverständlich geworden ist wie die Kunst, die es nicht mehr gibt, seit die Kulturindustrie mit solcherart Fetischismus aufgeräumt hat: „So bunt ist der Einbruch des Graus, so bezaubernd die Entzauberung der Welt, so viel läßt von dem Prozeß sich erzählen, dessen Prosa dafür sorgt, daß es bald nichts mehr zu erzählen gibt."[15]

Einen ähnlichen Gedanken hat Marx in der Einleitung zu den 'Grundrissen' entwickelt. Dort heißt es über die Kunst, „daß bestimmte Blütezeiten derselben keineswegs im Verhältnis zur allgemeinen Entwicklung der Gesellschaft" stehen und sogar manche Formen „in ihrer weltepochemachenden, klassischen Gestalt nie produziert werden können, sobald die Kunstproduktion als solche eintritt". So sei „die griechische Mythologie nicht nur das Arsenal der griechischen Kunst, sondern ihr Boden." Solche Kunst setze eine bestimmte Anschauung von Natur und Gesellschaft voraus und sei daher unmöglich unter den Bedingungen von „Lokomotiven und elektrischen Telegraphen [...] Wo bleibt Vulkan gegen Roberts et Co., Jupiter gegen den Blitzableiter und Hermes gegen den Crédit mobilier?"[16]

Solche polemischen Interventionen liefen heute ins Leere. Der idealistische Begriff von Kultur, auf den Marx sich bezog, dürfte inzwischen selbst den staatlichen Institutionen nicht mehr geheuer sein, die dieses Wort stolz im Namen führen. Kultur ist nicht sowohl das siebentorige Theben als auch die Einrichtung jedes einzelnen in den eigenen vier Wänden, die so zum Ausstellungsstück einer Yuppie- oder Hippiekultur avancieren; nicht vor allem Beethoven und Goethe, sondern das Geklimper und Geschreibsel der zahllosen Talente, die allen Grund haben, gegen den Geniekult zu protestieren. Daß der Begriff sich über sogenannte Kulturgüter hinaus auf Kommunikation, Lebensstile und Freizeitgestaltung erstreckt, hat sicherlich etwas mit intellektuellen Konjunkturen, in erster Linie aber damit zu tun, daß jene Gipsbüstenkultur, die zumal das deutsche Bildungsbürgertum sich im 19. Jahrhundert als Ideal unvergänglicher Schönheit in den Kopf gesetzt hatte, unter dem Druck der gesellschaftlichen Wirklichkeit zerbröckelt ist. Die bislang letzte Renaissance des Wahren, Guten und Schönen erscheint rückblickend wie ein Totentanz mit falschen

Kostümen, den die Leute immer dann aufführen, wenn sie sich über ihre neue Rolle noch nicht im klaren sind.

### III.

Adorno war sich, anders als viele seiner Kritiker glauben, dieser neuen Rollenverteilung sehr genau bewußt: „Reaktionäre Kulturkritik konnte [er] auf den Tod nicht ausstehen", schreibt Detlev Claussen: „Die Konstellation vom bildungsbürgerlichen deutschen Intellektuellen, der in der Emigration zum antiamerikanischen Kulturkritiker einer allmächtigen Filmindustrie wird, paßt allzu gut in das dünkelhafte Vorurteilsbild europäischer Mittelschichten in der zweiten Hälfte des 20. Jahrhunderts."[17] Gerade die deutschen Kulturpolitiker wären daran zu erinnern, was Adorno über die zu spät gekommene Kulturindustrie hierzulande schrieb, über „die Einführung der Broadwaymethoden auf dem Kurfürstendamm, der von jenem schon in den zwanziger Jahren sich nur durch geringere Mittel, nicht durch bessere Zwecke unterschied."[18] Das gleiche ließe sich über den staatlich forcierten Wiederaufbau der Kultur sagen, der an Ort und Stelle betrieben wird, um etwas vom erträumten Glanz jener zwanziger Jahre neu erstrahlen zu lassen.[19]

Fredric Jameson sieht in Adornos Kritik der Kulturindustrie den „Ausdruck einer jener Tocqueville-Dickens-Trollope-Reiseberichte aus den Vereinigten Staaten, deren gattungsbedingte Ähnlichkeit es den amerikanischen Intellektuellen immer leicht machte, sie als Formen des Snobismus und des aristokratischen Vorurteils abzutun."[20] Ein solch distanzierter Blick auf eine fremde Welt bleibt dem durch Sozialisation Einbezogenen heute notwendig verschlossen. Daß dieser sich selbst deshalb für klüger hält als den vermeintlich versnobten Kritiker, hat Adorno schon damals als typischen Reflex des von der Kulturindustrie Geblendeten beschrieben. Seine eigene Position, die Jameson treffend mit der eines Reisenden vergleicht, ist geschichtlich inzwischen geräumt. Eine Kritik der Kulturindustrie kann (auch in Europa) nur noch als Selbstkritik formuliert werden.[21]

So wie die Menschen fast überall in der Welt vor allem als Waren- und Geldbesitzer ins Gewicht fallen, sind sie als solche bereits mögliche Kunden der Kulturindustrie. Auch wer sonst vorzugsweise Opernhäuser aufsucht, ist nicht mehr ohne seine Lieblingsfilme und -fernsehprogramme. Diese universalistische Tendenz der Kulturindustrie haben Horkheimer und Adorno, in Anlehnung an den Marxschen Begriff des Kapitals, vorgezeichnet. Douglas Kellner hat daher recht, wenn er die Kritik der Kulturindustrie „eine streng an Marx orientierte Theorie der Massenmedien und Massenkultur" nennt.[22] Man darf sogar annehmen, daß ohne Zurkenntnisnahme der Intentionen der Kritik der politischen Ökonomie die Kritik der Kulturindustrie gar nicht angemessen zu begreifen ist. Mit seiner Vermutung einer „verschwiegenen Orthodoxie" lag Jürgen Habermas ausnahmsweise richtig: „Noch im esoterischen Gespinst der ästhetischen Reflexionen hängt etwas vom längst verdrängten Echo einer Kritik der Politischen Ökonomie."[23] Zu fragen bliebe jedoch, inwiefern eine Kritik der Kulturindustrie diesen Anspruch einlösen kann und wie weit sie selbst dabei über die Kritik der politischen Ökonomie hinausgehen muß.

Dem Augenschein der Unübersichtlichkeit der modernen Kultur wird entgegengehalten, daß das System der Kulturindustrie überhaupt erst einlöst, was die Rede von Kultur im Singular bereits vorweggenommen hat. War diese selbst „immer schon wider die Kultur", ist „die industrialisierte, die konsequente Subsumtion [...] diesem Begriff von Kultur ganz angemessen."[24] Schon die ersten Sätze des Kulturindustrie-Kapitels der 'Dialektik der Aufklärung' stehen quer zu fast allem, was seither über Kultur geschrieben worden ist: „Die soziologische Meinung, daß der Verlust des Halts in der objektiven Religion, die Auflösung der letzten vorkapitalistischen Residuen, die technische und soziale Differenzierung und das Spezialistentum in kulturelles Chaos übergangen sei, wird alltäglich Lügen gestraft. Kultur heute schlägt alles mit Ähnlichkeit. Film, Radio, Magazine machen ein System aus. Jede Sparte ist einstimmig in sich und alle zusammen. Die ästhetischen Manifestationen noch der politischen Gegensätze verkünden gleichermaßen das Lob des stählernen Rhythmus."[25]

Während Kultur heute vor allem als Patchwork verstanden wird, worin ganz verschiedene Kulturen koexistieren und kommunizieren, beschreiben Horkheimer und Adorno sie als System. Der Ausdruck erinnert nicht zufällig an das ökonomische. Gemeint ist damit aber nicht, daß die ökonomisch herrschende Klasse sich hinter der Fassade der Massenkultur als deren Strippenzieher betätigt. Claussen erinnert zu Recht daran, daß Kulturindustrie „nur als ein ironischer Begriff" richtig zu fassen ist, der „das falsche Selbstbewußtsein der Bosse und ihrer Belegschaften aufnimmt".[26] Zum Verhältnis von gesellschaftlich vermitteltem Zwang und der Willkür der in der Kulturindustrie Beschäftigten heißt es bei Horkheimer und Adorno: „Ist auch die Planung des Mechanismus durch die, welche die Daten beistellen, die Kulturindustrie, dieser selber durch die Schwerkraft der trotz aller Rationalisierung irrationalen Gesellschaft aufgezwungen, so wird doch die verhängnisvolle Tendenz bei ihrem Durchgang durch die Agenturen des Geschäfts in dessen eigene gewitzigte Absichtlichkeit verwandelt."[27] Entscheidend ist also, daß selbst die manipulativen Absichten, die sich im Produktionsprozeß der Kulturwaren realisieren lassen, gleichsam unabsichtlich sind. Für die Kritik der Kulturindustrie jedenfalls bleiben solche subjektiven Motivationen ohne Belang. Sie setzt vielmehr bei der Erkenntnis an, daß sich das ökonomische System in seinem Gegenteil, der Kultur, verwirklicht. Das bringt der Begriff polemisch zum Ausdruck.[28]

Damit verhält sich die Kritik der Kulturindustrie zum empirischen Kulturbetrieb ähnlich wie Marx' Kritik des Kapitals zur Oberfläche der kapitalistischen Ökonomie und zur bürgerlichen Gesellschaft insgesamt. Was dort beschrieben wird, ist das „begriffliche Gerippe"[29], das sich als Skelett der ehemals sogenannten Massenkultur abzuzeichnen beginnt. Jede unvermittelte Konfrontation des Begriffs Kulturindustrie mit dem empirischen Kulturbetrieb müßte darum ebenso fehlgehen wie eine Verifikation der Wertlehre an den vorhandenen Marktpreisen. Gemein ist der Kritik der politischen Ökonomie und der der Kulturindustrie der Anspruch, jeweils dasjenige benennen zu können, was das Ganze schlecht zusammenfügt, sich aber darin verkehrt darstellt. Bei Marx ist es der Wert einer Ware, der nur in seinem Gegenteil, im Gebrauchswert einer anderen Ware, erscheint (woran in der logischen Darstellung des Kapitals weitere Verkehrungen anschließen); bei Adorno der alles dem Tauschprinzip unterwerfende Ökonomismus der kapitalisierten Gesellschaft, der in der empirischen Vielfalt der Kultur erscheint. Durch die Differenzierungen und Innovationen ihrer Produkte hindurch realisiert sich das Immergleiche der kulturindustriellen Produktion.

## IV.

Die Anfänge der Kulturindustrie können, je nach Auslegung des Begriffs, zum Beispiel bis in die englische Literaturproduktion des 18. Jahrhunderts zurückverfolgt werden.[30] Zu ihren Vorläufern zählen sicherlich auch die Weltausstellungen, die seit der Mitte des 19. Jahrhunderts in den Metropolen der kapitalistischen Welt stattfanden.[31] Die Industrie verlieh ihren neuesten Errungenschaften hier jenen Ausstellungswert, den Walter Benjamin der Kunst bescheinigte, die sich im Zeitalter ihrer technischen Reproduzierbarkeit von ihrem kultischen Fundament gelöst habe: „Die Weltausstellungen verklären den Tauschwert der Waren. Sie schaffen einen Rahmen, in dem ihr Gebrauchswert zurücktritt. Sie eröffnen eine Phantasmagorie, in die der Mensch eintritt, um sich zerstreuen zu lassen. Die Vergnügungsindustrie erleichtert ihm das, indem sie ihn auf die Höhe der Ware hebt. Er überläßt sich ihren Manipulationen, indem er seine Entfremdung von sich und den andern genießt."[32]

Über solche Redensarten, die sich unter Medien- und Kulturtheoretikern bis heute einiger Beliebtheit erfreuen, weil sie scheinbar beliebig gedeutet werden können und zumindest nicht auf die Marxsche Einsicht in den Fetischcharakter der Ware verpflichten, wollte Adorno – im direkten Anschluß an Marx – hinaus. Obwohl er selbst im Briefwechsel mit Benjamin in den dreißiger Jahren diese Frage diskutiert hat, kann von einer gemeinsamen Fragestellung kaum die Rede sein. Benjamins Medientheorie, die weniger vom Fetisch als von einer eigentümlichen Ästhetik der Ware ausgeht[33], beurteilte Adorno äußerst skeptisch.[34] An den unterschiedlichen rezeptionstheoretischen Konzeptionen läßt sich das verdeutlichen.

Die Technifizierung der Sinne, von der Medientheoretiker im Anschluß an Marshall McLuhan enthusiastisch gesprochen haben, wird von Benjamin und Adorno gegensätzlich interpretiert. Jener sieht die maßgebliche Veränderung der Wahrnehmung in deren Fragmentierung; als eine der Erfahrung technischer Medien entsprechende Wahrnehmungsleistung nennt er die Routinisierung von Schocks.[35] Diesem oberflächlichen Eindruck widerspricht allerdings die Erfahrung, von der Adorno in einem als 'Kaufmannsladen' betitelten Aphorismus berichtet. Darin ist von einer Tagebuchnotiz von Hebbel die

Rede, in der dieser die Frage aufwirft, „was 'dem Leben den Zauber in späteren Jahren' nähme. 'Weil wir in all den bunten verzerrten Puppen die Walze sehen, die sie in Bewegung setzt, und weil eben darum die reizende Mannigfaltigkeit der Welt sich in eine hölzerne Einförmigkeit auflöst'".[36] Verantwortlich dafür sei die Äquivalentform der Ware: „Die Qualität der Dinge wird aus dem Wesen zur zufälligen Erscheinung ihres Wertes. Die 'Äquivalentform' verunstaltet alle Wahrnehmungen: das, worin nicht mehr das Licht der eigenen Bestimmung als 'Lust an der Sache' leuchtet, verblaßt dem Auge. Die Organe [...] ermüden an der falschen Vielfalt und tauchen alles in Grau, enttäuscht durch den trugvollen Anspruch der Qualitäten, überhaupt noch da zu sein, während sie nach den Zwecken der Aneignung sich richten, ja ihnen weithin ihre Existenz einzig verdanken. Die Entzauberung der Anschauungswelt ist die Reaktion des Sensoriums auf ihre objektive Bestimmung als 'Warenwelt'."[37]

Die Welt selbst scheint grau geworden. Die Warenform der Dinge bewirkt, daß sämtliche Eindrücke gleichsam in ein und dieselbe Farbe getaucht werden.[38] Diesen Sachverhalt hat Adorno bereits einige Jahre zuvor, anhand des veränderten Stellenwerts der Musik in der Kulturindustrie, theoretisch zu fassen versucht. In seinem Aufsatz 'Über den Fetischcharakter in der Musik und die Regression des Hörens'[39] (in dem er bemerkenswerterweise schon im Titel den Marxschen mit dem Freudschen Fetischbegriff zusammenwirft) konstatiert er eine Verschiebung vom Gebrauchswert hin zum Tauschwert der Kulturgüter, der nur mehr anstelle der besonderen Qualitäten eines Werks konsumiert würde. Dieses abstrakte Verhältnis der Menschen zur Kultur, die keinen Kontakt mehr mit der Sache hätten und statt dessen den Tauschwert für die Sache selbst nähmen, nennt Adorno fetischistisch und betont zugleich die umfassende Bedeutung dieses Sachverhalts: „Der Funktionswechsel der Musik rührt an die Grundbestände des Verhältnisses von Kunst und Gesellschaft."[40] Der Fetischcharakter der Kulturwaren soll bewirken, daß das Wahrnehmungs- und Urteilsvermögen des Konsumenten sich zurückentwickelt; anstelle der Erfahrung der Sache tritt ihr Tauschwert, der nur mehr für dessen Befriedigung zuständig ist.

Man stößt auf Ausdrücke wie den „akkumulierten Erfolg", das „Grundeigentum" des Komponisten, den „Tauschwert, in dem das

Quantum möglichen Vergnügens verschwunden ist", und sogar den „Fetischcharakter des Dirigenten"[41], die aber allesamt weniger erklären als dem Eingeweihten das Entsprechende suggerieren sollen. Zunächst heißt es: „Der Begriff des Fetischismus ist nicht psychologisch herzuleiten."[42] Wie er allerdings, in bezug auf Musik und Kultur insgesamt, statt dessen herzuleiten sei, bleibt im dunkeln. Wenn nicht der Warenfetisch selbst gemeint sein kann, wie er allen übrigen Waren ebenso wie den Musikstücken zukommt, sind weitere Bestimmungen nötig, die den hier gesuchten Fetischismus als besonderen ausweisen. Adorno beschreibt hier jedoch offensichtlich ein ganz anderes Phänomen, das er selbst nur unzulänglich auf den Fetischismus der Ware zurückführen kann: „Setzt die Ware allemal sich aus Tauschwert und Gebrauchswert zusammen, so wird der reine Gebrauchswert, dessen Illusion in der durchkapitalisierten Gesellschaft die Kulturgüter bewahren müssen, durch den reinen Tauschwert ersetzt, der gerade als Tauschwert die Funktion des Gebrauchswerts trügend übernimmt. In diesem quid pro quo konstituiert sich der spezifische Fetischcharakter der Musik: die Affekte, die auf den Tauschwert gehen, stiften den Schein des Unmittelbaren, und die Beziehungslosigkeit zum Objekt dementiert ihn zugleich. Sie gründet in der Abstraktheit des Tauschwerts. Von solcher gesellschaftlichen Substitution hängt alle spätere 'psychologische', alle Ersatzbefriedigung ab."[43]

Fraglich ist zumindest, was die hier behauptete Verschiebung vom Gebrauchswert zum Tauschwert mit dem Fetischcharakter der Ware zu tun haben soll und wie sich eine solche Verschiebung am durchaus noch vorhandenen Gebrauchswert der Ware bemerkbar macht. An einer bekannten Stelle im Kapitel über den Fetischcharakter der Ware, die auch Adorno zitiert, sagt Marx: „Das Geheimnisvolle der Warenform besteht also einfach darin, daß sie den Menschen die gesellschaftlichen Charaktere ihrer eignen Arbeit als gegenständliche Charaktere der Arbeitsprodukte selbst, als gesellschaftliche Natureigenschaften dieser Dinge zurückspiegelt, daher auch das Verhältnis der Produzenten zur Gesamtarbeit als ein außer ihnen existierendes gesellschaftliches Verhältnis von Gegenständen."[44] Dazu Adorno: „Dies Geheimnis ist das wahre des Erfolgs. Er ist die bloße Reflexion dessen, was man auf dem Markt für das Produkt zahlt: recht eigentlich betet der Konsument das Geld an, das er selber für die Karte zum Toscaninikonzert ausgegeben hat."[45] Das ist aber etwas anderes, als wovon bei Marx die Rede ist. Das Geheimnis der Warenform besteht nicht darin, daß etwa der Tauschwert den Gebrauchswert verdrängt, sondern daß die Ware ein gesellschaftliches Verhältnis in einer Sache verbirgt, soziale Form und ökonomischer Inhalt darin scheinbar zusammenfallen. Daß aber der Tauschwert sich selber Zweck wird und sich im Zuge dessen den Gebrauchswert als scheinbar zufälligen Anlaß unterordnet, was Adorno als eine Art Entwertungsprozeß der Kulturgüter beschreibt, ist kein Fetischismus – zumindest nicht im Marxschen Sinn –, sondern allgemeine Bedingung des Kapitals, dem es sehr wohl auf die wertbildende Qualität des Gebrauchswerts der Ware Arbeitskraft ankommt, nicht aber darauf, welche besonderen Gebrauchswerte etwa zur Befriedigung dieser und jener konsumtiven Bedürfnisse fabriziert werden.[46]

Aus der Marxschen Darstellung geht hervor, daß der Fetischcharakter der Ware eine Spezifizierung im Hinblick auf besondere Waren, wie die sogenannten Kulturgüter, gar nicht zuläßt. Auch nicht über den Umweg, den der Begriff Verdinglichung anzeigt (den Adorno übrigens selbst später im Verdacht hatte, das Problem eher zu vernebeln, als ihm auf den Grund zu kommen[47]). Nicht daß sich die Warenform als buchstäblich Ding gewordenes Produktionsverhältnis nicht mit einem solchen Begriff treffend beschreiben ließe; schon bei Marx findet sich vielfach die Rede von der geronnenen oder toten Arbeit, welche die Ware im Unterschied zur lebendigen darstellt. Jedoch deuten die geläufigen Klagen über Verdinglichung auf einen ganz anderen Sachverhalt: nicht die Wertform der Arbeitsprodukte ist damit gemeint, sondern eine zunehmende Entfremdung der Menschen von der sie umgebenden rationalisierten Welt. Ein solches Verständnis von Verdinglichung, wie es Georg Lukács vorgegeben hat, ist spurenweise auch beim frühen Adorno noch zu erkennen, wenn es zum Beispiel heißt, daß „die sensuellen Reizmomente des Einfalls, der Stimme, des Instruments fetischisiert und aus allen Funktionen herausgebrochen"[48] werden. Bei Lukács lautet der Gedanke ganz ähnlich: „Die rationell-kalkulatorische Zerlegung des Arbeitsprozesses vernichtet die organische Notwendigkeit der aufeinander bezogenen und im Produkt zur Einheit verbundenen Teiloperationen."[49]

Mit dem Fetischcharakter der Ware hat indes weder die Rationalisierung des Arbeitsprozesses (hier die Zerlegung des künstlerischen Formganzen in einzelne beziehungslose Momente) noch die daran angelehnte Verdinglichung des Kunstgenusses unmittelbar etwas zu schaffen. Gleich wie zutreffend solche Assoziationen im einzelnen sein mögen, erfüllen sie stets auch die Funktion, den fehlenden theoretischen Bezug zu überspielen. Was immer mit der Kultur und ihren eigenartigen Produkten unter kapitalistischen Produktionsverhältnissen geschieht, hat sicherlich etwas mit der Warenform (und daraus zu entwickelnden Bestimmungen), aber nicht prompt mit dem von Marx so genannten Fetischcharakter der Ware zu tun. Dessen Geheimnis wird auf einer anderen kategorialen Ebene gelüftet, wo zwischen einem Schlager von Gershwin und einem Klavierstück von Beethoven kein Unterschied gemacht wird. Adorno selbst hat die Frage offengelassen, worin denn der eigentümliche Fetischismus der Kulturwaren besteht, vor deren „theologischen Mucken [...] die Konsumenten zu Hierodulen"[50] werden.

## V.

Im Kulturindustrie-Kapitel der 'Dialektik der Aufklärung' ebenso wie in späteren Texten, in denen sich Adorno zur Kulturindustrie äußert, ist vom Fetischismus der Ware explizit kaum mehr die Rede. Was aber nicht heißt, daß der Fetischcharakter der Ware, den Adorno in der Musik mühsam zu fassen versuchte, in seinen Überlegungen zur Kulturindustrie fortan keine Rolle mehr spielte. Gerade dort, wo er auf solche Herleitungen verzichtet und intuitiv ins Dunkle schießt, wie man dieses Verfahren mit einem Ausdruck Raymond Chandlers bezeichnen könnte, trifft er die Sache vielleicht am genauesten. Das erkennt man, wenn man, um im Bild zu bleiben, das Licht wieder anknipst und die sogenannten kulturkritischen Essays Adornos als Modelle einer Kritik des falschen Zustands liest, dessen buchstäbliche Verrücktheit Marx mit dem Begriff Fetischismus belegt hat. Wer die Kulturindustriekritik nicht als Kulturkritik mißversteht, sondern als Kritik der kapitalistischen Warenproduktion beim Wort nimmt, deren epochale Erscheinungsform die Kulturindustrie ist, kann sie probehalber in die Kritik der politischen Ökonomie zurückübersetzen und so das Neue in den alten Begriffen aufs neue zu fassen versuchen. Im übrigen demonstrieren gerade die vermeintlich esoterischen Formulierungen Adornos, daß man eine Sache auch dann sehr genau in Gedanken fassen kann, wenn man sich über das theoretische Fundament seiner Gedanken noch nicht völlig im klaren ist. Dafür dürfte in diesem Fall der Gegenstand des Nachdenkens, die Kulturindustrie, selber mitverantwortlich sein: „In einer gedankenlosen Wirklichkeit ist das Denken wesentlich Hirngespinst. Daher die Esoterik und tendenzielle Nicht-Verstehbarkeit authentischer Theorie, der gelegentlich selbst deren Verfasser zum Opfer fällt."[51]

Adorno stellt ausdrücklich fest, daß die Kritik der Kulturindustrie, die theoriegeschichtlich mit Friedrich Pollocks 'Staatskapitalismus' und Max Horkheimers 'Autoritärem Staat' zusammenhängt[52], nicht in erster Linie auf die unvermittelte Herrschaft von Rackets, die aus einem Absterben der Zirkulationssphäre resultieren soll, sondern auf die kapitalistische Warenproduktion zielt: „die modernen Kulturkonzerne sind der ökonomische Ort, an dem mit den entsprechenden Unternehmertypen einstweilen noch ein Stück der sonst im Abbau begriffenen Zirkulationssphäre überlebt."[53] So wie den Käufern und Verkäufern der Waren die Sphäre der Zirkulation als Reich der Freiheit und Gleichheit erscheint, so erscheint auch die nach den Gesetzen des Kapitals gemodelte Kultur dem darin tätigen Produzenten oder Konsumenten als „Domäne seines Willens"[54]. Das Subjekt, als welches er sich in dieser Domäne betätigt, hat mit der idealistischen Bastion der Freiheit jedoch nur formelle Ähnlichkeit. Die Verkehrung von Subjekt und Objekt, eines der Geheimnisse des Fetischcharakters der Ware, wird in der Kulturindustrie sogar ungeniert ausposaunt, ohne daß sich darum an der Rollenverteilung etwas änderte: „Die Leistung, die der kantische Schematismus noch von den Subjekten erwartet hatte, nämlich die sinnliche Mannigfaltigkeit vorweg auf die fundamentalen Begriffe zu beziehen, wird dem Subjekt von der Industrie abgenommen. Sie betreibt den Schematismus als ersten Dienst am Kunden. In der Seele sollte ein geheimer Mechanismus wirken, der die unmittelbaren Daten bereits so präpariert, daß sie ins System der Reinen Vernunft hineinpassen. Das Geheimnis ist heute enträtselt. [...] Für den Konsumenten gibt es nichts mehr zu klassifizieren, was nicht selbst im Schematismus der Produktion vorweggenommen wäre. Die traumlose Kunst fürs Volk erfüllt jenen träumerischen Idealismus, der dem kritischen zu weit ging."[55]

Was positiv gilt in der Kunst, daß ein einmal erreichter Stand der ästhetischen Produktionsmethoden nicht willkürlich hinterschritten werden darf, gilt negativ für den Schematismus der Kulturwaren, der ein bestimmtes Verfahren gegen andere Möglichkeiten künstlerischer Produktion abdichtet, auch dort, wo er diese womöglich als ästhetische Innovationen in sich aufnimmt und dem vorhandenen Schema einfügt: „Die Kulturindustrie legt, wie ihr Widerpart, die avancierte Kunst, durch die Verbote positiv ihre eigene Sprache fest, mit Syntax und Vokabular."[56] Allerdings folgen ihre Verbote nicht aus der Logik der Werke selbst, die anzeigt, was fortan hinter den ästhetischen Produktivkräften zurückbleibt, sondern heteronomen Bestimmungen, die dem Werk seinen Ausdruck vorschreiben (wenngleich die zur Norm erhobene Ausdrucksform selbst nicht aus der Warenform deduziert werden kann[57]). Was in der Kunst Stil genannt wurde, parodiert die Kulturindustrie als schematisches Korsett: „Die stereotype Übersetzung von allem, selbst dem noch gar nicht Gedachten, ins Schema der mechanischen Reproduzierbarkeit übertrifft die Strenge und Geltung jedes wirklichen Stils, mit dessen Begriff die Bildungsfreunde die vorkapitalistische Vergangenheit als organische verklären."[58] Kulturindustrie ist „der unbeugsamste Stil von allen".[59] Zur Starrheit solchen Stils gesellt sich der „permanente Zwang zu neuen Effekten, die doch ans alte Schema gebunden bleiben"; jener „vermehrt bloß, als zusätzliche Regel, die Gewalt des Hergebrachten, der jeder einzelne Effekt entschlüpfen möchte."[60]

Die Ideologie der Kulturindustrie ist nicht als schöner Schein zu begreifen, der zum schlechten Sosein hinzuträte, sondern als dessen hämische Verdoppelung: „Die Ideologie wird gespalten in die Photographie des sturen Daseins und die nackte Lüge von seinem Sinn, die nicht ausgesprochen, sondern suggeriert und eingehämmert wird. Zur Demonstration seiner Göttlichkeit wird das Wirkliche immer bloß zynisch wiederholt."[61] Die Realität, heißt es später bei Adorno, sei „mangels jeder anderen überzeugenden Ideologie zu der ihrer selbst" geworden: „keine Hülle mehr, sondern nur noch das drohende Antlitz der Welt."[62] Eine solche Bestimmung von Ideologie widersetzt sich der Zuordnung zu einem luftigen Überbau, wo entweder die Menschen sich je nach Klassenlage alles mögliche einbilden oder ihre Gedanken bloß Spiegelbilder der materiellen Basis sein sollen. Schon bei Marx lassen sich mindestens drei Ideologiebegriffe unterscheiden, deren reflektiertester in der Analyse der ökonomischen Fetischformen zu finden ist. Marx nennt diese Fetischformen „eine Fiktionsweise ohne Phantasie, eine Religion des Vulgären."[63] Wie auch sonst das gesellschaftliche Sein im Bewußtsein der Menschen wenn überhaupt nur als Negativ gespiegelt wird, ist die „Photographie des sturen Daseins" nicht wörtlich zu nehmen. Das Dasein, das die Kulturindustrie abbildet, schließt, neben deren eigenen medienspezifischen Vermittlungen, jene gesellschaftlichen Vermittlungen als „Naturtatsachen" je schon mit ein; der von Marx analysierte Fetischismus der Warenwelt wird dadurch gleichsam noch einmal bestätigt.

Diese Bestimmung von Ideologie unterscheidet sich erst recht von oberflächlichen Redeweisen, wonach die Kulturindustrie „bürgerliche Ideologie", womöglich auf Anweisung ihrer Interessenten, verbreite. Daß täglich die abstrusesten Ideologien fabriziert werden, ist im übrigen kein Geheimnis, das aufzudecken einer aufwendigen Theorie bedürfte. Interessant ist vielmehr, daß die Kulturindustrie, selbst wenn sie die „Wahrheit" sagen wollte, immer schon „lügen" müßte. Nicht was gesagt wird, ist entscheidend, sondern die Beschaffenheit des Aussagesystems, das die Kulturindustrie installiert. Mit Roland Barthes könnte man von der „Umwandlung eines Sinnes in Form"[64] sprechen. „Die Signifikation, als einzige Leistung des Worts von Semantik zugelassen, vollendet sich im Signal."[65] Diese Signale, mit denen die Kulturindustrie operiert, erkennt Adorno als „Warenzeichen"[66], in denen die Funktionen der Sprache auf die eines Befehls reduziert werden, um – nach dem Modell des Warentauschs – eine möglichst reibungslose, scheinbar rationale Interaktion zu gewährleisten: „Je vollkommener nämlich die Sprache in der Mitteilung aufgeht, je mehr die Worte aus substantiellen Bedeutungsträgern zu qualitätslosen Zeichen werden, je reiner und durchsichtiger sie das Gemeinte vermitteln, desto undurchdringlicher werden sie zugleich. Die Entmythologisierung schlägt, als Element des gesamten Aufklärungsprozesses, in Magie zurück."[67]

Die entmythologisierte Sprache funktioniert wie ein Steuerungsmedium, das nichts mit Verständigung oder der Aushandlung von Sinn und Bedeutung zu tun hat, sondern nur mehr abstrakte Kopplungsprozesse vollzieht. Als völlig bedeutungslose können die Meinungen endlich frei zirkulieren.

„Das Unwesen der Kulturindustrie" liegt nicht nur darin, „daß in ihr, wie früher so kraß nur in der Wirtschaft, sich Tendenzen über den Köpfen der Menschen hinweg durchsetzen"[68], sondern daß die ökonomischen Tendenzen der Gesellschaft sich durchsetzen, indem sie durch die Köpfe der Menschen hindurchgehen. Und zwar auch durch die Köpfe jener Eigenbrötler hindurch, die sich dem Schematismus der Kulturindustrie einstweilen entziehen und Produkte auf eigene Faust herstellen, die sie jener entgegensetzen. Die Geschichte der künstlerischen Avantgarde sowohl wie der sogenannten Populärkultur zeigt, daß auch ihre Gegner der Kulturindustrie wertvolle Dienste leisten und ihr zuzeiten die raffiniertesten Ideen, die diese zur Erschließung neuer Absatzmärkte benötigt, zu Spottpreisen liefern. Auf ihr fremde Phänomene reagiert die Kulturindustrie mit einem Zuwachs an Komplexität, die sie dann sogleich wieder reduziert und ihrem bewährten Schema einpaßt; die Umwelt wäre hier nichts anderes als die Atmosphäre, deren frische Luft das System zum Atmen braucht. Die Kulturindustrie duldet keine Kultur außer ihrer eigenen. Wenn überhaupt, so enthält sie selbst „das Gegengift ihrer eigenen Lüge. Auf nichts anderes wäre zu ihrer Rettung zu verweisen."[69]

## VI.

Rettung ist allerdings nicht in Sicht. Wie das Kapitalverhältnis selbst, so erscheint die Kulturindustrie – in verwandelter Gestalt: als Allgegenwart der Massenmedien oder als weites Feld der Populärkultur – ihren Zeitgenossen unausweichlich. Adorno sollte leider recht behalten, als er sagte: „Man erwartet von mir etwas wie eine Prognose. Sie ist düster."[70] Seine Kritik der Kulturindustrie wurde unterdessen mehr oder weniger verständnisvoll kanonisiert und zu den erledigten Akten der Geistesgeschichte gelegt. Die an ihrer Stelle etablierten

Theorien sind sich zumindest darin einig, daß das, was sie als Kultur beschreiben, ein ungeheuer komplexes und differenziertes Phänomen sei und jedenfalls keine „Explosion von Barbarei"[71]. An die Vermutung, die Kulturindustrie möchte „am liebsten die Erwachsenen zu Elfjährigen machen"[72], ließe sich heute der Verdacht anschließen, daß ihr das bis hinauf zu den immer zahlreicher werdenden Wissenschaftlern, die sich mit nichts anderem mehr als Kultur befassen, gründlich gelungen ist. Die Progressiven, die einst der Avantgarde gefolgt waren, sind dazu übergegangen, Trost und Hoffnung in die Niederungen der industriellen Kulturwarenproduktion zu setzen und zu diesem Zweck immer latentere Potentiale aufzudecken, die in den diversen kulturellen Praktiken zutage treten sollen. Die anfängliche Zuversicht, mit der Aufwertung der „popular culture" vielleicht etwas von jenem Versprechen einholen zu können, das man vordem der Arbeiterklasse in den Mund gelegt hatte, ist jedoch bald der Routine von Kulturarbeitern gewichen, die mit unerschöpflichem Einfallsreichtum den Finessen einer Massenkultur nachforschen, von der Adorno sehr genau wußte, daß niemand weniger als die in Massen zusammengefaßten einzelnen darin je zu ihrem Recht kommen. Subversive Gesten werden plötzlich überall dort ausgemacht, wo jener das Verhalten des rebellischen Konformisten erkannte, der der erweiterten Reproduktion der Kulturindustrie zuarbeitet. Schlagworte wie Dissidenz und Differenz erweisen sich als kraftlos in der Auseinandersetzung mit einem System, das solche Qualitäten als innovative Produktivkräfte zu integrieren gewohnt ist. Auch Adorno wußte natürlich, daß die von der Kulturindustrie behauptete Identität mit ihren Konsumenten „nicht so über jedem Zweifel ist, wie der Kritische denkt, solange er auf der Produktionsseite verbleibt und nicht die Rezeption empirisch überprüft."[73] Nur hat ihn diese im übrigen recht banale Einsicht nicht dazu verführt, den Rezipienten aufs Geratewohl zu einem widerständigen Subjekt zu adeln, dem es idealerweise gelingen soll, Botschaften nach Belieben zu deuten und in welcherart Praxis auch immer umzusetzen. Die Herkunft der Kulturindustrie „aus der auf die Antike zurückdatierenden Tradition niederer Kunst" ist Adorno nicht verborgen geblieben, ebensowenig die damit seit jeher bezweckte „Unterhaltung, die es nicht aufs Formgesetz abgesehen hat sondern auf Wirkung und Einverständnis."[74] Darüberhinaus erkannte er aber auch das „eigentümlich Neue der Kulturindustrie", das darin besteht, „daß sie diese früher verstreuten Momente zusammengefaßt, systematisiert, zur Ausschließlichkeit erhoben hat. Die herkömmliche Rücksicht auf Wünsche und Gewohnheiten des Publikums hat sie in dirigistische Planung, Rationalisierung, fast in wissenschaftlichen Kalkül umgewandelt."[75] Daran hat sich unter dem Namen Popkultur nichts Wesentliches geändert. Im Gegenteil bringt die Kulturindustrie sogar die den avanciertesten Produkten selbst innewohnenden Ansprüche zum Schweigen und verurteilt auch das Radikale zur Harmlosigkeit: „die absolute Farbkomposition grenzt ans Tapetenmuster."[76]

Horkheimer schlug vor, den „Begriff der Abhängigkeit des Kulturellen vom Ökonomischen [...] gleichsam vulgärmaterialistischer zu verstehen als früher."[77] Vulgärmaterialistischer vor allem insofern, als die einst sogenannten Kulturgüter, seit sie dem Kapital auch reell subsumiert sind, ihren ideellen Schein bereitwillig in den Schatten stellen und sich dem Kunden geradeheraus als Waren andienen. Der umwerfende Erfolg dieser Reklame, die auch vor Kritikern der Gesellschaft nicht haltmacht, wäre also nicht mit etwaigen utopischen Überschüssen zu erklären, welche die angebliche Kultur als Wechsel auf eine glücklichere Zukunft ausstellte oder wenigstens als Trostpflaster für die unglückliche Gegenwart bereithielte, sondern vielmehr mit dem verführerischen Reiz, den das in den Kulturwaren „drohende Antlitz der Welt"[78] selbst ausübt. Die Verwandtschaft von Kulturindustrie und totalitärer Herrschaft, die Adorno gelegentlich hervorhob, war keine wüste Polemik, sondern eine jener Übertreibungen, in deren Medium allein die Wahrheit über die Kulturindustrie negativ ausgesprochen werden kann. Auf deren zivilisatorische Effekte sollte man sich lieber nicht verlassen. Virtuell hat sie die Menschen längst in den Zustand versetzt, der sie auch ihre eigene Vernichtung als ästhetischen Genuß ersten Ranges erleben ließe.[79]

*Anmerkungen*

[1] Horkheimer/Adorno, Dialektik der Aufklärung, HGS 5, 22.
[2] Ebd.
[3] Balzac, Verlorene Illusionen, 228.
[4] Horkheimer/Adorno, Dialektik der Aufklärung, HGS 5, 22.
[5] Adorno, Über den Fetischcharakter in der Musik und die Regression des Hörens, AGS 14, 21.
[6] Marx, [Rede auf der Jahresfeier des 'People's Paper' am 14. April 1856 in London], MEW 12, 4.
[7] Ebd., 3f. – Ähnlich heißt es im ›Manifest‹: „In der bürgerlichen Gesellschaft ist das Kapital selbständig und persönlich, während das tätige Individuum unselbständig und unpersönlich ist" (MEW 4, 476).
[8] Marx, Grundrisse der Kritik der politischen Ökonomie, MEW 42, 81.
[9] Ebd., 90 f.
[10] Ebd., 382.
[11] Adorno, Ist die Kunst heiter?, AGS 11, 599 f.
[12] Marx, Theorien über den Mehrwert, MEW 26.1, 257. 'La Henriade' ist der Titel eines 1728 erschienenen Epos Voltaires über Heinrich IV. (König von Frankreich 1589-1610).
[13] Adorno, Ästhetische Theorie, AGS 7, 338.
[14] Marx, Brief an Engels, 8.1.1868, MEW 32, 9.
[15] Adorno, Balzac-Lektüre, AGS 11, 146.
[16] Marx, Grundrisse, MEW 42, 44 f.
[17] Claussen, Adorno, 203, 164.
[18] Adorno, Minima Moralia, AGS 4, 64 (Aph. 35).
[19] Vgl. Adorno, Jene zwanziger Jahre, AGS 10, 499 ff.
[20] Jameson, Spätmarxismus, 177.
[21] Das könnte z.B. bedeuten, daß der Kritiker der Kulturindustrie sein eigenes Verhalten als Fan ihrer Produkte analysiert. Das libidinöse Verhältnis, das er zu den Produkten unterhält, gleich ob es sich in der Liebe zum Guten oder in der Abneigung gegen Schlechtes äußert, müßte einer rationalen Selbstbeobachtung zugänglich gemacht werden.
[22] Kellner, Kulturindustrie und Massenkommunikation, 485.
[23] Habermas, Zwischen Philosophie und Wissenschaft, 235.
[24] Horkheimer/Adorno, Dialektik der Aufklärung, HGS 5, 156.
[25] Ebd., S. 144.
[26] Claussen, Adorno, 203.
[27] Horkheimer/Adorno, Dialektik der Aufklärung, HGS 5, 149.
[28] Der Begriff Kulturindustrie dürfte vor allem auf Initiative Adornos zurückgehen, ebenso wie das gleichnamige Kapitel der 'Dialektik der Aufklärung' (vgl. dazu die Bemerkungen des Herausgebers in HGS 5, 429). Seinen Aufsatz zum Verhältnis von Kunst und Kulturindustrie aus dem Jahr 1941 hat Hork-

heimer noch mit 'Neue Kunst und Massenkultur' überschrieben (vgl. HGS 4, 419 ff.). Auch in dem als Fortsetzung des Kulturindustrie-Kapitels gedachten Anhang 'Das Schema der Massenkultur', 1942 von Adorno verfaßt (vgl. AGS 3, 299 ff.), ist durchweg von Massenkultur die Rede. Noch in der ersten Fassung der 'Dialektik der Aufklärung' von 1944 findet sich sporadisch der Ausdruck Massenkultur, den die Autoren erst 1947 ersetzen.

[29] Horkheimer/Adorno, Dialektik der Aufklärung, HGS 5, 145.

[30] „1722 gab es in London fünftausend Menschen, die vom Schreiben, Drucken, Verlegen und Verkauf von Druckerzeugnissen lebten; die Zahl derjenigen, die in der Mitte des Jahrhunderts ihren Lebensunterhalt auf dem literarischen Markt verdienten, müßte wahrscheinlich nach Zehntausenden gezählt werden" (Löwenthal, Literatur und Massenkultur, 114). Wer noch weiter zurückgreifen möchte, kann sogar schon in der „spätrömischen Kunstindustrie", die Alois Riegl zu Beginn des 20. Jahrhunderts zum Anlaß einer kunsthistorischen Untersuchung nahm, einen frühen Vorboten der Kulturindustrie sehen.

[31] Die ersten Ausstellungen fanden in London (1851) und Paris (1855) statt, die dritte (1862) wieder in London. Dem Briefwechsel zwischen Marx und Engels läßt sich entnehmen, daß jener diesem im Juli 1862 leidvoll berichtete, wie Ferdinand Lassalle anläßlich der Weltausstellung für einige Wochen im Hause Marx in London sein Quartier bezog (vgl. die sporadischen Bemerkungen in MEW 30, 252-267). Die Tradition der Weltausstellungen wird heute unter dem Namen „Expo" fortgesetzt.

[32] Benjamin, Das Passagen-Werk, BGS V, 50 f.

[33] Vgl. dazu die einleitenden Bemerkungen des Herausgebers in BGS V, 28 f.

[34] Vgl. Adorno/Benjamin, Briefwechsel, 168ff., und HGS 15, 498 ff.

[35] Vgl. Benjamin, Das Kunstwerk im Zeitalter seiner technischen Reproduzierbarkeit, BGS I, darin insbes. 503ff.; dazu die Kritik von Tiedemann, Studien zur Philosophie Walter Benjamins, 111 ff.

[36] Adorno, Minima Moralia, AGS 4, 259 (Aph. 146).

[37] Ebd., 259 f.

[38] „Grau in grau ist die einzige, die berechtigte Farbe der Freiheit. Jeder Tautropfen, in den die Sonne scheint, glitzert in unerschöpflichem Farbenspiel, aber die geistige Sonne, in wie vielen Individuen, an welchen Gegenständen sie auch sich breche, soll nur eine, nur die offizielle Farbe erzeugen dürfen!" (Marx, Bemerkungen über die neueste preußische Zensurinstruktion, MEW 1, 6)

[39] Zuerst 1938 in der Zeitschrift für Sozialforschung erschienen, jetzt in: AGS 14, 14 ff. In einer später verfaßten Vorrede heißt es: „Zugleich wollte der 'Fetischcharakter' seinerzeit auf Benjamins Arbeit 'Das Kunstwerk im Zeitalter seiner technischen Reproduzierbarkeit' antworten..." (ebd., 10).

[40] Ebd., 25.

[41] Ebd., 21, 22, 24, 32.

[42] Ebd., 24.

[43] Ebd., 25.

[44] Marx, Das Kapital I, MEW 23, 86.
[45] Adorno, Über den Fetischcharakter..., AGS 14, 24 f.
[46] „Der Tauschwert konnte sich nur als Agent des Gebrauchswerts bilden", heißt es dazu bei Guy Debord, „aber sein durch seine eigenen Waffen errungener Sieg hat die Bedingungen seiner autonomen Herrschaft geschaffen. Durch die Mobilisierung jedes menschlichen Gebrauchs und die Ergreifung des Monopols von dessen Befriedigung ist der Tauschwert endlich dazu gekommen, *den Gebrauchswert zu steuern*. Der Tauschprozeß hat sich mit jedem möglichen Gebrauch identifiziert und diesen unter seine Botmäßigkeit gebracht. Der Tauschwert ist der Kondottiere des Gebrauchswerts, der schließlich den Krieg auf eigene Rechnung führt." (Die Gesellschaft des Spektakels, 37 f.)
[47] In der 'Negativen Dialektik' schreibt er: „Verdinglichung selbst ist die Reflexionsform der falschen Objektivität; die Theorie um sie, eine Gestalt des Bewußtseins, zu zentrieren, macht dem herrschenden Bewußtsein und dem kollektiven Unbewußten die kritische Theorie idealistisch akzeptabel. Dem verdanken die frühen Schriften von Marx, im Gegensatz zum 'Kapital', ihre gegenwärtige Beliebtheit, zumal unter Theologen. [...] Dialektik ist so wenig auf Verdinglichung zu bringen wie auf irgendeine andere isolierte Kategorie, wäre sie noch so polemisch" (AGS 6, 191).
[48] Adorno, Über den Fetischcharakter..., AGS 14, 23.
[49] Lukács, Geschichte und Klassenbewußtsein, 178.
[50] Adorno, Über den Fetischcharakter..., AGS 14, 26.
[51] Pohrt, Manson Family und Revolution, 35 f.
[52] Pollocks 'State Capitalism' (1941) erschien auf deutsch zuerst in: Stadien des Kapitalismus, hg. v. Helmut Dubiel, München 1975; nachgedruckt in: Horkheimer, Pollock u.a., Wirtschaft, Staat und Recht im Nationalsozialismus, Horkheimers 'Autoritärer Staat' (1940) in HGS 5.
[53] Horkheimer/Adorno, Dialektik der Aufklärung, HGS 5, 156.
[54] Marx, Grundrisse, MEW 42, 405.
[55] Horkheimer/Adorno, Dialektik der Aufklärung, HGS 5, 149.
[56] Ebd., 152. Dazu auch Adorno, Ästhetische Theorie, AGS 7, 456: „Kunst hat keine allgemeinen Gesetze, wohl aber gelten in jeder ihrer Phasen objektiv verbindliche Verbote. Sie strahlen aus von kanonischen Werken. Ihre Existenz gebietet sogleich, was von nun an nicht mehr möglich sei."
[57] Vgl. dazu ausführlicher Hesse, Filmform und Fetisch, 194 ff.
[58] Horkheimer/Adorno, Dialektik der Aufklärung, HGS 5, 152.
[59] Ebd., 156.
[60] Ebd., 152.
[61] Ebd., 174.
[62] Adorno, Beitrag zur Ideologienlehre, AGS 8, 477; vgl. auch Negative Dialektik, AGS 6, 271.
[63] Marx, Theorien über den Mehrwert, MEW 26.3, 445. Während diese Dimension von Ideologie erst späteren Lesarten vorbehalten blieb, hielt sich der

traditionelle Marxismus, sofern überhaupt an Marx und nicht nur an Lenins pragmatische Übersetzung von Ideologie mit Klassenbewußtsein, an früher entwickelte Bestimmungen des Begriffs: Ideologie entweder als Kennzeichnung des Überbaus im allgemeinen (vgl. Zur Kritik der politischen Ökonomie, MEW 13, 8) oder als himmelwärts gewandte, von den lebenspraktischen Verhältnissen der Menschen abstrahierte Ideenwelt (vgl. Marx/Engels, Die deutsche Ideologie, MEW 3, darin v.a. 13-77).

[64] Barthes, Mythen des Alltags, 115.
[65] Horkheimer/Adorno, Dialektik der Aufklärung, HGS 5, 194.
[66] Ebd., 193.
[67] Ebd., 192.
[68] Adorno, Unrat und Engel, AGS 11, 659.
[69] Adorno, Filmtransparente, AGS 10, 356.
[70] Adorno, [Für Wiener Radio, 21.2.1969], 290.
[71] Adorno, Theorie der Halbbildung, AGS 8, 113.
[72] Adorno, Résumé über Kulturindustrie, AGS 10, 344.
[73] Adorno, Filmtransparente, AGS 10, 360. Auch am Schluß seines Essays über Freizeit räumt er ein: „Die realen Interessen der Einzelnen sind immer noch stark genug, um, in Grenzen, der totalen Erfassung zu widerstehen. Das würde zusammenstimmen mit der gesellschaftlichen Prognose, daß eine Gesellschaft, deren tragende Widersprüche ungemindert fortbestehen, auch im Bewußtsein nicht total integriert werden kann. Es geht nicht glatt, gerade in der Freizeit nicht, die die Menschen zwar erfaßt, aber ihrem eigenen Begriff nach sie doch nicht gänzlich erfassen kann, ohne daß es den Menschen zuviel würde" (Adorno, Freizeit, AGS 10, 655).
[74] Adorno, [Für Wiener Radio, 21.2.1969], 288.
[75] Ebd., 288 f.
[76] Adorno, Ästhetische Theorie, AGS 7, 51. Ähnlich äußerte sich Horkheimer: „Die späte Phase der Gesellschaft, darin der untergehenden Antike ähnlich, ist in allem Kulturellen zugleich raffiniert und anspruchslos, bescheiden und unersättlich. Noch die Kritik, die negative Kunst, den Widerstand, vermag sie als ihr Ornament sich anzueignen. Je weniger Aussicht die historische Situation gewährt, daß aus den großen Werken ein Funke ins menschliche Handeln überspringt, desto unbehinderter können sie erscheinen; je mehr der Fleiß der Gelehrten an ihnen sich zu machen macht, desto weniger üben sie eine adäquate Wirkung aus" (Die Aktualität Schopenhauers, HGS 7, 123).
[77] Horkheimer, Traditionelle und kritische Theorie, HGS 4, 211.
[78] Adorno, Beitrag zur Ideologienlehre, AGS 8, 477.
[79] Vgl. Benjamin, Das Kunstwerk, BGS I, 508.

# Paul Mentz
# Das Gerücht über die Juden
*Die Antisemitismuskritik bei Horkheimer und Adorno und ihre Aktualität*

„(Der Antisemitismus) ist keine Doktrin, die kritisiert werden kann, sondern eine Haltung, deren sozialen Wurzeln so geartet sind, daß sie keine Begründung erfordert. Man kann ihm keine Argumente entgegensetzten, denn er ist mit einer Reaktionsart verbunden, der die Beweisführung als Denkart fremd und verhaßt ist. Er ist ein Mangel an Kultur und Menschlichkeit, etwas, was im Gegensatz zu Theorie und Wissenschaft steht. Davon hat sich jeder überzeugt, der Gelegenheit hatte, mit einem Antisemiten eine jener hoffnungslosen Diskussionen zu führen, die immer dem Versuch ähneln, einem Tier das Sprechen beizubringen."[1] *Leszek Kolakowski*

Die Auseinandersetzung mit der Ideologie des Antisemitismus nimmt in den späteren Schriften von Horkheimer und Adorno eine zentrale Stellung ein. Der Antisemitismus ist für sie mehr als nur ein Vorurteil gegen eine beliebig zu wählende Minderheit, denn „am besonderen Los der Juden offenbart sich das allgemeine."[2] Die Antisemitismuskritik der Kritischen Theorie geht davon aus, daß die Irrationalität des Antisemitismus gesellschaftliche Ursachen hat. Um die Wirkungsmächtigkeit des Antisemitismus als Resultat einer gescheiterten Aufklärung bzw. der Dialektik von Aufklärung und Gegenaufklärung zu bestimmen, gilt es, sowohl die historische Genese des Antisemitismus als auch dessen Grundlagen in der Ökonomie und in der Psyche der Subjekte zu untersuchen. Die Kritische Theorie bietet dabei weniger eine systematische Erklärung als vielmehr eine fragmentarische Kritik des Antisemitismus; wobei sich ohnehin die Frage stellt, ob man eine derart irrationale Ideologie überhaupt systematisch vollständig erfassen und erklären kann.

Verschiedene Aspekte der Kritischen Theorie des Antisemitismus werden im folgenden dargestellt. Für das Verständnis dieser Antisemitismuskritik ist die gesamte Theorieentwicklung von Horkheimers frühen kapitalismuskritischen Schriften bis zu Adornos Schriften nach Auschwitz von Bedeutung; wobei die in der 'Dialektik der Aufklärung' entwickelte Antisemitismuskritik auch für die Kritik des „sekundären Antisemitismus" nach Auschwitz besonders relevant ist, denn gerade weil Auschwitz der kapitalistischen Gesellschaft nichts rein Äußeres war, ist die Frage nach den Auswirkungen der kapitalistischen Verhältnisse auf die Psyche der einzelnen Subjekte bis heute die wichtigste, die sich der Antisemitismuskritik stellt.

### *I. Max Horkheimers frühe Kapitalismus- und Antisemitismuskritik*

„Wer den Antisemitismus erklären will, muß den Nationalsozialismus meinen. Ohne Begriff von dem, was in Deutschland geschehen ist, bleibt das Reden über den Antisemitismus in Siam oder in Afrika bedeutungslos. Der neue Antisemitismus ist der Sendebote der totalitären Ordnung, zu der die liberalistische sich entwickelt hat. Es bedarf des Rückgangs auf die Tendenzen des Kapitals."[3]

Auch wenn Horkheimers Aufsatz 'Die Juden und Europa' in erster Linie eine Kritik der kapitalistischen Produktionsverhältnisse formuliert, so ist er doch für die Kritische Theorie des Antisemitismus von Interesse, denn in diesem frühen Aufsatz finden sich schon einige Ansätze, die für die spätere Auseinandersetzung von Bedeutung sind.

Eine wichtige Erkenntnis für die Kritik des Antisemitismus ergibt sich daraus, daß Horkheimer bei dem Versuch, den Antisemitismus aus der kapitalistischen Vergesellschaftung heraus zu erklären, zu dem Ergebnis kommt, daß der Antisemitismus dieser Gesellschaft immanent ist und kein ihr rein äußerlicher Rückfall in die Barbarei. Dies findet seinen Ausdruck in dem Diktum: „Wer vom Kapitalismus nicht reden will, sollte vom Faschismus schweigen."[4] Diese Aussage wird gelegentlich dahingehend interpretiert, daß Horkheimer davon ausgehe, der Faschismus könne nicht von jenen bekämpft werden, die nicht gleichzeitig auch gegen den Kapitalismus kämpfen. Es ist jedoch viel eher davon auszugehen, daß Horkheimer zum Ausdruck bringen wollte, daß es sich bei dem Antisemitismus um ein durch die kapitalistische Gesellschaft selbst bedingtes Phänomen handelt.[5]

In 'Die Juden und Europa' finden sich bereits die ersten Ansätze der späteren Rackettheorie, so etwa wenn Horkheimer beschreibt, daß der volksgemeinschaftliche Führerstaat nur dem Schein nach ein homogenes Kollektiv bilde, während vielmehr unter diesem Schleier sich der Kampf um die Verteilung der Beute abspiele. Die Homogenisierung der Volksgemeinschaft gelingt demnach nur dadurch, daß die Angst des Individuums permanent mobilisiert wird, und zwar die Angst vor sich selbst ebenso wie vor den vermeintlichen Volksgenossen und insbesondere vor dem Fremden.[6] Diese Argumentation birgt jedoch ihrerseits die Gefahr, daß der Antisemitismus – als Instrument zur Überwindung der kapitalistischen Krise bestimmt – dadurch rationalisiert wird.[7]

Dieser monokausale Erklärungsansatz für den Antisemitismus wirft die Frage auf, warum ausgerechnet die Juden für die negativen Auswirkungen der Ökonomie verantwortlich gemacht werden. Horkheimer selbst scheint dabei den Juden eine gewisse Mitverantwortung für den Antisemitismus zuzuweisen. Hätten sie zunächst vom Liberalismus, der auf das Leid der Proletarier gegründet war, profitiert[8], so würden sie jetzt selbst Opfer der Gesellschaft, die sie so freudig begrüßt hatten.[9] Horkheimer nimmt als Ursache für den aggressiven Antisemitismus der Nationalsozialisten an, daß die Zirkulationssphäre im Schwinden begriffen sei. Damit wären auch die Juden als „Agenten der Zirkulation"[10] für das Funktionieren der Gesellschaft nicht mehr vonnöten. Seien die Juden schon vorher frei von jeglicher gesellschaftlicher Macht gewesen, so seien sie damit nun für den Kapitalismus endgültig überflüssig geworden.[11]

Im Gesamtzusammenhang des Textes wird jedoch deutlich, daß keineswegs die Juden verantwortlich gemacht werden für diese für sie so verhängnisvolle Entwicklung der Verhältnisse, wenn Horkheimer davon spricht, daß die Juden erst dann als Menschen leben könnten, „wenn endlich die Menschen die Vorgeschichte zum Abschluß bringen."[12] Darin findet sich der für die spätere Kritische Theorie so wichtige Gedanke, daß die gelungene Emanzipation der Juden mit der Emanzipation der gesamten Menschheit aufs engste verbunden ist.[13]

*II. Der Widerspruch in der bürgerlichen Gesellschaft*

Grundlegend für die Auseinandersetzung mit dem Antisemitismus ist für die Kritische Theorie der Begriff der Gleichheit. Die von der Französischen Revolution deklarierte formale Gleichheit der Menschen kann in der Realität nicht eingelöst werden, da keine zwei

Menschen miteinander identisch sein können; diese Identität aber fordert das abstrakte Recht ein. Mit der Forderung nach Gleichheit sollte der Unterdrückung des Menschen durch den Menschen ein Ende gesetzt werden, darin liegt ihr fortschrittliches Potential. Damit entsteht aber gleichzeitig das Problem, daß alles, was diese Gleichheit in Frage stellt, als Abweichendes verfemt werden muß. Nicht der abstrakte Zwang zur Gleichheit wird als Ursache hierfür bestimmt, sondern vielmehr das Besondere, das sich nicht subsumieren läßt.[14] Die Gleichheit der Individuen wird nicht als eine von den Subjekten selbst konstruierte erkannt, sondern stattdessen den gesellschaftlichen Verhältnissen selbst zugeschrieben und diese damit mythologisiert, denn nur die Erkenntnis, daß die Identität der Gesellschaft von außen konstruiert wird, ermöglicht es die Verhältnisse immanent, also auch von außen, zu kritisieren. Erst indem das Subjekt seine Nichtidentität mit den anderen Subjekten anerkennt, wäre es zu einem Gedanken fähig, der den Widerspruch zwischen abstrakter Gleichheit und realer Ungleichheit der Menschen transzendiert. Das identifizierende Denken hingegen versucht nicht nur die Identität mit dem anderen, sondern auch die Identität mit sich selbst herzustellen, damit wird das Ich zum Objekt herabgesetzt. Identität ließe sich nur über die Anerkennung der Nichtidentität bzw. der Ungleichheit der Menschen herstellen, und jeder Versuch die Gleichheit der Menschen a priori zu postulieren ist „Geist gewordener Zwang."[15]

Der Widerspruch zwischen der Notwendigkeit einer Verallgemeinerung und der daraus resultierenden Mißachtung des Besonderen war der Aufklärung von Anfang an immanent.[16] Die gesellschaftlich notwendige Gleichheit bleibt Gewalt, da sich die Gleichheit der Individuen nicht herstellen läßt. Wenn sich aber das Universale nicht durchsetzen kann, dann wird ein Partikulares zum Allgemeinen erhoben und alles Abweichende als Ursache dafür bestimmt, daß sich dieses Partikulare nicht als Allgemeines endgültig durchsetzen kann.

Erst der Faschismus macht damit ernst, indem er alles zu vernichten droht, was seiner totalitären Herrschaft entgegensteht. Die Volksgemeinschaft hebt dabei den Widerspruch zwischen dem bürgerlichen Glücksversprechen und dessen Nicht-Realisierbarkeit unter bürgerlichen Verhältnissen auf, indem das Eigeninteresse des Kapitals auf die Juden projiziert wird und die Vernichtung der Juden die Auflösung des Besonderen zugunsten des Allgemeinen verspricht. Die Individuen müssen sich selbst unterdrücken, um sich in das Allgemeine integrieren zu können. Jene, die verdächtigt werden, sich nur das geringste Maß an Individualität bewahrt zu haben und damit an das Versprechen bürgerliche Freiheit gemahnen, rufen in den Antisemiten die Erinnerung wach an den schmerzlichen Widerspruch zwischen dem bürgerlichen Glücksversprechen und dessen permanenter Nichterfüllung. Die Antisemiten glauben die Erinnerung an diesen Widerspruch mit der Vernichtung der Juden auslöschen zu können.[17]

Für die Ideologie des Antisemitismus stellen die Juden „die Gegenrasse, das negative Prinzip als solches"[18] dar. Mit „Gegenrasse" ist dabei nicht eine gegnerische Rasse gemeint, sondern ein dem Rassegedanken entgegengesetztes Prinzip. Es ist für den Antisemiten eine unerträgliche Vorstellung, daß sich seiner Blut-und-Boden-Ideologie eine Gruppe von Menschen widersetzen könnte, die seit Jahrhunderten über die ganze Welt verstreut gelebt haben. Da die Juden sich nicht jener Vorstellung von Rassen subsumieren lassen, ziehen den Zorn des Antisemiten auf sich, der alles, was nicht seiner Vorstellung von Rasse entspricht, liquidieren möchte.[19] Es bestehen dabei gewisse Gemeinsamkeiten zwischen der liberalen Ära und der faschistischen. Beide Ideologien sind im Grunde antisemitisch, wobei allerdings die eine den assimilierten Juden anerkennt und die andere die Vernichtung aller Juden zum Ziel hat.[20]

Nach Adorno und Horkheimer hatten sich die Juden in der Diaspora eine gewisse Differenz bewahrt,[21] die sie von der Gleichförmigkeit der jeweiligen Gesellschaft abhob.[22] Zu dem Zeitpunkt, als die Emanzipation der Juden auch in der Politik vonstatten ging, hatte das Bürgertum schon den Weg zur Aufhebung jeglicher Emanzipation eingeschlagen. Die Juden erhofften sich eine Emanzipation durch die bürgerliche Gesellschaft, ohne wahrzunehmen, daß diese liberale Gesellschaft sich von ihren Idealen immer weiter entfernte. Das Bürgertum war schon zu Zeiten der jüdischen Emanzipation weder daran interessiert noch in der Lage, diese Emanzipation gesellschaftlich abzusichern, da die bürgerliche Vernunft stets trügerisch blieb. Somit konnte und kann die bürgerliche Rationalität den Antisemitismus nicht überwinden, „denn die mit Herrschaft verknüpfte Rationalität liegt selbst auf dem Grunde des Leidens."[23]

## Der Haß auf das Glück ohne Macht

Jenes „Glück ohne Macht", welches „überhaupt erst Glück wäre"[24], war das Versprechen der Aufklärung von der Gleichheit der Individuen. Es suggeriert, daß jeder etwas erreichen könne, wenn er sich nur anstrenge, unabhängig von seinen gesellschaftlichen Voraussetzungen. Auch wenn dies einigen wenigen sogar gelingt, muß das Versprechen für die Mehrheit in kapitalistischen Gesellschaften uneinlösbar bleiben. Der Haß der Antisemiten richtet sich dabei auf die Juden, deren Emanzipation ohne politische Macht scheinbar geglückt ist, und die gerade deshalb relativ schutzlos bleiben. Weil das bürgerliche Versprechen von Gleichheit und Glück ohne Macht nicht eingelöst werden kann, soll diese Gleichheit wenigstens im Unglück realisiert werden, und dies nährt den Haß auf das Glück ohne Macht.

Der Antisemitismus ist ein Agieren der subjektlosen, gesellschaftlich gleichwohl als Subjekte gesetzten Massen, deren Spontaneität sich im Pogrom und der Vernichtung als Selbstzweck äußern kann.[25] Anstelle des Geistes, der im Sinne der Aufklärung fortschreiten sollte in der Geschichte, tritt die Selbstzerstörungstendenz der Aufklärung – und auch der Antisemitismus. Der Antisemitismus kann folglich als eine Erscheinungsform der subjektiven Vernunft aufgefaßt werden.[26]

Die Vernunft bleibt antagonistisch, denn sie ist notwendig mit der Herrschaft verbunden, aber zugleich die Bedingung der Möglichkeit der Aufhebung von Herrschaft als solcher. Daraus ergibt sich, daß einerseits die gesellschaftliche Funktion des Antisemitismus als Mittel zum Zweck für die Herrschenden offenliegt, jedoch andererseits das, was diesem Zweck zugrunde liegt, kaum noch greifbar ist, denn die Vernunft, mit der die Subjekte diesen Zusammenhang zu begreifen versuchen, ist selbst wegen der in ihr enthaltenen notwendigen falschen Verallgemeinerung einer seiner Gründe. Der Antisemitismus ist dabei aus zwei Gründen kaum zu fassen: zum einen ist er selbst irrational, zum anderen schlägt die Vernunft ihrerseits in das Irrationale um. Alles, was die Vernunft nicht in ihr Schema pressen kann, wird von ihr abgeschnitten. „Die bürgerliche Gesellschaft ist beherrscht vom Äquivalent. Sie macht Ungleichnamiges komparabel, indem sie es auf abstrakte Größen reduziert. Der Aufklärung wird zum Schein, was in Zahlen, zuletzt in der Eins, nicht aufgeht; der moderne Positivismus verweist es in die Dichtung."[27] Die Einheit jeglicher auf Herrschaft beruhender Gemeinschaften besteht daher in der „Negation jedes Einzelnen"[28]. Indem die antisemitische Bewegung sich auf die völkische Rassenlehre beruft, geht mit ihr jedes fortschrittliche Moment der bürgerlichen Gesellschaft verloren. Trotzdem bleibt die Gemeinsamkeit zwischen der bürgerlichen und z.b. der nationalsozialistischen Herrschaft bestehen in der Liquidation des aus der Masse Herausragenden.[29]

Der Versuch, die Shoa ökonomisch zweckrational zu erklären, ist schon deshalb zum Scheitern verurteilt, weil sie den meisten Tätern ökonomisch, wenn überhaupt, nur gering zugute kam. Doch gerade dies läßt die Faszination der antisemitischen Ideologie nicht im geringsten abklingen, vielmehr erfährt sie dadurch noch eine Steigerung. Das weist auf das Wesen des Antisemitismus hin: „[…] es hilft nicht den Menschen, sondern ihrem Drang nach Vernichtung. Der eigentliche Gewinn, auf den der Volksgenosse rechnet, ist die Sanktionierung seiner Wut durchs Kollektiv. Je weniger sonst herauskommt, um so verstockter hält man sich wider die bessere Erkenntnis an die Bewegung. Gegen das Argument mangelnder Rentabilität hat sich der Antisemitismus immun gezeigt. Für das Volk ist er ein Luxus."[30]

Der Antisemitismus ist nicht Ausdruck eines individuellen Bedürfnisses nach Bereicherung, sondern drückt eine vom Subjekt gegen sich selbst gewandte destruktive Tendenz aus. Die antisemitische Tat ist „autonomer Selbstzweck,"[31] der seine eigene Irrationalität verschleiert.

Die verblendete Destruktivität des Antisemitismus versucht alles mit ins Verderben zu ziehen, indem sie nur noch jenes Handeln zuläßt, von dem sich die Subjekte keinen Begriff machen können. „Blindheit erfaßt alles, weil sie nichts begreift."[32] Die subjektlosen Subjekte können sich keinen Begriff von ihren eigenen Wünschen und Bedürfnissen machen, und im Haß auf das Fremde, auf welches man jene Wünsche projiziert, findet die Negation des Ichs ihren Ausdruck.

Antisemitismus als falsches Bewußtsein

Die Einsicht, daß Ausbeutung im Kapitalismus in der Produktionssphäre stattfinde, entlehnt die Kritische Theorie der Kritik der politischen Ökonomie von Marx. Erst die Trennung von Produzenten und Eigentümern an Produktionsmitteln ermöglicht den Kapitalisten die Aneignung des Mehrwerts, der von der Arbeit der Produzenten abgeschöpft wird.[33] Nicht die Zirkulationssphäre ist die Grundlage von Herrschaft und Ausbeutung, sondern die Produktionssphäre.[34]

Nach Marx werden im Kapitalismus Äquivalente getauscht, das heißt, der Tausch ist, an seinen eigenen Maßstäben gemessen, gerecht. Die Arbeiter erhalten für den Verkauf ihrer Ware Arbeitskraft den entsprechenden Lohn. Die Ausbeutung ist nicht dem bösen Willen einiger weniger geschuldet, sondern in der Warenproduktion selbst zu verorten. Der Arbeiter bekommt statt des Werts der produzierten Waren nur den Wert der von ihm beigesteuerten Ware Arbeitskraft ausbezahlt, welche nicht mit der geleisteten Arbeit identisch ist. Der Arbeiter verkauft seine Arbeitskraft an den Kapitalisten für den Lohn, welcher zur Reproduktion dieser Arbeitskraft notwendig ist. Der Kapitalist eignet sich dann die über die zur Reproduktion der Arbeitskraft notwendige Arbeitszeit hinausgehende Arbeit an. Der Wert der Arbeitskraft wird wie der jeder anderen Ware bestimmt durch die gesellschaftlich notwendige durchschnittliche Arbeitszeit, die zu ihrer Produktion bzw. Reproduktion aufgewandt werden muß. Allerdings kann die angewendete Arbeitskraft, also die Arbeit, mehr Wert schaffen, als zu ihrer Reproduktion erforderlich ist.[35]

Wenn Horkheimer und Adorno davon sprechen, daß die Arbeiter mit dem Lohn zugleich das Prinzip der Entlohnung akzeptieren, wollen sie verdeutlichen, daß die Arbeiter damit implizit ihrer eigenen Ausbeutung zustimmen. Die Forderung nach einem gerechten Lohn ist daher eine absurde Forderung, denn die kapitalistische Produktionsweise selbst, und mit ihr die Lohnarbeit, stellt bereits die Grundlage des Unrechts dar.[36] Aus dem Doppelcharakter des bürgerlichen Subjekts, welches als Bourgeois und Citoyen bestimmt wird, das heißt aus dem Widerspruch, Markt- und zugleich Staatsbürger zu sein, entsteht nach Marx ein notwendig falsches Bewußtsein als Resultat eines notwendig falschen Scheins. Die Realität entzieht sich in fetischistischer Weise dem Bewußtsein der Subjekte und erweckt den Anschein, daß die kapitalistische Gesellschaftsform natürlich und ewig sei.[37] Der Antisemitismus nun unterscheidet hier zwischen dem „schaffenden" und dem „raffenden" Kapital, wobei er unter ersterem das Industrie- und Produktivkapital versteht und dieses als direkten Nachfolger der „natürlichen" handwerklichen Arbeit bestimmt, während letzteres mit der Zirkulationssphäre gleichgesetzt wird. Das „raffende" Kapital wird dabei für sämtliche negativen Auswirkungen der modernen Gesellschaften verantwortlich gemacht. Auf die Juden, welche aus historischen Gründen lange Zeit fast ausschließlich in der Zirkulationssphäre ökonomisch tätig sein konnten, werden dabei die negativen Folgen des Kapitalismus projiziert und jene so zu den alleinigen Verantwortlichen für die negativen Folgen des Kapitalismus erklärt. Dabei werden die Juden, wie es Postone ausdrückt, „nicht nur mit dem Geld, das heißt der Zirkulationssphäre, sondern mit dem Kapitalismus überhaupt gleichgesetzt."[38]

Der bürgerliche Antisemitismus hat für die Kritische Theorie eine bestimmte ökonomische Ursache: „die Verkleidung der Herrschaft in Produktion."[39] Mit der Einführung des Arbeitsvertrages und des „gerechten Lohns" wurde das Wesen der kapitalistischen Gesellschaft verschleiert und den Subjekten der Eindruck vermittelt, nur in der Zirkulationssphäre würden sie um ihren „gerechten Lohn" gebracht.

## Vom religiösen zum modernen Antisemitismus

Der moderne Antisemitismus ermöglicht es den Subjekten, das Erbe des christlichen Antijudaismus anzutreten, ohne selbst der christlichen Religion weiterhin anzuhängen, war doch die Religion „als Kulturgut eingegliedert und nicht aufgehoben."[40] Die Elemente des christlichen Antijudaismus sind in die Kultur eingegangen und können von Christen ebenso wie von Atheisten oder Anhängern einer anderen Religion vertreten werden. Die Krise des christlichen Menschen besteht nach Horkheimer und Adorno (die hierin Nietzsche u.a. folgen) darin, daß es keine Heilsgewißheit mehr gibt. Die Behauptung, wer glaube, komme auch in den Himmel, gibt ihm diese Gewißheit nicht, und so verfolgt er die Juden, um sich die Gewißheit zu verschaffen, daß es jenen schlechter geht als ihm selber und es sich daher lohnt, Christ zu sein. Erst das Leiden der anderen beweist ihm, daß er im Recht ist, und dafür ist es unerheblich, daß er selbst für dieses Leiden die Verantwortung trägt.[41]

Das Christentum ist aber „nicht nur ein Rückfall hinter das Judentum"[42], sondern auch Ausdruck eines Fortschritts. Dem jüdischen Gott haftete – selbst in der durch ihn vermittelten Möglichkeit der Überwindung des Naturzwangs – noch das Naturhafte an, und in der Angst vor dem Allmächtigen fand die Angst der Menschen vor den Naturgewalten ihre Fortsetzung. Damit vollzieht sich die Entfremdung der Menschen von der Natur. War die bedrohliche Natur die Ursache dafür, daß die Menschen die Existenz Gottes annahmen, so wird nun jene Natur zur Schöpfung Gottes, den die Menschen erschaffen haben. Die Freiheit von der Natur wird mit dem neuen und noch mächtigeren Schrecken erkauft. Im Christentum findet eine Milderung Gottes statt, indem dessen Gnade zum Kern dieser Religion wird.[43]

Zugleich sehen Horkheimer und Adorno im Christentum aber einen Rückfall hinter das Judentum. Das Christentum rationalisiert Gott, so daß dort, wo Gott ist, der Mensch sich selbst erblickt. Der Mensch wird seinerseits zum Gott, und damit wird die Endlichkeit absolut. Die Beziehung auf eine äußere Kontrollinstanz geht verloren, und die Menschen können handeln, ohne mehr einer höheren moralischen Instanz verpflichtet zu sein. Damit ist aber der Schrecken gebannt, und das, was ist, wird akzeptiert und die Erlösung nunmehr im Jenseits verortet.[44] Aus dem diesseitigen Elend resultiert eine regressive Rückbesinnung auf den Allmächtigen, der Ruf nach dem Führer, „der unserem Dasein einen Schrecken einzujagen vermag."[45]

Der Islam wiederum unterscheidet sich sowohl vom Judentum als auch vom Christentum, da der gläubige Moslem sich als Verwalter bzw. Vertreter der medinensischen Gesellschaftsordnung auf Erden versteht, d.h. als Vertreter Gottes auf Erden, insofern die medinensische Gesellschaftsordnung im Islam als Offenbarung Gottes angesehen wird. Da diese Gesetze Gottes das Leben der Gemeinschaft der Gläubigen in jedem Aspekt des Lebens gesetzlich für die Ewigkeit regeln, muß der islamischen Gemeinschaft ihrer Bestimmung nach eine universelle Überlegenheit zukommen, denn ansonsten dementiert der gesellschaftliche Zustand die universelle Macht und Richtigkeit der Gesetze Allahs. Niederlagen können im Islam nur als das Werk äußerer und zersetzender Bestrebungen wahrgenommen werden, und der Gläubige selbst wird in seinem Kampf gegen diese Mächte zum Werkzeug Gottes.[46] Die Verschiedenheit individueller Ziele ist in der islamischen Welt belanglos geworden, denn jede innerislamische Differenz wird zum Werk einer antiislamischen Verschwörung erklärt, und so konnte selbst ein Antisemit wie der ehemalige ägyptische Staatspräsident Nasser von feindlichen Glaubensbrüdern als zionistischer Agent tituliert werden.

Der Islamist kann sich nicht mehr als souveränes Subjekt denken und empfinden, insofern die islamische Gemeinschaft jegliche Individualität negiert. Indem die Gläubigen ein und dasselbe Objekt an die Stelle des Ich-Ideals setzen und sich vom Eigeninteresse verabschieden, heben sie ihr Ich negativ auf und begreifen sich nunmehr als Teil einer Glaubensgemeinschaft. Im Objekt dieser „libidinösen Bindung", der Gemeinschaft der Gläubigen als Verwalter der prophetischen Ordnung, spiegelt sich der kollektive Wille der Massen wider, als Wunsch nach Selbstaufopferung für die Gemeinschaft. Damit verkörpert die Idee des Islam die barbarische Verwirklichung eines Sozialstaats, der das kollektive Elend verwaltet. „Der Staat, wie der Faschismus ihn will und lebendig macht, ist eine geistige und sittliche Tatsache, da er die politische, rechtliche und wirtschaftliche Obsorge am Volk verwirklicht. Und solche Fürsorge ist nach Ursprung und Entfaltung eine Äußerung des Geistes."[47] Dieser Geist, der in diesem Fall in der medinensischen Gesellschaftsordnung und der Sharia zum Ausdruck kommt, fordert die Obsorge als Elendsverwaltung ein, um diejenigen, die den Haß der Gemeinschaft durch die Verfolgung von Eigeninteressen auf sich ziehen, unbarmherzig abstrafen zu können. Ein nur durch das gemeinsame Unglück zusammengeschweißtes Fahndungskollektiv wacht über die Tugend und reagiert an realen und eingebildeten Delinquenten seinen Selbsthaß ab.[48] Damit die von Allah gewollte Gesellschaftsordnung nicht an ihren inneren Widersprüchen scheitert, müssen diese exterritorialisiert werden, als ein äußeres, dem Koran widersprechendes Prinzip. Dabei wird jedes die Einheit der islamischen Gemeinschaft zersetzende Moment auf die Juden projiziert.

Sowohl in der völkischen Ideologie als auch in der Ideologie des Islamismus lebt die christliche Sehnsucht nach Erlösung fort, wenn auch in einem viel irdischeren Sinn: in der Sehnsucht nach der Vernichtung der Juden.[49]

## Naturhaftigkeit und Antisemitismus

Horkheimer und Adorno gehen davon aus, daß die Idiosynkrasie nicht eine Abneigung und Überempfindlichkeit gegen fremde Stoffe und Kulturen ist, sondern eine Reaktion auf das Allzubekannte. Die Idiosynkrasie ist für den Antisemiten nur ein Vorwand und hängt mit der verbotenen Naturhaftigkeit zusammen. In den anderen werden die naturhaften Instinkte, Triebe und Leidenschaften erblickt, denen man selbst entsagen muß.[50]

Im Antisemitismus entdeckt die Kritische Theorie Spuren einer den Subjekten unbewußten Geschichte. Die für den Prozeß der Zivilisation konstitutive individuelle und kollektive Triebunterdrückung führt zu einer Aggression, die sich im Haß auf die verdrängte Natur ausdrückt. Der zivilisierte Mensch ist dazu gezwungen, seinen Körper zu versklaven und damit seine Triebe zu unterdrücken, obwohl er diesen Körper zugleich begehrt. Diese „Haßliebe färbt alle neueren Kulturen."[51] Die gesellschaftlich bedingte Versklavung des Körpers nährt den Haß auf das Leben, und Körperlichkeit kann nicht mehr als lebendige Lust, sondern nur noch als mechanisch Funktionierendes oder zu Züchtigendes aufgefaßt werden.

Was einem selbst verboten ist, das soll auch den anderen verboten sein.[52] Die Irrationalität des Handelns der faschistischen Mörder findet ihren Ausdruck darin, daß die Zusammenführung von Körper und Geist ihnen nur dann möglich scheint, wenn diese sich im Tod gegenseitig aufheben.[53]

Der Anblick des sterbenden Opfers steigert dabei noch die Lust am Töten, weil der Mensch im unmittelbaren Überlebenskampf notwendigerweise mit den zivilisatorischen Gesetzen brechen muß, um am Leben festzuhalten. Geht es um Leben und Tod, dann lassen die Subjekte die gesellschaftlichen Regeln hinter sich, und kein Gesetz hat für sie mehr Bestand.[54] Das sich im Todeskampf befindende Subjekt nimmt sich dabei scheinbar das heraus, was den anderen verboten ist.[55] Der Flüchtende wird von seinen Verfolgern um sein Schicksal, zu welchem diese ihn erst verdammt haben, beneidet. Erst mit den Schreien des jüdischen Opfers scheint sich dieses wahrhaftig der Natur anzugleichen, weil es etwas Unmittelbarem Ausdruck verleiht, dem Schmerz. Dabei erkennt der antisemitische Mörder seine eigenen verdrängten mimetischen Züge an seinem Opfer.

## Mimesis und verdrängte Natur

„Die Zivilisation beginnt mit den angeborenen mimetischen Impulsen des Menschen, über die sie aber schließlich hinausgehen und die sie umwerten muß. Der kulturelle Fortschritt insgesamt wie auch die individuelle Erziehung – das heißt die phylogenetischen und die ontologischen Prozesse der Zivilisation – besteht weitgehend darin, daß mimetische in rationale Verhaltensweisen überführt werden. Wie die Primitiven lernen müssen, daß sie bessere Ernten erzeugen können, wenn sie den Boden richtig bearbeiten, als wenn sie Magie anwenden, so muß das moderne Kind lernen, seine mimetischen Impulse zu zügeln und auf ein bestimmtes Ziel zu lenken. Bewußte Anpassung und schließlich Herrschaft ersetzten die verschiedenen Formen der Mimesis."[56]

Der für die kapitalistische Gesellschaft konstitutive Arbeitsprozeß verbietet „den beherrschten Massen den Rückfall in die mimetische Daseinsweise."[57] Dies ist ein Resultat dessen, daß die Produktionsweise ein völliges Aufgehen der Subjekte in der instrumentellen Vernunft voraussetzt und die mimetische Hingabe an die Natur dem grundsätzlich widerspricht. Mimesis ist daher nur dann zulässig, wenn sie als beherrschte sich der Natur anpaßt, um diese zu überwältigen.[58] Die unbeherrschte Mimesis hingegen mündet in die Liquidierung des Ichs und steht damit den Anforderungen des Arbeitsprozesses an die Subjekte antagonistisch entgegen.[59]

Weil aber das mimetische Verhalten von den bürgerlichen Subjekten verdrängt werden muß, erfahren sie dieses nur an den anderen.[60] Das diesen anderen zugeschriebene Verhalten, welches man an sich selbst verabscheut, wird als Zwangshandlung von den Subjekten ständig wiederholt. Der Antisemit eignet sich dabei gerade jene Verhaltensweisen an, die ihm selbst als jüdisch gelten und die er zutiefst verabscheut. Was die Antisemiten „als Fremdes abstößt, ist nur allzu vertraut."[61]

Bei Freud spielt diese Wiederkehr des Verdrängten eine zentrale Rolle. Verdrängte Gefühle und Bedürfnisse können in der Form von Ängsten wiederkehren, die dem Subjekt als etwas Unheimliches erscheinen. Das, was im Verborgenen hätte bleiben sollen, tritt ihnen als Fremdes entgegen. Das Fremde ist den Subjekten nur deshalb fremd, weil das Ich keinen Zugang zu dem ins Unbewußte verdrängten Inhalt des Fremden mehr hat.[62]

Im Antisemitismus kommt die Weigerung, das eigene Andere zu verstehen, zum Ausdruck. Das Naturhafte, welches die zivilisatorischen Normen nicht zulassen, wird vom Subjekt verleugnet, ist aber dennoch ein Bekanntes. Dieses eigene Andere kann nur noch als das auf das Fremde Projizierte hervortreten. Walter Benjamin beschrieb die Deutschen einmal als „blinde Masse" mit „tierischer Dumpfheit, aber ohne das dumpfe Wissen der Tiere."[63] Die Nichtigkeit der einzelnen Existenz wird dadurch kompensiert, daß das eigene Elend moralisch überhöht wird und alles, was an die Versagungen der Zivilisation erinnert, verfemt, verfolgt und vernichtet werden muß. In den Juden findet die gesellschaftliche Ohnmacht der Subjekte ein Gegenbild, das alles verkörpert, was einem selbst meist versagt geblieben ist und deshalb gehaßt wird: Kosmopolitismus, Streben nach individuellem Glück und materiellem Wohlstand. Der Antisemit agiert dabei seinen Selbsthaß in barbarischer Weise an den Juden aus.[64]

Hatten die Menschen einst die Natur zu fürchten, so gilt es heute, die Gesellschaft zu fürchten. Die Idee der bürgerlichen Aufklärung, daß der Mensch den Naturzwang überwinden könne, mündete in eine neue Form der Unfreiheit. Die Befreiung der Menschen vom Naturzwang führte direkt in die Unfreiheit der kapitalistischen Gesellschaft als „zweiter Natur". Die Individuen kämpfen weiter ums Überleben, nur tritt an die Stelle des Naturgesetzes das Gesetz des Marktes.[65] Auch hier zieht derjenige, der frei von politischer Macht ist, wieder den Haß der Antisemiten auf sich, denn sein Schicksal erinnert daran, daß das Grauen der Vorgeschichte sich in der Zivilisation mit anderen Mitteln fortsetzt. Mit dem an den Juden verübten Grauen soll das der Vorzeit ein für allemal gebannt werden, indem es zum rationalen Interesse erklärt wird. „Zivilisation ist der Sieg der Gesellschaft über die Natur, der alles in bloße Natur verwandelt."[66] Der Nationalsozialismus setzt diese historische Tendenz um, indem er das totale Verfügungsrecht der Stärkeren über die Schwächeren durchsetzt.

## Antisemitismus als pathische Projektion

„Der Antisemitismus beruht auf falscher Projektion. Sie ist das Widerspiel zur echten Mimesis, der verdrängten zutiefst verwandt, ja vielleicht der pathische Charakterzug, in dem diese sich niederschlägt. Wenn Mimesis sich der Umwelt ähnlich macht, so macht falsche Projektion die Umwelt sich ähnlich. Wird für jene das Außen zum Modell, dem das Innen sich anschmiegt, das Fremde zum Vertrauten, so versetzt diese das sprungbereite Innen ins Äußere und prägt noch das Vertrauteste als Feind. Regungen, die vom Subjekt als dessen eigene nicht durchgelassen werden und ihm doch eigen sind, werden dem Objekt zugeschrieben: dem prospektiven Opfer."[67]

Die Erkenntnis, daß der Antisemitismus auf einer falschen Projektion beruht, ist vielleicht die bedeutendste von Horkheimer und Adorno. Bei der falschen Projektion werden die nichtidentischen Elemente des Ichs, welche dessen Einheit gefährden und daher verdrängt werden, auf ein dem Subjekt äußeres Objekt projiziert. Bei diesen nichtidentischen Elementen handelt es sich um jene, die das zivilisierte Subjekt nicht zulassen darf, will es nicht in seine Naturhaftigkeit zurückfallen. Der Haß auf die eigene verleugnete Natur wird mit der falschen Projektion auf einen äußeren Feind verlagert.[68]

Da der „Widersinn der Herrschaft" heute für das „gesunde Bewußtsein so einfach zu durchschauen"[69] ist, bedarf das Subjekt des „kranken" Bewußtseins, um in der kapitalistischen Gesellschaft zu überleben. Im Nationalsozialismus und auch im Islam führt dieses Bewußtsein zur Verfolgung der Juden.[70] Erst in der Demütigung und Verfolgung der anderen findet der Sadomasochismus des autoritären Charakters seine Befriedigung.[71] Die Vernichtungsphantasien gegen die Juden richten sich auch gegen die Antisemiten selbst, indem sie sich nach einer Destruktion sehnen, von der alles mitgerissen wird; hierin äußert sich das sadomasochistische Bedürfnis des autoritären Charakters. Problematisch bleibt dabei aber, daß in gewissem Sinne jegliches Wahrnehmen zugleich Projizieren ist.[72] Das Subjekt ist dazu gezwungen, sein eigenes Wissen, seine Wünsche, Bedürfnisse und Ängste auf die Außenwelt zu projizieren, wenn es sich die Möglichkeit von Wahrnehmung und Erkenntnis überhaupt erhalten will. Dabei stellt Projektion die Identität von Subjekt und Objekt her. Bei der „in Kontrolle"[73] genommenen Projektion ist sich das Subjekt bewußt, daß die Identität von Subjekt und Objekt existiert und zugleich doch nur Projektion ist. Die Identifizierung des Subjekts mit einem anderen beinhaltet hier zugleich die Anerkennung des anderen als eigenständiges Individuum. Bei der falschen Projektion kann das Subjekt diese Unterscheidung nicht mehr treffen, sie führt daher zu einer Gleichsetzung von Subjekt und Objekt, und diese projizierte Einheit gilt dem Subjekt als Realität. Weil die Differenz zwischen Subjekt und Objekt in der pathischen Projektion aufgehoben wird, kann der moderne Antisemitismus den Juden Eigenschaften zuschreiben, welche in der Realität nicht die geringsten Gemeinsamkeiten mit den lebenden Juden aufweisen; darin besteht die vollständige Irrationalität des Antisemitismus. Deutlich wird dies darin, daß der Antisemit selbst im jüdischen Bettler den jüdischen Bankier oder im jüdischen Kapitalisten den jüdischen Kommunisten entdecken kann. Der Antisemitismus ist eine Projektion, die keiner Erfahrung bedarf.[74] Die Jahrhunderte andauernde Unterdrückung hat sich in der Psyche der Menschen verselbständigt, im Antisemitismus kommt dies zum Ausdruck. Die irrationale Ideologie des Antisemitismus, die sich jeglichen Argumenten gegenüber resistent erweist und deren Struktur von den Subjekten internalisiert wurde, läßt ein Leben frei von Herrschaft unmöglich erscheinen. Die Herrschaft wird zum Selbstzweck erklärt, deren Reproduktion die Subjekte verpflichtet sind.[75] Der Antisemit erblickt in der ganzen Gesellschaft sein eigenes Unglück, alles gilt ihm nur noch als Sinnbild seines eigenen Verderbens.[76] Die Erkenntnis der Gesellschaft entzieht sich den Subjekten, obwohl sie doch das Produkt des individuellen menschlichen Handelns ist. Indem sich die Menschen nicht als handelnde Subjekte der Geschichte begreifen, sondern im Gegenteil als Objekte einer fremden Macht, die ihnen ihr Schicksal auferlegt, projizieren sie ihr individuelles Unglück auf einige wenige, die sie für ihr Elend haftbar machen. Aus dieser Verkehrung von Subjekt und Objekt resultiert eine Vorstellung von Erlösung, welche in der prospektiven Vernichtung dieser vermeintlich Verantwortlichen die Voraussetzung für die Erfüllung ihres Heilsversprechens erblickt.

*III. „Aber es gibt keine Antisemiten mehr."*[77]

Mit dem Begriff des „Tickets" versuchen Horkheimer und Adorno die Theorie über den Antisemitismus nach Auschwitz zu aktualisieren.[78] In der Aussage, es gebe keine Antisemiten mehr, drückt sich ein gewisser Sarkasmus aus, der darauf anspielt, daß nach dem Ende des Nationalsozialismus keiner es gewesen sei und niemand etwas gegen die Juden gehabt hätte. Es gibt keine Antisemiten, und es gibt auch keine Juden mehr in Europa, der Antisemitismus scheint sich mit Auschwitz selbst obsolet gemacht zu haben. Worum es Horkheimer und Adorno letztendlich geht, ist, daß der Antisemitismus seine Fortsetzung in einem Antisemitismus ohne Antisemiten findet. Dies scheint die zeitgemäße Form des Antisemitismus nach Auschwitz zu sein. Mit der Liquidation des Individuums ist die Auslöschung der Subjektivität desselben untrennbar verbunden. „Nicht indem sie ihm die ganze Befriedigung gewährten, haben die losgelassenen Produktionskolosse das Individuum überwunden, sondern indem sie es als Subjekt auslöschten."[79] Damit geht aber auch die Fähigkeit zur Unterscheidung zwischen wahr und falsch verloren.[80] Die Subjekte sind nicht mehr in der Lage, die jeweilige individuelle Besonderheit des anderen wahrzunehmen. Wahrnehmung vollzieht sich nur mehr über fixe Schemata, die Horkheimer und Adorno als Tickets bezeichnen. Das Ticket ist für die entsubjektivierten Subjekte die Eintrittskarte zu einer bestimmten gesellschaftlichen Gruppe und damit auch die Voraussetzung zur Teilnahme an der herrschenden Realität. Dieser Vorgang ist ein Bestandteil des Antisemitismus.

Der Antisemitismus macht nicht dort halt, wo es keine Juden gibt; daraus folgert die Kritische Theorie, daß der Antisemitismus dem Ticketdenken immanent ist. „Nicht erst das antisemitische Ticket ist antisemitisch, sondern die Ticketmentalität überhaupt."[81] So wie das nationalsozialistische Ticket schon durch das Bekenntnis zum Nationalsozialismus antisemitisch ist, ist auch jedes andere Ticket zumindest strukturell antisemitisch, denn es beinhaltet immer das Bekenntnis zu einem Kollektiv in Abgrenzung zu den anderen und der dem eigenen Kollektiv vermeintlich feindlich gesinnten Umwelt. Selbst das fortschrittlichste Ticket ist davor nicht sicher, denn jede Art der falschen Aufhebung der Individualität, die den Widerspruch zwischen Allgemeinem und Besonderem abstrakt löst, verschärft diesen Widerspruch wieder. Dies liegt in der Aufklärung selbst begründet, welche als Konsequenz aus dem Widerspruch von Allgemeinem und Besonderem immer schon die Tendenz zur Unterdrückung des Einzelnen, des Partikularen und des Nichtidentischen in sich getragen hat.

Dennoch können nur die Mittel der Aufklärung dazu beitragen, deren Grenzen zu überwinden, und damit bietet die Aufklärung, die erst den modernen Antisemitismus hervorgebracht hat, zugleich die einzige Möglichkeit, diesem ein Ende zu bereiten.[82]

## Die Kritische Theorie des Antisemitismus nach Auschwitz

„Hitler hat den Menschen im Stande ihrer Unfreiheit einen neuen kategorischen Imperativ aufgezwungen: ihr Denken und Handeln so einzurichten, daß Auschwitz nicht sich wiederhole, nichts ähnliches geschehe."[83]

Um sich mit der Frage des Antisemitismus nach Auschwitz zu beschäftigen, muß zunächst festgehalten werden, daß auch dieser ein Resultat der kapitalistischen Vergesellschaftung ist. Damit bleibt die Gefahr der Wiederholung von Auschwitz bestehen, was wohl eine der wichtigsten Thesen Adornos ist.[84] Der Antisemitismus nach Auschwitz möchte „von der Vergangenheit loskommen."[85] Doch gerade in dieser Entsorgung der Vergangenheit kommt zum Ausdruck, daß die Bedingung der Möglichkeit von Auschwitz fortlebt, denn die Menschen wollen nur die Erinnerung an das nicht zu begreifende Grauen tilgen, nicht dessen gesellschaftliche Voraussetzungen. Deutlich wird dieses Verdrängen in der Vorstellung der Deutschen, jemand hätte gegen sie einen „Kollektivschuldvorwurf" erhoben. In dieser vorauseilenden Verteidigung offenbart sich das verdrängte Wissen um die eigene Schuld.[86] Die Schuld des deutschen Kollektivs wird zur vermeintlichen Schuld der gesamten Menschheit, indem man die eigene Schuld gegen die vermeintliche Schuld der Feinde aufrechnet. Dies ist ein Ausdruck der Entkontextualisierung der Geschichte nach 1945 im postnationalsozialistischen Deutschland. Indem man verdrängt, daß die Angriffe auf Deutschland eine Reaktion auf die Verbrechen der Deutschen waren, kann man diese z.B. mit dem Angriff auf Dresden verrechnen und darin die Sühne für Auschwitz erblicken. Auschwitz wird dabei in den Kontext des Krieges eingeordnet, und die administrative Ermordung Millionen unschuldiger Menschen wird zum Bestandteil des Krieges rationalisiert. „Die Ermordeten sollen noch um das einzige betrogen werden, was unsere Ohnmacht ihnen schenken kann, das Gedächtnis."[87]

Adorno geht davon aus, daß die Verdrängung von Auschwitz aus dem Bewußtsein der Deutschen nicht aus der Macht des Unbewußten, sondern vielmehr aus einem „allzu wachen Bewußtsein"[88] zu erklären ist. Das Wissen um die eigene Schuld und die Angst vor der bisher ausgebliebenen Strafe führen dazu, daß dieses Wissen verdrängt werden muß, „ehe man es den anderen ausreden kann."[89] Erst die Liquidierung des Gedankens an die eigene Schuld ermöglicht das reibungslose Fortbestehen der deutschen Volksgemeinschaft im Postfaschismus. Die Demokratie bleibt der Volksgemeinschaft immer etwas Äußeres, da in der Volksgemeinschaft das Interesse der Gemeinschaft über dem Interesse der Individuen steht, deren Zugehörigkeit zur Gemeinschaft zum Preis der Aufgabe jeglicher Individualität erkauft werden muß.[90] Nur solange die Demokratie das Kollektiv voranbringt, erfährt diese in Deutschland eine gewisse Akzeptanz.[91] Die Grundlage der Demokratie wäre aber die formale Autonomie des individuellen Interesses gegenüber dem gesellschaftlichen Ganzen.

Das Problem der Demokratie besteht wie auch im Nationalsozialismus darin, daß die Menschen sich selbst oder die anderen für die ihnen versagte individuelle Freiheit verantwortlich machen und nicht erkennen, daß die Ursache für diese Unfreiheit in der Gesellschaft selbst zu finden sind. Indem die Subjekte sich selbst für ihr Elend in Haftung nehmen, bleiben die dafür verantwortlichen Verhältnisse unbehelligt.[92] Die autoritären Charaktere identifizieren sich wieder mit jener Macht, der ihre eigene Ohnmacht geschuldet ist. Anstatt sich der eigenen Ohnmacht als Resultat der kapitalistischen Vergesellschaftung bewußt zu werden, identifizieren sich die Subjekte mit dem Kollektiv, das jene Macht verspricht, die dem Individuum versagt bleibt. In der Volksgemeinschaft wird der Klassenwiderspruch negativ aufgehoben, indem das Eigeninteresse liquidiert wird und die Subjekte nur noch als Teile eines vermeintlich organischen Ganzen angesehen werden. In ihrer Unfreiheit und Ungleichheit erfüllt sich der Traum der Subjekte von Gleichheit negativ, als repressive Gleichheit, die nichts duldet, was sich nicht gleichmachen läßt.[93]

Dem Bekenntnis zur Volksgemeinschaft ist das antisemitische Ticket immanent. In der fortbestehenden Volksgemeinschaft ist das Fortleben von Auschwitz enthalten, denn solange die objektiven gesellschaftlichen Voraussetzungen des Nationalsozialismus fortbestehen, ist die Aufarbeitung der Vergangenheit den Subjekten unmöglich. Statt des Eingedenkens der Shoa wird einmal mehr auf den Staat vertraut, er vermöge die kapitalistischen Krisen zu bewältigen. Hierin ist schon die Idee enthalten, daß diejenigen, die sich nicht in das

Kollektiv einfügen lassen, für die Krisen verantwortlich zu machen sind. Der Haß richtet sich wieder gegen diejenigen, auf die man die eigenen unerfüllten Wünsche projiziert.[94] Dieser Haß findet auch heute im Antisemitismus den ihm entsprechenden Ausdruck.[95]

## IV. Antisemitismuskritik heute

Die Emanzipation der Juden kann erst mit der Emanzipation der Menschheit von der Herrschaft vollendet werden, und daher ist das Schicksal der Juden aufs engste mit dem der bürgerlichen Gesellschaft verknüpft. „Eine emanzipierte Gesellschaft jedoch wäre kein Einheitsstaat, sondern die Verwirklichung des Allgemeinen in der Versöhnung der Differenzen." Also einem Zustand, „in dem man ohne Angst verschieden sein kann."[96] Dies setzt die Versöhnung mit dem Nichtidentischen voraus, und erst diese Versöhnung wäre die vollendete Emanzipation der Menschheit.

Die Aktualität der Kritischen Theorie des Antisemitismus ist heute nicht zu verleugnen, wenn nicht nur Nazis, sondern auch viele Muslime und No-Globals offen ihre Genugtuung über die Anschläge auf Juden in Israel oder den Anschlag auf das World Trade Center bekunden.[97] Einmal mehr wird dabei die Verantwortung für das irrationale Bedürfnis nach Vernichtung bei den Opfern verortet. Nicht die Mörder sind für ihre Taten verantwortlich, sondern die Opfer, die mit ihrer angeblichen Macht den Haß der Täter auf sich gezogen haben sollen.[98] Die Opfer werden für die negativen Auswirkungen der abstrakten Vergesellschaftung unter dem Kapital haftbar gemacht. Die Wut der Warensubjekte richtet sich dabei weder gegen ihr eigenes schlechtes Leben noch gegen diejenigen, die das schlechte Leben gegen ein noch schlechteres Leben tauschen möchten und dafür bereit sind, über Leichen zu gehen. Überall dort, wo man noch einen Funken Zweckrationalität zu erblicken glaubt, wird die Verantwortung für das allgemeine Elend verortet. Nicht die ausbleibende Einlösung des bürgerlichen Glücksversprechens ist Gegenstand der Kritik; diese wird vielmehr gegen jene in Anschlag gebracht, auf die man das einem selbst sich nicht erfüllende Glück projiziert. Alles, was an die eigenen Versagungen erinnert, wird einmal mehr verfolgt.

Die Subjekte sind heute noch immer von dem Wahn befallen, daß, schafften sie es irgendwie, das Nichtidentische zu vernichten, die Welt von den negativen Auswirkungen des Kapitalismus befreit wäre. Dieser Wahn findet seinen Ausdruck im kollektiven Haß auf den Staat Israel. In der nationalstaatlich organisierten Welt stellt dieser aus der Not geborene Außenseiterstaat Israel für die Antisemiten das Nichtidentische dar, das der Zwang zur Identität unter dem Kapital als sein anderes beseitigen möchte. Auch wenn alle Staaten notwendigerweise künstliche Gebilde sind, wirft man dies gerade demjenigen Staat vor, der nach Auschwitz die einzige halbwegs sichere Zufluchtsstätte für Juden darstellt. „Die Judenfrage, die schon immer einen Hang zum Universellen hatte, wurde durch die Gründung des Staates Israel qualitativ auf eine Weise verändert, daß der Kollektivjude anstelle des Individualjuden getreten ist – und zwar als eine organisierte Masse."[99]

Auch der vermeintliche Tabubruch wird in Deutschland immer noch zelebriert. Wer Israel, die Juden oder die USA kritisiert, weiß um das Einverständnis der Landsleute, und hinter der leisesten Kritik am Antisemitismus werden sogleich der Einfluß und die Macht der Juden verortet.[100] An der Ohnmacht der Juden in Israel, angesichts der Macht der ihnen feindlich gesinnten Welt, ergötzen sich die Massen, um gleichzeitig auf jeden Versuch Israels, dieser losgelassenen antisemitischen Raserei Einhalt zu gebieten, die eigenen Allmachts- und Vernichtungsphantasien zu projizieren. Aus den prospektiven Opfern der Antisemiten, den Juden, werden die Täter, und jeglicher Versuch, argumentativ auf diese Verkehrung hinzuweisen, ist zum Scheitern verurteilt. Die Antisemiten fühlen sich einmal mehr von den Juden bedroht, während es die Antisemiten selbst sind, die im Geiste schon lange die Vernichtung der Juden als „Notwehr" antizipieren.

Das Dilemma der Kritik des Antisemitismus besteht heute vor allem darin, daß sie gezwungen ist, die Aufklärung gegen die Gegenaufklärung zu verteidigen, obwohl jene diese selbst erst hervorgebracht hat. Beide sind aber dennoch voneinander zu trennen: denn die Aufklärung trägt zugleich die Möglichkeit der Versöhnung in sich, die der losgelassenen Irrationalität ein Ende bereiten kann. Somit besteht noch immer die fast unlösbare Aufgabe darin, „weder von der Macht der anderen, noch von der eigenen Ohnmacht sich dumm machen zu lassen."[101] Der vollendeten Irrationalität des Antisemitismus kann nur der Gedanke standhalten, der an der negativen Wahrheit des bürgerlichen Glücksversprechens festhält: daß ein anderes Leben als das jetzige möglich sein muß.

*Anmerkungen*

[1] Kolakowski, Der Mensch ohne Alternative, 160 f.
[2] Horkheimer, Einige Betrachtungen zum Curfew, HGS 5, 353.
[3] Horkheimer, Die Juden und Europa, HGS 4, 308.
[4] Ebd., 308 f.
[5] Vgl. Diner, Aporie der Vernunft, 33 f.
[6] Vgl. Horkheimer, Die Juden und Europa, HGS 4, 319 f.
[7] Dieses Problem bleibt bei sämtlichen Versuchen, den Antisemitismus in erster Linie aus der Ökonomie abzuleiten, bestehen. Deutlich wird das z.b. in dem für die Kritische Theorie über den Antisemitismus bedeutenden Aufsatz von Moishe Postone, wenn dieser von Auschwitz als einer „Fabrik zur Vernichtung des Werts" spricht (Postone, Nationalsozialismus und Antisemitismus, 40). Führt Postone zunächst an, daß die Antisemiten den Juden mit dem Kapitalismus an sich gleichsetzen, so schließt er daraus zugleich, daß die Vernichtung der Juden einer Vernichtung des Werts entspricht. Die Vernichtung der Juden wäre aber dieser Argumentation zufolge nicht mehr nur autonomer Selbstzweck, sondern sie hätte einen rationalen Kern, auch wenn dieser nur der Phantasie der Antisemiten entspringt. Postone unterstellt also, daß diese antisemitische Fiktion durch die Tat der Antisemiten zur Wahrheit wird, während diese Vorstellung – wie jede Fiktion – in der Realität nur der Phantasie entspringt.
[8] Dies ist nicht so zu verstehen, daß der Liberalismus oder gar die Juden die Schuld am Antisemitismus tragen. „Der Liberalismus enthielt die Elemente einer besseren Gesellschaft. Das Gesetz besaß noch eine Allgemeinheit, die auch die Herrschenden betraf. Der Staat war nicht unmittelbar ihr Instrument. Wer sich unabhängig äußerte, war nicht notwendig verloren." (Horkheimer, Die Juden und Europa, HGS 4, 329)
[9] Vgl. ebd., 323 f.
[10] Ebd., 325
[11] Vgl. ebd., 325 f.
[12] Ebd., 328
[13] Daß die Emanzipation der menschlichen Gattung nicht ohne die Emanzipation der Juden vonstatten gehen kann, stand schon für Marx fest. Obwohl sich gewisse antisemitische Untertöne in der Marxschen Schrift 'Zur Judenfrage' nicht leugnen lassen, geht es Marx auch darum nachzuweisen, daß die Emanzipation der Juden unter bürgerlichen Verhältnissen nicht vollendet werden kann. Nicht das Jüdischsein der Juden verhindert deren Emanzipation, sondern die bürgerlichen Verhältnisse, welche die politische Emanzipation der Juden ermöglichen, reduzieren die Juden wieder auf ihr Jüdischsein. Vgl. MEW 1, 347 ff.
[14] „Nur dem Scheine nach emanzipatorisch vermögen sie [die Menschen, Anm. P.M.] sich gegen das Besondere als Gleiche zu konstituieren. Insofern ist

›Antisemitismus als Volksbewegung‹ stets auch ›Gleichmacherei‹ – eine Gleichmacherei freilich, die sich in der rassistisch begründeten Volksgemeinschaft verkehrt erfüllt. So kommt der Herrschaft die ursprünglich gegen sie motivierte Rebellion vermittels Antisemitismus endlich zugute. Das Verhältnis von Egalität und Antisemitismus aufzuzeigen, ist ein wesentliches Anliegen der von Horkheimer und Adorno formulierten Rationalitätskritik." (Diner, Aporie der Vernunft, 45)

[15] Adorno, Negative Dialektik, AGS 6, 148
[16] Vgl. Horkheimer/Adorno, Dialektik der Aufklärung, HGS 5, 33 ff.
[17] „Im Bild des Juden, das die Völkischen vor der Welt aufrichten, drücken sie ihr eigenes Wesen aus. Ihr Gelüste ist ausschließlich Besitz, Aneignung, Macht ohne Grenzen, um jeden Preis" (ebd., 197). Diese Vorstellung von Erlösung findet sich nicht nur in den bürgerlichen Gesellschaften des Okzidents, sondern vor allem seit der Befreiung vom Kolonialismus auch in der islamischen Welt.
[18] Ebd., 197.
[19] Daß die den Juden zugeschriebenen Charaktereigenschaften gerade von solcher Art sind, daß sie den völkischen Vorstellungen der Antisemiten widersprechen, hält diese nicht davon ab, eben jene vermeintlich jüdischen Eigenschaften als konstitutiv für eine jüdische Volks- und Interessengemeinschaft auszugeben. Die Fähigkeit, gemeinsam einen produktiven Staat zu schaffen, die für die Nationalsozialisten ein Volk erst auszeichnet, wird den Juden aberkannt. Nicht zufällig schließt Rosenbergs antisemitisches Machwerk mit folgendem Satz: „Zionismus ist, bestenfalls, der ohnmächtige Versuch eines unfähigen Volkes zu produktiver Leistung, meistens ein Mittel für ehrgeizige Spekulanten, sich ein neues Aufmarschgebiet für Weltbewucherung zu schaffen." (Rosenberg, Der staatsfeindliche Zionismus, 86) Wer nur in völkischen Kategorien denkt, der muß alles und jeden unter diese Kategorien subsumieren.
[20] Vgl. Horkheimer/Adorno, Dialektik der Aufklärung, HGS 5, 199.
[21] Diese Differenz ist nicht biologischer Natur, sondern das Resultat der vorangegangenen gesellschaftlichen Ausgrenzung der Juden.
[22] Vgl. Horkheimer/Adorno, Dialektik der Aufklärung, HGS 5, 198.
[23] Ebd., 200.
[24] Ebd., 202.
[25] „Der Antisemitismus ist ein eingeschliffenes Schema, ja ein Ritual der Zivilisation, und die Pogrome sind die wahren Ritualmorde. In ihnen wird die Ohnmacht dessen demonstriert, was ihnen Einhalt gebieten könnte, der Besinnung, des Bedeutens, schließlich der Wahrheit. Im läppischen Zeitvertreib des Totschlags wird das sture Leben bestätigt, in das man sich schickt" (ebd., 200).
[26] „Die Gestalt des Geistes aber, des gesellschaftlichen wie des individuellen, die im Antisemitismus erscheint, die urgeschichtliche- geschichtliche Verstrickung, in die er als verzweifelter Versuch des Ausbruchs gebannt bleibt, ist ganz im Dunkeln" (ebd.).
[27] Ebd., 30.

[28] Ebd., 35.

[29] Dem drohenden Untergang kann sich das Subjekt nicht mehr durch reine Arbeitsleistung entziehen, vielmehr ist es gezwungen, durch die absolute Anpassung und Unterordnung unter das Kollektiv seine Bereitschaft zum Erhalt des Ganzen zu beweisen. Sendungen wie die vor kurzem sehr populäre 'Deutschland sucht den Superstar' signalisieren, daß wer sich anpaßt und dabei seine Gewöhnlichkeit zur Schau stellt, auch die Möglichkeit hat, aus der Masse erwählt zu werden. Die Menschen erwählen ein gemeinsames Objekt, welches an die Stelle eines Ichideals gesetzt wird und verabschieden sich von ihrer Individualität. Das Kollektiv und seine Talentspäher bestimmen den Gewinner, der auf keinen Fall über die Menge der Durchschnittlichen herausragen darf. Stand früher der Charakter für die Stigmatisierung und Unfreiheit des Individuums, so ist die heutige Freiheit und vollkommene Anpassungsfähigkeit der subjektlosen Subjekte eine Steigerung eben jener Unfreiheit, nämliche frei von jeglicher Individualität sein zu müssen. „Was immer sich übers Bestehende erhebt, ist mit dem Zerfall bedroht und damit dem Bestehenden meist erst recht ausgeliefert. Gegenüber dem unbeschränkt anpassungsfähigen, dem subjektlosen Subjekt, ist freilich das Gegenteil, der Charakter, archaisch. Er offenbart sich am Ende nicht als Freiheit, sondern als überholte Phrase der Unfreiheit: amerikanisch heißt 'he is quite a character' dasselbe wie komische Figur, Sonderling, armer Kerl. Zu kritisieren sind heute nicht nur, wie zu Nietzsches Zeiten, die psychologischen Ideale, sondern das psychologische Ideal als solches in jeglicher Gestalt. Nicht länger ist der Mensch der Schlüssel zur Menschlichkeit. Die approbierten Weisen und Gütigen von heutzutage aber sind bloße Spielarten der Führerpropaganda" (Adorno, Zum Verhältnis von Soziologie und Psychologie, AGS 8, 68).

[30] Horkheimer/Adorno, Dialektik der Aufklärung, HGS 5, 199.

[31] Ebd., 201.

[32] Ebd., 201.

[33] Vgl. Marx, Kapital I, MEW 23, 161 ff.

[34] Horkheimer und Adorno spielen in Anlehnung an die nationalsozialistische Terminologie mit einer gewissen Ironie auf eben jene Verkehrung an: „Sie selbst [die Eigentümer an Produktionsmitteln, Anm. P.M.] reihten sich unter die Schaffenden ein, während sie doch die Raffenden blieben wie ehedem. Der Fabrikant wagte und strich ein wie Handelsherr und Bankier" (HGS 5, S. 203).

[35] Vgl. Marx, Kapital I, MEW 23, 49 ff.

[36] „Die produktive Arbeit der Kapitalisten, ob er seinen Profit mit dem Unternehmerlohn wie im Liberalismus oder dem Direktorengehalt wie heute rechtfertige, war die Ideologie, die das Wesen des Arbeitsvertrages und die raffende Natur des Wirtschaftssystems überhaupt zudeckte" (Horkheimer/Adorno, Dialektik der Aufklärung, HGS 5, 203).

[37] Vgl. Postone, Nationalsozialismus und Antisemitismus, 33.

[38] Ebd., S. 38.

[39] Horkheimer/Adorno, Dialektik der Aufklärung, HGS 5, 202.
[40] Ebd., 206.
[41] „Die anderen aber, die es verdrängten und mit schlechtem Gewissen das Christentum als sicheren Besitz sich einredeten, mußten sich ihr ewiges Heil am weltlichen Unheil derer bestätigen, die das trübe Opfer der Vernunft nicht brachten. Das ist der religiöse Ursprung des Antisemitismus" (Horkheimer/Adorno, Dialektik der Aufklärung, HGS 5, 209).
[42] Ebd., 206.
[43] Vgl. ebd., 206.
[44] Vgl. ebd., 208 f.
[45] Heidegger, zitiert nach: Scheit, Meister der Krise, 203.
[46] Damit findet analog zur christlichen Religion eine Vermenschlichung Gottes statt, allerdings mit der Einschränkung, daß der Mensch nur Anteil an Allah hat, solange er in sich ausharrt. Weicht ein Mensch von der medinensischen Gesellschaftsordnung ab, dann tritt ihm Allah als äußeres entgegen, jedoch nicht als Naturgewalt, sondern als Gemeinschaft der Gläubigen die im Namen Gottes für diese „Verfehlung" Vergeltung üben wollen.
[47] Neumann, Behemoth, 104.
[48] Der Islam bedarf nicht des direkten Befehls eines Führers, und der Versuch, den Islamismus auf den Nenner „Führer befiehl – wir folgen!" zu bringen, mißversteht den Islam und dessen Prinzip, das vielmehr lauten müßte: „Führer gehorche uns, so werden wir Dir folgen!" Schon vage Formulierungen eines Anführers ersetzen dabei den direkten Befehl, da sich jedes Mitglied der Glaubensgemeinschaft in diesem Befehl wiederfindet. Seinen Führungsanspruch verdankt z.B. Bin Laden der Tatsache, daß er nicht mehr beansprucht, als dem gemeinschaftlichen Willen der Gläubigen Ausdruck zu verleihen und dadurch die Allmachtsphantasien aller Gläubigen in seiner scheinbaren Omnipotenz in sich vereinigt.
[49] „Der Antisemitismus soll bestätigen, daß das Ritual von Glaube und Geschichte recht hat, indem er es an jenen vollstreckt, die solches Recht verneinen" (Horkheimer/Adorno, Dialektik der Aufklärung, HGS 5, 209).
[50] Vgl. ebd., 263 f.
[51] Ebd., 264.
[52] Es ist kein Zufall, daß gerade vermeintlich sexuell freizügige Frauen, Konsumenten von Rauschmitteln etc. innerhalb der islamischen Gemeinschaft mit größter Vehemenz verfolgt werden.
[53] Vgl. Horkheimer/Adorno, Dialektik der Aufklärung, HGS 5, 267 f.
[54] Dies trifft nicht in jedem Fall zu, da der Kampf um Leben und Tod in einigen Fällen sogar Teil gesellschaftlicher Konventionen und Regeln ist (so ist z.B. das Duell unter englischen Aristokraten kein Hobbesscher Wolfskampf, sondern eine Zeremonie nach allen Regeln der Kunst). Die Voraussetzung dafür, daß ein Opfer mit den gesellschaftlichen Regeln bricht, ist, daß es von seinen prospektiven Mördern nicht als ein mit Rechten versehenes Mitglied eben

jener Gesellschaft angesehen wird. Erst das Verstoßen des Opfers aus der menschlichen Gemeinschaft führt häufig dazu, daß dieses Opfer mit den zivilisatorischen Regeln bricht.

[55] „Was einer fürchtet, wird ihm angetan. Selbst die letzte Ruhe soll keine sein. Die Verwüstung der Friedhöfe ist keine Ausschreitung des Antisemitismus, sie ist er selbst. Die Vertriebenen erwecken zwangshaft die Lust zu vertreiben. Am Zeichen, das Gewalt an ihnen hinterlassen hat, entzündet endlos sich Gewalt. Getilgt soll werden, was bloß vegetieren will. […] Im Todeskampf der Kreatur, am äußersten Gegenpol der Freiheit, scheint die Freiheit unwiderstehlich als die durchkreuzte Bestimmung der Materie durch. Dagegen richtet sich die Idiosynkrasie, die der Antisemitismus als Motiv vorgibt" (ebd., 213).

[56] Horkheimer, Zur Kritik der instrumentellen Vernunft, HGS 6, 124 f.

[57] Horkheimer/Adorno, Dialektik der Aufklärung, HGS 5, 210.

[58] Vgl. ebd., 81.

[59] Vgl. ebd., 210 f.

[60] „Die von Zivilisation Geblendeten erfahren ihre eigenen tabuierten mimetischen Züge erst an manchen Gesten und Verhaltensweisen, die ihnen bei anderen begegnen und als isolierte Reste, als beschämende Rudimente in der rationalisierten Umwelt auffallen" (ebd., 211).

[61] Ebd., 211.

[62] Vgl. Freud, Das Unheimliche, 254 ff.

[63] Benjamin, Gedanken zu einer Analyse des Zustandes von Mitteleuropa, BGS IV, 918 f.

[64] Vgl. Horkheimer/Adorno, Dialektik der Aufklärung, HGS 5, 212 ff.

[65] Vgl. ebd., 211 ff.

[66] Ebd., 216.

[67] Ebd., 217.

[68] Vgl. ebd., 217 ff.

[69] Ebd., 228.

[70] „Nur Verfolgungswahnsinnige lassen sich die Verfolgung, in welche Herrschaft übergehen muß, gefallen, indem sie andere verfolgen dürfen" (ebd., 228).

[71] „Dieser Haß unterscheidet sich aber von dem, den der nicht-autoritäre Charakter gegen den Starken hat, nicht nur durch das Objekt, sondern auch durch die Qualität. Während der Haß den Stärkeren beseitigen oder vernichten will, will dieser den Schwächeren quälen und leiden lassen. Alles, was an Feindseligkeit und Aggression vorhanden ist und was dem Stärkeren gegenüber nicht zum Ausdruck kommt, findet sein Objekt im Schwächeren. Muß man den Haß gegen den Stärkeren verdrängen, so kann man doch die Grausamkeit gegen den Schwächeren genießen. Muß man darauf verzichten, den eigenen Willen gegen den Stärkeren durchzusetzen, so bleibt doch der Genuß, das Gefühl der Macht durch die schrankenlose Herrschaft über den Schwächeren, und das bedeutet mehr Herrschaft, als ihn zum Leiden zu zwingen" (Fromm, Studien über Autorität und Familie, 173).

[72] Vgl. Horkheimer/Adorno, Dialektik der Aufklärung, HGS 5, 217.
[73] Ebd., 218.
[74] „Es stimmt also keineswegs, daß die Erfahrung den Begriff Jude hervorbringt, sondern es ist vielmehr dieser Begriff, der die Erfahrung beleuchtet; wenn der Jude nicht existierte, würde der Antisemit ihn erfinden." (Sartre, Überlegungen zur Judenfrage, 64 f.)
[75] Vgl. Horkheimer/Adorno, Dialektik der Aufklärung, HGS 5, 220.
[76] „Dem Ich, das im sinnleeren Abgrund seiner selbst versinkt, werden die Gegenstände zu Allegorien des Verderbens, in denen der Sinn seines eigenen Sturzes beschlossen liegt" (ebd., 22).
[77] Ebd., 230.
[78] „Die erfahrungsmäßigen 'Elemente des Antisemitismus', außer Kraft gesetzt durch den Erfahrungsverlust, der im Ticketdenken sich anzeigt, werden vom Ticket nochmals mobilisiert" (ebd., 236).
[79] Ebd., 236.
[80] Vgl. ebd., 232 f.
[81] Ebd., 238.
[82] „Die ihrer selbst mächtige, zur Gewalt werdende Aufklärung selbst vermöchte die Grenzen der Aufklärung zu durchbrechen" (ebd., 238).
[83] Adorno, Negative Dialektik, AGS 6, 358.
[84] „Man spricht vom drohenden Rückfall in die Barbarei. Aber er droht nicht, sondern Auschwitz *war* er; Barbarei besteht fort, solange die Bedingungen, die jenen Rückfall zeitigten, wesentlich fortdauern. Das ist das Grauen" (Adorno, Erziehung nach Auschwitz, AGS 10, 674).
[85] Adorno, Was bedeutet: Aufarbeitung der Vergangenheit, AGS 10, 555.
[86] „Insofern handelt es sich bei dem Impuls zur zwanghaften Selbstverteidigung, zur Abwehr, auch um ein Moment unvermeidlicher 'deutscher Neurose', Schuldgefühle wegen Auschwitz, dem unvorstellbaren Terror, nicht gelungen durcharbeiten und ins Ich integrieren zu können, teils abwehren zu müssen: sind sie doch geeignet, die gesamte Integrität und Konstanz eines Individuums zu gefährden" (Rensmann, Kritische Theorie über den Antisemitismus, 237).
[87] Adorno, Was bedeutet: Aufarbeitung der Vergangenheit, AGS 10, 557 f.
[88] Ebd., 558.
[89] Ebd.
[90] „Das Wahre und Bessere in jedem Volk ist wohl vielmehr, was dem Kollektivsubjekt *nicht* sich einfügt, womöglich ihm widersteht. Dagegen befördert die Stereotypenbildung den kollektiven Narzißmus. Das, womit man sich identifiziert, die Essenz der Eigengruppe, wird unversehens zum Guten; die Fremdgruppe, die anderen, schlecht" (Adorno: Auf die Frage: Was ist deutsch, AGS 10, S. 691).
[91] „Soviel wird man sagen können, daß das System politischer Demokratie zwar in Deutschland als das akzeptiert wird, was in Amerika a working proposition heißt, als ein Funktionierendes, das bis jetzt Prosperität gestattete oder gar

förderte. Aber Demokratie hat nicht derart sich eingebürgert, daß sie die Menschen wirklich als ihre eigene Sache erfahren, sich selbst als Subjekte politischer Prozesse wissen. […] Sie wird eingeschätzt nach dem Erfolg oder Misserfolg, an dem dann auch die einzelnen Interessen partizipieren, aber nicht als Einheit des eigenen Interesses mit dem Gesamtinteresse" (Adorno, Was bedeutet: Aufarbeitung der Vergangenheit, AGS 10, 559).

[92] Vgl. ebd., 560.
[93] Vgl. ebd., 562.
[94] Vgl. ebd., 565 ff.
[95] „Diese pauschale Verurteilung der Juden von seiten der Arbeiter wird belegt durch die Haltung der Achtung und Freude an der Arbeit, die ihrerseits Ausdruck des verinnerlichten Ideals: 'Wer nicht arbeitet, verdient nicht zu leben' ist. Die Kritik am faulen Juden scheint für die Arbeiter Ausdruck ihres Bedürfnisses nach Bestätigung ihrer eigenen sozialen Funktion zu sein. Weder stellen sie die Notwendigkeit dieser Funktion objektiv in Frage, noch gestatten sie sich den subjektiven Wunsch nach Veränderung ihrer eigenen sozialen Stellung" (Löwenthal, Vorurteilsbilder, 178).
[96] Adorno, Minima Moralia, AGS 4, 116 (Aph. 66).
[97] So verkündete eine linke Zeitung plakativ nach dem Anschlag auf das World Trade Center vom 11.09. 01: „Wer Wind sät wird Sturm ernten…" (UZ, 14.09.01). Im Einklang mit Rechtsextremisten wie dem ehemaligen RAF-Anwalt Horst Mahler schrieb die ›UZ‹, daß die Ziele es Anschlags wohlüberlegt ausgewählt wurden. „Sie symbolisieren die Macht- und Schaltzentralen der neuen kapitalistischen Weltordnung."
[98] Mit dem Anschlag vom 11.9.2001 auf das World Trade Center und dem modernen Islamismus verschwimmt die Differenz zwischen Antiamerikanismus und Antisemitismus endgültig. So erklärt Bin Laden in seiner zweiten Videobotschaft nach dem 11. September, daß der Terrorismus gegen Amerika es verdient, „angepriesen zu werden, weil er eine Antwort auf das Unrecht ist und darauf abzielt, Amerika zur Beendigung seiner Unterstützung für Israel zu zwingen" (zitiert nach Küntzel, Djihad und Judenhaß, 131). Für die antiimperialistischen und islamistischen Feinde der USA verkörpern diese das global agierende Kapital erst dann vollständig, wenn hinter den USA die Juden als Drahtzieher der Wirtschaft und Politik gesehen werden. Es wird unterstellt, daß diese vermeintliche Macht der Juden erst die Existenz des Staates Israel ermöglicht, d.h. der Staat Israel gilt den Antisemiten und Antiamerikanern als künstliches Produkt, das nur durch die militärische Macht der USA gesichert wird und hinter diesen USA wird die Macht der Juden vermutet. Dabei verschiebt sich die Wahrnehmung der Antisemiten, denn hinter dem World Trade Center und den amerikanischen Institutionen wird die im Dunkeln bleibende Macht des Kapitals und Geldes vermutet, während Israel die konkrete Projektionsfläche des Antisemitismus darstellt. Sind die USA nur solange der unheimliche Gegner, solange hinter ihrem Handeln das

Handeln der Juden vermutet wird, so erscheint den Antisemiten Israel nur dann unheimlich, wenn hinter seiner Existenz die Macht des „amerikanischen Finanzkapitals", der Medien (vgl. Chesler, Der neue Antisemitismus, 116 ff.) und der jüdischen Gemeinschaften vermutet wird (vgl. Scheit, Suicide Attack, 482 f.).

[99] Broder, Der ewige Antisemit, 222.

[100] „Darauf spekuliert tatsächlich einer der wesentlichen Tricks von Antisemiten heute: sich als Verfolgte darzustellen; sich zu gebären, als wäre durch die öffentliche Meinung, die Äußerung des Antisemitismus heute unmöglich macht, der Antisemit eigentlich der, gegen den der Stachel der Gesellschaft sich richtet, während im allgemeinen die Antisemiten doch die sind, die den Stachel der Gesellschaft am grausamsten und erfolgreichsten handhaben" (Adorno, Zur Bekämpfung des Antisemitismus heute, AGS 10, 363).

[101] Adorno, Minima Moralia, AGS 4, 63 (Aph. 34).

*Literatur*

*Siglen*

AGS  Theodor W. Adorno: Gesammelte Schriften. 20 Bände. Hg. v. Rolf Tiedemann, unter Mitwirkung v. Gretel Adorno, Susan Buck-Morss u. Klaus Schultz. Frankfurt a.m. 1970 ff.

ANS  Theodor W. Adorno: Nachgelassene Schriften. (Im Entstehen. Geplant ca. 30 Bände in 6 Abteilungen.) Hg. v. Theodor W. Adorno Archiv. Frankfurt a.M. 1993 ff.

BGS  Walter Benjamin: Gesammelte Schriften. 7 Bände. Hg. v. Rolf Tiedemann u. Hermann Schweppenhäuser, unter Mitwirkung v. Theodor W. Adorno und Gershom Scholem. Frankfurt a.M. 1972 ff.

HGS  Max Horkheimer: Gesammelte Schriften. 19 Bände. Hg v. Alfred Schmidt u. Gunzelin Schmid Noerr. Frankfurt a.M. 1985 ff.

MEGA  Karl Marx/Friedrich Engels: Gesamtausgabe. MEGA². 114 Bände in 4 Abteilungen (davon bisher 52 erschienen). Hg. v. Institut für Marxismus-Leninismus beim ZK der KPdSU u. v. Institut für Marxismus-Leninismus beim ZK der SED bzw. v. d. Internationalen Marx-Engels-Stiftung Amsterdam. Berlin bzw. Amsterdam 1975 ff.

MEW  Karl Marx/Friedrich Engels: Werke. 43 Bände. Hg. v. Institut für Marxismus-Leninismus beim ZK der SED bzw. v. Institut für Geschichte der Arbeiterbewegung. Berlin 1956 ff.

Adorno, Theodor W.: Contra Paulum. In: ders./Max Horkheimer: Briefwechsel 1927–1969, Bd. II: 1938–1944. Frankfurt a.m. 2004. S. 475 ff.

ders., [Für Wiener Radio, 21.2.1969]. In: Theodor W. Adorno Archiv (Hg.): Adorno. Eine Bildmonographie. Frankfurt a.m. 2003. S. 288 ff

ders., Graeculus (II). Notizen zu Philosophie und Gesellschaft 1943-1969. In: Frankfurter Adorno Blätter. H. VIII. 2003. S. 9 ff.

ders./Ernst Bloch: Etwas fehlt ... Über die Widersprüche der utopischen Sehnsucht (Interview mit Horst Krüger). In: Ernst Bloch: Viele Kammern im Welthaus. Eine Auswahl aus dem Werk. Frankfurt a.m. 1994. S. 687 ff.

ders./Walter Benjamin: Briefwechsel 1928-1940. Frankfurt a.m. 1994.

Agnoli, Johannes: Marx, der Staat, die Anarchie. In: ders.: 1968 und die Folgen. Freiburg 1998. S. 211 ff.

ders., Destruktion als Bestimmung des Gelehrten in dürftiger Zeit. In: ders.: Der Staat des Kapitals und weitere Schriften zur Kritik der Politik. Freiburg 1995. S. 10 ff.

Albert, Hans: Kritischer Rationalismus. Vier Kapitel zur Kritik illusionären Denkens. Tübingen 2000.

Althusser, Louis: Für Marx. Frankfurt a.M. 1968.

Althusser, Louis/Etienne Balibar: Das Kapital lesen. 2 Bde. Reinbek 1972.

Améry, Jean: Über das Altern. Revolte und Resignation. Werke, Bd. 3. Stuttgart 2005. S. 7 ff.

Anders, Günther: Über Heidegger. München 2001.

ders., Ketzereien. München 1991.

ders., Wenn ich verzweifelt bin, was geht's mich an? Interview mit Mathias Grefrath (1979). In: ders.: Günther Anders antwortet. Interviews und Erklärungen. Berlin 1987. S. 19 ff.

[Anonym]: kritik. In: Jacob Grimm/Wilhelm Grimm et. al (Hg.): Deutsches Wörterbuch, Bd. 11. München 1984. Sp. 2334 ff.

[Anonym]: Kritik – wie geht das? In: MSZ. Marxistische Streit- und Zeitschrift. Gegen die Kosten der Freiheit. H. 3, 1989. S. 26 ff.

[Anonym]: DGB übt sanfte Kritik. In: einblick. gewerkschaftlicher Info-Service. H. 13, 2001. S. 1.

Arendt, Hannah: Macht und Gewalt. München u. Zürich 1970.

Arndt, Andreas: Die Arbeit der Philosophie. Berlin 2003.

ders., Karl Marx. Versuch über den Zusammenhang seiner Theorie. Bochum 1985.

ders./Wolfgang Lefèvre: System und Systemkritik. Zur Logik der bürgerlichen Gesellschaft bei Hegel und Marx. In: Heinz Kimmerle u.a. (Hg.): Hegel-Jahrbuch 1986. Bochum 1988. S. 11 ff.

Balzac, Honoré de: Verlorene Illusionen. Die Menschliche Komödie, Bd. XXVIII. Zürich 1977.

Barthes, Roland: Mythen des Alltags. Frankfurt a.M. 1964.

Beer, Ursula: Marx auf die Füße gestellt? Zum theoretischen Entwurf von Claudia v. Werlhof. In: Prokla. Zeitschrift für politische Ökonomie und sozialistische Politik. H. 50, 1983. S. 22 ff.

Behrens, Diethard/ Kornelia Hafner: Auf der Suche nach dem „wahren Sozialismus". Von der Kritik des Proudhonismus über die russische Modernisierungsdiktatur zum realsozialistischen Etikettenschwindel. In: Anton Pannekoek u.a.: Marxistischer Anti-Leninismus. Freiburg 1991. S. 205 ff.

Bennholdt-Thomsen, Veronika: Subsistenzproduktion und erweiterte Reproduktion. Ein Beitrag zur Produktionsweisendiskussion. In: Hans-Georg Backhaus u.a. (Hg.): Gesellschaft. Beiträge zur Marxschen Theorie, Bd. 14. Frankfurt a.M. 1981. S. 30 ff.

Bensch, Hans-Georg: Sozialstaatliche Elemente in der Hegelschen Rechtsphilosophie. In: Christoph Bauer u.a. (Hg.): Faschismus und soziale Ungleichheit. Duisburg 2007. S. 145 ff.

ders., Vom Reichtum der Gesellschaften. Mehrprodukt und Reproduktion als Freiheit und Notwendigkeit in der Kritik der politischen Ökonomie. Lüneburg 1995.

Beumann, Helmut: „Der Schriftsteller und seine Kritiker im frühen Mittelalter". In: Studium Generale. 12. Jg. H. 8, 1959. S. 497 ff.

Bierbaum, C. u.a.: Bewußtseinsformen des Alltagslebens. In: Sebastian Herkommer, Sebastian/ Joachim Bischoff/ Karlheinz Maldaner: Alltag, Bewußtsein. Klassen. Aufsätze zur Marxschen Theorie. Hamburg 1984. S. 41 ff.

Bittermann, Klaus: Wie die Identität unter die Deutschen kam. In: ders. (Hg.): Identität und Wahn. Über einen nationalen Minderwertigkeitskomplex. Berlin 1994. S. 7 ff.

Blanke, Bernhard/Ulrich Jürgens/Hans Kastendiek: Kritik der politischen Wissenschaft 2. Analysen von Politik und Ökonomien in der bürgerlichen Gesellschaft. Frankfurt a.M. 1975.

Böhm, Andreas: Kritik der Autonomie. Freiheits- und Moralbegriffe im Frühwerk von Karl Marx. Bodenheim 1998.

von Bormann, Claus: Kritik. In: Joachim Ritter/Karlfried Gründer/Gottfried Gabriel (Hg.): Historisches Wörterbuch der Philosophie, Bd. 4. Basel 1976. Sp. 1249 ff.

ders., Der praktische Ursprung der Kritik. Die Metamorphosen der Kritik in Theorie, Praxis und wissenschaftlicher Technik von der antiken praktischen Philosophie bis zur neuzeitlichen Wissenschaft der Praxis. Stuttgart 1974.

Bourdieu, Pierre: Die feinen Unterschiede. Kritik der gesellschaftlichen Urteilskraft. Frankfurt a.M. 2003.

Braig, Marianne/Carola Lentz: Wider die Enthistorisierung der Marxschen Werttheorie. Kritische Anmerkungen zur Marxschen Kategorie „Subsistenzproduktion". In: Prokla. Zeitschrift für politische Ökonomie und sozialistische Politik. Heft 50, 1983. S. 5 ff.

Brand, Ulrich/Friederike Habermann/Markus Wissen: Vom Gebrauchswert radikaler Kritik. Perspektiven für eine gesellschaftsverändernde Praxis. In: BUKO (Hg.): radikal global. Bausteine für eine internationalistische Linke. Berlin 2003. S. 43 ff.

Brentel, Helmut: Soziale Form und ökonomisches Objekt. Studien zum Gegenstands- und Methodenverständnis der Kritik der politischen Ökonomie. Opladen 1989.

Breuer, Stefan: Die Krise der Revolutionstheorie. Negative Vergesellschaftung und Arbeitsmetaphysik bei Herbert Marcuse. Frankfurt a.M. 1977.

Bröckling, Ulrich: Kritik oder Die Umkehrung des Genitivs. In: Mittelweg 36. Zeitschrift des Hamburger Instituts für Sozialforschung. 15. Jg. H. 4, 2006. S. 93 ff.

Broder, Henryk M.: Der ewige Antisemit. Über Sinn und Funktion eines beständigen Gefühls. Frankfurt a.M. 1986.

Bruhn, Joachim: Der Untergang der Roten Armee Fraktion. Eine Erinnerung für die Revolution. Vorwort in: Emile Marenssin: Stadtguerilla und soziale Revolution. Freiburg 1998. S. 7 ff.

ders., Revolution des Willens. Über den bewaffneten Kampf und die Schaulust am Terroristen. In: Der blinde Fleck. Die Linke, die RAF und der Staat. Mit Beiträgen von Klaus Hartung u.a.. Frankfurt a.M. 1987. S. 122 ff.

ders., Randale und Revolution. Das „Konzept Stadtguerilla" und die Gewaltmythen der Antiimperialisten und Autonomen. In: Die alte Straßenverkehrsordnung. Dokumente der RAF. Berlin 1987. S. 157 ff.

Cchikvadze, V.M.: Staat – Demokratie – Gesetzlichkeit. In: Nobert Reich (Hg.): Marxistische und sozialistische Rechtstheorie. Frankfurt a.M. 1972, 119 ff.

Claussen, Detlev: Theodor W. Adorno. Ein letztes Genie. Frankfurt a.M. 2003.

ders., Jargon der Einigkeit. In: Klaus Bittermann (Hg.): Identität und Wahn. Über einen nationalen Minderwertigkeitskomplex. Berlin 1994. S. 75 ff.

Conze, Werner: Staat und Gesellschaft in der frührevolutionären Epoche Deutschlands. In: ders.: Gesellschaft – Staat – Nation. Gesammelte Aufsätze. Stuttgart 1992. S. 157 ff.

Creydt, Meinhard: Kritik – Eine Frage der Existenz. In: Die Aktion. H. 52, 1989. S. 820 ff.

Dahmer, Helmut: Zur Genealogie der Kritik. In: Werkblatt. Zeitschrift für Psychoanalyse und Gesellschaftskritik. H. 18/19, 1989. S. 35 ff.

Debord, Guy: Die Gesellschaft des Spektakels. Berlin 1996.

Deleuze, Gilles/Michel Foucault: Die Intellektuellen und die Macht. Ein Gespräch zwischen Michel Foucault und Gilles Deleuze. In: dies.: Der Faden ist gerissen. Berlin1977. S. 86 ff.

Demirovic, Alex: Zur Dialektik von Utopie und bestimmter Negation. Eine Diskussionsbemerkung. In: Christina Kaindl (Hg.): Kritische Wissenschaften im Neoliberalismus. Marburg 2005. S. 143 ff.

ders., Kritische Gesellschaftstheorie und Gesellschaft. In: ders. (Hg.): Modelle kritischer Gesellschaftstheorie. Traditionen und Perspektiven der Kritischen Theorie. Stuttgart, Weimar 2003. S. 10 ff.

ders., Der nonkonformistische Intellektuelle. Die Entwicklung der Kritischen Theorie zur Frankfurter Schule. Frankfurt a.M. 1999.

ders., Bodenlose Politik. Dialoge über Theorie und Praxis. In: Wolfgang Kraushaar (Hg.): Frankfurter Schule und Studentenbewegung. Von der Flaschenpost zum Molotowcocktail: 1946 bis 1995, Bd. 3. Hamburg 1998. S. 71ff.

ders., Vom Vorurteil zum Neorassismus. Das Objekt „Rassismus" in Ideologiekritik und Ideologietheorie. In: Redaktion diskus (Hg.): Die freundliche Zivilgesellschaft. Rassismus und Nationalismus in Deutschland. Berlin u. Amsterdam 1992. S. 73 ff.

Diner, Dan: Aporie der Vernunft. Horkheimers Überlegungen zu Antisemitismus und Massenvernichtung. In: ders. (Hg): Zivilisationsbruch. Denken nach Auschwitz. Frankfurt a.M. 1988. S. 30 ff.

Drosdowski, Günther: Duden „Etymologie". Herkunftswörterbuch der deutschen Sprache. Mannheim, Wien u. Zürich 1989.

Droste, Wiglaf: Wir sägen uns die Beine ab und sehen aus wie Gregor Gysi. Ausgesuchte neue Texte. Berlin 2004.

Ebbighausen, Rolf: Monopol und Staat. Zur Marx-Rezeption in der Theorie des staatsmonopolistischen Kapitalismus. Frankfurt a.M. 1974.

Elbe, Ingo: Holloways „Open Marxism". Bemerkungen zu Formanalyse als Handlungstheorie und Revolutionsromantik. http://www.rote-ruhr-uni.com/cms/Holloways-Open-Marxism.html

Ellmers, Sven: Die formanalytische Klassentheorie von Karl Marx. Ein Beitrag zur 'neuen Marx-Lektüre'. Duisburg 2007.

Engster, Frank: Ihre Unmöglichkeit als Gegenstand der Kritik. Das Dilemma kritischer Theorie und revolutionärer Kritik. In: erste hilfe. H. 5, 2002. S. 33 ff.

Enzensberger, Hans Magnus: Ein Gespräch über die Zukunft mit Rudi Dutschke, Bernd Rabehl und Christian Semler. In: Kursbuch. H. 14,1968. S. 146 ff.

Fabri, Albrecht: Der schmutzige Daumen. Gesammelte Schriften. Frankfurt a.M. 2000.

Fischer, Anton M.: Der reale Schein und die Theorie des Kapitals bei Karl Marx. Zürich 1978.

Flechtheim, Ossip K.: Karl Marx und die deutsche Sozialdemokratie. In: ders.: Vergangenheit im Zeugenstand der Zukunft.1937-1974. Berlin 1991.317 ff.

Fleischer, Helmut: Marxismus und Geschichte. Frankfurt a.M. 1975.

Forester, Viviane: Der Terror der Ökonomie. Wien 1997.

Foucault, Michel: Was ist Kritik? Berlin 1992.

Freud, Sigmund: Das Unheimliche. In: ders.: Studienausgabe, Bd. IV. Frankfurt a.M. 1970. S. 241 ff.

Fromm, Erich: Studien über Autorität und Familie. Sozialpsychologischer Teil. Gesamtausgabe, Bd. 1. Stuttgart 1999. S. 141 ff.

Gallas, Alexander: War Marx Monist? Versuch einer Kritik der Wertkritik. Unveröffentlichtes Manuskript.

Gangl, Manfred: Politische Ökonomie und Kritische Theorie. Ein Beitrag zur theoretischen Entwicklung der Frankfurter Schule. Frankfurt a.M u. New York 1987.

Gerstenberger, Heide: Die subjektlose Gewalt. Theorie der Entstehung bürgerlicher Staatsgewalt. Münster 1990.

Giddens, Anthony: Die Konstitution der Gesellschaft. Grundzüge einer Theorie der Strukturierung. Frankfurt a. M., New York 1992.

ders., Die Klassenstruktur fortgeschrittener Gesellschaften. Frankfurt a.M. 1984.

Habermas, Jürgen: Literaturbericht zur philosophischen Diskussion um Marx und den Marxismus. In: ders.: Theorie und Praxis. Sozialphilosophische Studien. Frankfurt a.M. 1993. S. 387 ff.

ders., Zwischen Philosophie und Wissenschaft: Marxismus als Kritik. In: ders.: Theorie und Praxis. Sozialphilosophische Studien. Frankfurt a.M. 1971. S. 228 ff.

Hafner, Kornelia: Gebrauchswertfetischismus. In: Diethard Behrens (Hg.): Gesellschaft und Erkenntnis. Zur materialistischen Erkenntnis- und Ökonomiekritik. Freiburg 1993. S. 59 ff.

Hannes: Kritik der Politik. Eine parteiische Reprise. In: CEE IEH. Der Conne Island Newsflyer. H. 90, 2002. S. 24 ff.

Harms, Andreas: Warenform und Rechtsform. Zur Rechtstheorie von Eugen Paschukanis. Baden-Baden 2000.

Hardt, Michael/Antonio Negri: Empire. Die neue Weltordnung. Frankfurt a.m. u.New York 2002

Harnischmacher, Iris: Das Phantasma der terroristischen Existenz. In: Ilse Bindseil/Monika Noll (Hg.): Fatal real. Frauen 5. Freiburg 1997, 111 ff.

Haug, Frigga: Gesellschaftstheorie. In: Wolfgang Fritz Haug (Hg.): Historisch-kritisches Wörterbuch des Marxismus, Bd. 5. Hamburg 2001. Sp. 598.

Haug, Wolfgang Fritz: Zur Dialektik des Antirassismus. Erkundungen auf einem Feld voller Fallstricke. In: Das Argument. H. 191, 34. Jahrgang 1992. 27 ff.

ders.: Krise oder Dialektik des Marxismus. In: ders.: Pluraler Marxismus. Beiträge zur politischen Kultur. Berlin 1985. S. 22 ff.

Hegel, Georg Wilhelm Friedrich: Grundlinien der Philosophie des Rechts. Mit Hegels eigenhändigen Randbemerkungen in seinem Handexemplar der Rechtsphilosophie. In der Textedition von Johannes Hofmeister. Hamburg 1995.

ders.: Phänomenologie des Geistes. Hamburg 1988.

ders.: Ueber die wissenschaftlichen Behandlungsarten des Naturrechts. Gesammelte Werke, Bd. 4. Hamburg 1986.

ders.: Vorlesungen. Ausgewählte Nachschriften und Manuskripte. Bd. 1. Vorlesungen über Naturrecht und Staatswissenschaft. Heidelberg 1817/18 (mit Nachtr. aus d. Vorlesung 1818/19). Hamburg 1983.

Heidegger, Martin: Sein und Zeit. Tübingen 1993.

Heinrich, Klaus: Versuch über die Schwierigkeit, nein zu sagen. Basel u. Frankfurt a.m 1982.

Heinrich, Michael: Kritik der politischen Ökonomie. Eine Einführung. Stuttgart 2004.

ders.: Die Wissenschaft vom Wert. Die Marxsche Kritik der politischen Ökonomie zwischen wissenschaftlicher Revolution und klassischer Tradition. Münster 1999.

ders., esoterisch/exoterisch. In: Haug, W.F. (Hg.): Historisch-kritisches Wörterbuch des Marxismus, Bd. 3. Hamburg 1997. Sp. 839 ff.

ders.: Geschichtsphilosophie bei Marx. In: Beiträge zur Marx-Engels-Forschung. Neue Folge 1996. Hamburg 1996. S.62 ff.

Helms, Hans G: Fetisch Revolution. Linksradiaklismus unter monopolkapitalistischen Bedingungen. In: ders.: Fetisch Revolution. Marxismus und Bundesrepublik. Neuwied u. Berlin 1969.

ders.: Über die gesellschaftliche Funktion der Kritik. In: Peter Hamm (Hg.): Kritik/von wem/für wen/wie. Eine Selbstdarstellung deutscher Kritiker. München 1968. S. 134 ff.

ders.: Die Ideologie der anonymen Gesellschaft. Max Stirners „Einziger" und der Fortschritt des demokratischen Selbstbewußtseins vom Vormärz bis zur Bundesrepublik. Köln 1966.

Henscheid, Eckhard: Alle 756 Kulturen. Eine Bilanz. Frankfurt a.m. 2001.

ders.: Dummdeutsch. Stuttgart 1993.

Hesse, Christoph: Filmform und Fetisch. Bielefeld 2006.

Hochschulgruppe der Antifaschistischen Aktion Berlin: We didn't start the fire, it was always burning since the world was turning. Gewalt in der bürgerlichen Gesellschaft. In: erste hilfe. H. 5, 2002. S. 2 ff.

Hoff, Jan: Kritik der klassischen politischen Ökonomie. Zur Rezeption der werttheoretischen Ansätze ökonomischer Klassiker durch Karl Marx. Köln 2004.

Hofmann, Werner: Verelendung. In: Ernst Theodor Mohl (Hg.): Folgen einer Theorie. Essays über 'Das Kapital'. Frankfurt a.M. 1971. S. 27 ff.

Holloway, John: Die Welt verändern, ohne die Macht zu übernehmen. Münster 2002.

Holofernes, Judith: Holofernes. Wir sind Heldinnen (im Interview mit Chantal Louis). In: Emma. H. 2, 2004. S. 38 ff.

Horstmann, Rolf-Peter: Über die Rolle der bürgerlichen Gesellschaft in Hegels politischer Philosophie. In: Manfred Riedel (Hg.): Materialien zu Hegels Rechtsphilosophie, Bd. 2. Frankfurt a.M. 1975. S. 276 ff.

ders.: Wahrheit aus dem Begriff. Eine Einführung in Hegel. Frankfurt a.M. 1990.

Iber, Christian: Grundzüge der Marx'schen Kapitalismustheorie. Berlin 2005.

Ickler, Theodor: Falsch ist richtig. Ein Leitfaden durch die Abgründe der Rechtschreibreform. München 2006.

ID-Archiv/IISG Amsterdam (Hg.): Die Früchte des Zorns. Texte und Materialien zur Geschichte der Revolutionären Zellen und der Roten Zora. Berlin 1993.

Initiative Sozialistisches Forum (Hg.): Diktatur der Freundlichkeit. Über Bhagwan, die kommende Psychokratie und Lieferanteneingänge zum wohltätigen Wahnsinn. Freiburg 1984.

Jaeschke, Walter: Hegel-Handbuch. Leben – Werk – Schule. Stuttgart u. Weimar 2003.

Jameson, Fredric: Spätmarxismus. Adorno oder die Beharrlichkeit der Dialektik. Hamburg 1992.

Kant, Immanuel: Kritik der Urteilskraft. Hamburg 1993.

ders.: Kritik der reinen Vernunft. Werke, Bd. III. Frankfurt a.M. 1974.

ders.: Beantwortung der Frage: Was ist Aufklärung? Werke, Bd. XI. Frankfurt a.M. 1968. S. 51 ff.

Kautsky, Karl: Ethik und materialistische Geschichtsauffassung. In: Hans Jörg Sandkühler/Rafael de la Vega (Hg.): Marxismus und Ethik. Frankfurt a.M. 1974. S. 193 ff.

ders.: Das Erfurter Programm, Berlin 1965.

Kellner, Douglas: Kulturindustrie und Massenkommunikation. Die Kritische Theorie und ihre Folgen. In: Wolfgang Bonß/Axel Honneth (Hg.): Sozialforschung als Kritik. Frankfurt a.M. 1982. S. 482 ff.

Kersting, Wolfgang: Spannungsvolle Rationalitätsbegriffe in der politischen Philosophie von John Rawls. In: Karl-Otto Apel /Matthias Kettner (Hg.): Die eine Vernunft und die vielen Rationalitäten. Frankfurt a.M. 1996. S. 227 ff.

ders.: Die politische Philosophie des Gesellschaftsvertrags. Darmstadt 1994.

ders.: Polizei und Korporation in Hegels Darstellung der bürgerlichen Gesellschaft. In: Kimmerle, Heinz u.a. (Hg.): Hegel-Jahrbuch 1986. Bochum 1988. S. 373 ff.

Kettner, Fabian: Die Protokolle der Weisen von Hollywood. Christoph Türckes affirmative turn. In: Prodomo, H 1, 2005, S. 27 ff.

ders.: „Empire" – Neues in der Weltordnung von Michael Hardt und Antonio Negri? In: AStA der Geschwister-Scholl-Universität München (Hg.): Spiel ohne Grenzen. Zu- und Gegenstand der Antiglobalisierungsbewegung. Berlin 2004. S. 39 ff.

ders.: Die Besessenen von Gesara. Michael Hardt & Antonio Negri setzen die Suche nach der Multitude fort. http://www.rote-ruhr-uni.com/cms/Die-Besessenen-von-Gesara.html

ders.: Das Verhältnis des Theoretikers zur Bewegung. Das Beispiel John Holloway. http://www.rote-ruhr-uni.com/cms/Das-Verhaltnis-des-Theoretikers.html

Kittsteiner, Heinz Dieter: Naturabsicht und unsichtbare Hand. Frankfurt a.M., Berlin u. Wien 1980.

Klein, Naomi: No Logo! Der Kampf der Global Players um Marktmacht. Ein Spiel mit vielen Verlierern und wenigen Gewinnern. München 2001.

Kluchert, Gerhard: Geschichtsschreibung und Revolution. Die historischen Schriften von Karl Marx und Friedrich Engels 1846-1852. Stuttgart, Bad Cannstatt 1985.

Köhler, Horst: Offen will ich sein und notfalls unbequem. Ein Gespräch mit Hugo Müller-Vogg. München 2005.

Koller, Peter: Neue Theorien des Sozialkontrakts. Berlin 1987.

König, Helmut: Geist und Revolution. Studien zu Kant, Hegel und Marx. Stuttgart 1981.

Koselleck, Reinhart: Kritik und Krise. Eine Studie zur Pathogenese der bürgerlichen Welt. Frankfurt a.M. 1976.

Kostede, Norbert: Die neuere marxistische Diskussion über den bürgerlichen Staat. Einführung – Kritik – Resultate. In: Hans-Georg Backhaus u.a. (Hg.): Gesellschaft. Beiträge zur Marxschen Theorie, Bd. 8/9. Frankfurt a.M. 1976. S. 150 ff.

Krahl, Hans-Jürgen: Konstitution und Klassenkampf. Zur historischen Dialektik von bürgerlicher Emanzipation und proletarischer Revolution. Schriften, Reden und Entwürfe aus den Jahren 1966-1970. Frankfurt a.M. 1971.

Kratz, Steffen: Philosophie und Wirklichkeit. Die junghegelianische Programmatik einer Verwirklichung der Philosophie und ihre Bedeutung für die Konstituierung der Marxschen Theorie. Bielefeld 1979 (Dissertation).

Kraus, Karl: Hüben und Drüben. In: ders.: Hüben und Drüben. Schriften, Bd. 18. Frankfurt a.M. 1993. S. 156 ff.

Krause, W.P.: Das historische Spektrum der philosophischen Kritik. In: Studium Generale. 12. Jg. H. 9, 1959. S. 35 ff.

Krauss, Hartmut: Marx und die Freiheit. Darstellung und Kritik der „romantischen" Marx-Interpretation Charles Taylors. www.glasnost.de/autoren/krauss/marx.html

Kurz, Robert: Wir haben ihn so geliebt, den Klassenkampf. In: Konkret. Zeitschrift für Politik und Kultur 5/2000. Hamburg. S. 36 ff.

ders., Subjektlose Herrschaft. Zur Aufhebung einer verkürzten Gesellschaftskritik. In: Krisis. Beiträge zur Kritik der Warengesellschaft 13/1993. Bad Honnef. S. 17 ff.

ders., Der Kollaps der Modernisierung. Vom Zusammenbruch des Kasernensozialismus zur Krise der Weltökonomie, Frankfurt a.M. 1991.

ders./Ernst Lohoff: Der Klassenkampf-Fetisch. Thesen zur Entmythologisierung des Marxismus. http://www.balzix.de/index.html

Küsters, Gerd-Walter: Der Kritikbegriff der Kritischen Theorie (untersucht am Beispiel Max Horkheimers). Münster 1977 (Dissertation).

Laclau, Ernesto/Chantal Mouffe: Hegemonie und radikale Demokratie. Zur Dekonstruktion des Marxismus. Wien 1991.

Läpple, Dieter: Zum Legitimationsproblem politischer Herrschaft in der kapitalistischen Gesellschaft. In: Rolf Ebbighausen (Hg.): Bürgerlicher Staat und politische Legitimation. Frankfurt a.m. 1976. S. 106 ff.

Lassalle, Ferdinand: Offenes Antwortschreiben an das Zentralkomitee zur Berufung eines allgemeinen deutschen Arbeiterkongresses zu Leipzig. In: Dieter Dowe/Kurt Klotzbach (Hg.): Programmatische Dokumente der deutschen Sozialdemokratie. Berlin-Bonn 1973. S. 103 ff.

Lau, Jörg: Streitkultur. In: Klaus Bittermann/Gerhard Henschel (Hg.): Das Wörterbuch des Gutmenschen. Zur Kritik der moralisch korrekten Schaumsprache. Berlin, 1994. S. 143 ff.

Leiprecht, Rudolf: Auf der Suche nach Begriffen für eine antirassistische Arbeit. In: Das Argument. H 195, 34. Jahrgang 1992. S. 703 ff.

Löwenthal, Leo: Literatur und Massenkultur. Schriften, Bd. 1. Frankfurt a.M. 1990.

ders.: Vorurteilsbilder. Antisemitismus unter amerikanischen Arbeitern. In: ders.: Falsche Propheten. Studien zum Autoritarismus. Schriften, Bd. 3. Frankfurt a.M. 1982. S. 177 ff.

Lukács, Georg: Der junge Hegel. Über die Beziehungen von Dialektik und Ökonomie. Zürich u. Wien 1948.

ders.: Geschichte und Klassenbewußtsein. Studien über marxistische Dialektik. Neuwied 1968.

Mao Tsetung: Worte des Vorsitzenden Mao Tsetung. Peking 1972.

Mandel, Ernest: Kontroversen um 'Das Kapital'. Berlin 1991.

ders.: Marxistische Wirtschaftstheorie, Bd. 1. Frankfurt a.M. 1972.

Marcuse, Herbert: Zum Begriff der Negation in der Dialektik. In: ders.: Ideen zu einer kritischen Theorie der Gesellschaft. Frankfurt a.M. 1969. S. 185 ff.

ders.: Repressive Toleranz. In: ders. u.a. (Hg.): Kritik der reinen Toleranz. Frankfurt a.M. 1966. S. 91 ff.

Marmontel, Jean-François: Critique. In : Denis Diderot/Jean Le Rond d'Alembert (Hg.): Encyclopédie ou Dictionnaire raisonné des sciences, des arts et des métiers, Bd. 4. Paris 1754. S. 489 ff.

Marx, Karl: Resultate des unmittelbaren Produktionsprozesses. Frankfurt a.M. 1969.

Misik, Robert: Genial Dagegen. Kritisches Denken von Marx bis Michael Moore. Berlin 2005.

Mohl, Alexandrine: Verelendung und Revolution. Oder: Das Elend des Objektivismus. Zugleich ein Beitrag zur Marxrezeption in der deutschen Sozialdemokratie. Dissertation. Frankfurt a.M. 1978.

Müller, Friedrich: Korporation und Assoziation. Eine Problemgeschichte der Vereinigungsfreiheit im deutschen Vormärz. Berlin 1965.

Neumann, Franz: Behemoth. Struktur und Praxis des Nationalsozialismus 1933-1944. Frankfurt a.M. 1998.

Nietzsche, Friedrich: Menschliches, Allzumenschliches. Ein Buch für freie Geister. In: ders.: Sämtliche Werke. Kritische Studienausgabe, Bd. 2. Berlin u. New York 1988. S. 9 ff.

Paschukanis, Eugen: Allgemeine Rechtslehre und Marxismus. Versuch einer Kritik der juristischen Grundbegriffe. Frankfurt a.M. 1969.

Pfeifer, Wolfgang et al.: Etymologisches Wörterbuch des Deutschen. Berlin 1993.

Pöggeler, Otto: Einleitung. In: Georg Wilhelm Friedrich Hegel: Vorlesungen. Ausgewählte Nachschriften und Manuskripte. Bd. 1. Vorlesungen über Naturrecht und Staatswissenschaft. Heidelberg 1817/18 (mit Nachtr. aus d. Vorlesung 1818/19). Hamburg 1983. S. IX ff.

Pohrt, Wolfgang: Theorie des Gebrauchswerts. Über die Vergänglichkeit der historischen Voraussetzungen, unter denen das Kapital Gebrauchswert setzt. Berlin 2001.

ders.: Brothers in Crime. Die Menschen im Zeitalter ihrer Überflüssigkeit. Über die Herkunft von Gruppen, Cliquen, Banden, Rackets und Gangs. Berlin 1997.

ders.: Die Freunde des bewaffneten Kampfes und ihre politische Praxis. In: ders.: Zeitgeist, Geisterzeit. Kommentare & Essays. Berlin 1986. S. 165 ff.

ders.: Manson Family und Revolution. Ein Beitrag zur Diskussion um „Emanzipation in der Gruppe". In: ders.: Ausverkauf. Von der Endlösung zu ihrer Alternative. Pamphlete und Essays. Berlin 1980. S. 34 ff.

Polgar, Alfred: Bei Lichte betrachtet. Texte aus vier Jahrzehnten. Reinbek 1970.

Pollock, Friedrich: Staatskapitalismus. In: Max Horkheimer, Friedrich Pollock u.a.: Wirtschaft, Staat und Recht im Nationalsozialismus. Analysen des Instituts für Sozialforschung 1939-1942. Frankfurt a.M. 1981. S. 81 ff.

Popper, Karl R.: Das Elend des Historizismus. Tübingen 1987.

ders.: Die Logik der Sozialwissenschaften. In: Theodor W. Adorno et al.: Der Positivismusstreit in der deutschen Soziologie. Darmstadt u. Neuwied 1972. S. 103 ff.

Postone, Moishe: Zeit, Arbeit und gesellschaftliche Herrschaft. Eine neue Interpretation der kritischen Theorie von Marx. Freiburg 2003.

ders.: Nationalsozialismus und Antisemitismus. Ein theoretischer Versuch. In: Michael Werz (Hg.): Antisemitismus und Gesellschaft. Frankfurt a.M. 1995. S. 29 ff.

Rakowitz, Nadja: Einfache Warenproduktion. Ideal und Ideologie. Freiburg 2000.

Rath, Norbert: Adornos Kritische Theorie. Vermittlungen und Vermittlungsschwierigkeiten. Paderborn u.a. 1982.

Reichardt, Tobias: Marx über die Gesellschaft der klassischen Antike. In: Beiträge zur Marx-Engels-Forschung. Neue Folge 2004. Hamburg 2006. S. 194 ff.

Reichelt, Helmut: Zur Dialektik von Produktivkräften und Produktionsverhältnissen. Versuch einer Rekonstruktion. In: ders./Reinhold Zech (Hg.): Karl Marx – Produktivkräfte und Produktionsverhältnisse. Entstehung, Funktion und Wandel eines Theorems der materialistischen Geschichtsauffassung. Frankfurt a.M., Berlin u. Wien, 1983. S. 7 ff.

Rensmann, Lars: Kritische Theorie über den Antisemitismus. Studien zu Struktur, Erklärungspotential und Aktualität. Berlin u. Hamburg 1998.

Riedel, Manfred: Die Rezeption der Nationalökonomie. In: ders.: Zwischen Tradition und Revolution: Studien zu Hegels Rechtsphilosophie. Stuttgart 1982. S. 116 ff.

Riha, Karl: Kritik, Satire, Parodie. Gesammelte Aufsätze zu den Dunkelmännerbriefen, zu Lesage, Lichtenberg, Klassiker-Parodie, Daumier, Herwegh, Kürnberger, Holz, Kraus, Heinrich Mann, Tucholsky, Hausmann, Brecht, Valentin, Schwitters, Hitler-Parodie und Henscheid. Opladen 1992.

Ritsert, Jürgen: Der Kampf um das Surplusprodukt. Einführung in den klassischen Klassenbegriff. Frankfurt a.M. u. New York 1988.

Ritter, Joachim: Hegel und die Französische Revolution. Franfurt a.M. 1965.

ders., Person und Eigentum. Zu Hegels „Grundlinien der Philosophie des Rechts" §§ 34 bis 81. In: Manfred Riedel (Hg.): Materialien zu Hegels Rechtsphilosophie. Bd. 2. Frankfurt a.m. 1975. S. 152 ff.

Rottleuthner, Hubert: Marxistische und analytische Rechtstheorie. In: ders. (Hg): Probleme der marxistischen Rechtstheorie. Frankfurt a.M. 1975. S. 159 ff.

Rote Armee Fraktion (RAF): Das Konzept Stadtguerilla. In: Die alte Straßenverkehrsordnung. Dokumente der RAF. Berlin 1987. S. 21 ff.

Roth, Jürgen: Die große Wehmut der Instrumente. Mainz 2002.

Röttgers, Kurt: Kritik und Praxis. Zur Geschichte des Kritikbegriffs von Kant bis Marx. Berlin u. New York 1975.

ders., Kritik. In: Hans Jörg Sandkühler (Hg.) (1990): Europäische Enzyklopädie zu Philosophie und Wissenschaften, Bd. 2. Hamburg 1990. S. 889 ff.

Rüddenklau, Eberhard: Das System der Bedürfnisse und die Idee des guten Lebens. In: Heinz Kimmerle u.a. (Hg.): Hegel-Jahrbuch 1986. Bochum 1988. S. 279 ff.

Rudel, Gerd: Die Entwicklung der marxistischen Staatstheorie in der Bundesrepublik. Frankfurt a.M. u. New York 1981.

Rutschky, Michael: Der Alte Meister …. In: Die Tageszeitung. 18./19. Juli 1998. S. 10.

Sandleben, Guenther: Nationalökonomie und Staat. Zur Kritik der Theorie des Finanzkapitals. Hamburg 2003.

Sartre, Jean-Paul: Überlegungen zur Judenfrage. Oder was ist Antisemitismus? In: ders.: Den Mensch erfinden. Reinbek bei Hamburg 2000. S. 63 ff.

Schandl, Franz: Kommunismus oder Klassenkampf. In: Weg und Ziel. Marxistische Zeitschrift, Nr. 3/1997. Wien. S. 17 ff.

Scharang, Michael: Das Geschwätz von der Identität. In: Klaus Bittermann (Hg.): Identität und Wahn. Über einen nationalen Minderwertigkeitskomplex. Berlin 1994. S. 31 ff.

Scheit, Gerhard: Die Meister der Krise. Über den Zusammenhang von Vernichtung und Volkswohlstand. Freiburg 2001.

ders., Le capital caché. Die Welt als Zeichensystem und der Wille zu PC. In: ders.: Mülltrennung. Beiträge zu Politik, Literatur und Musik. Hamburg 1998. S. 58 ff.

Sieferle, Rolf Peter: Die Revolution in der Theorie von Karl Marx. Frankfurt a.M., Wien u. Berlin 1979.

Schmieder, Falko: Ludwig Feuerbach und der Eingang der klassischen Fotografie. Zum Verhältnis von anthropologischem und Historischem Materialismus. Berlin u. Wien 2004.

Schmidt am Busch, Hans-Christian: Religiöse Hingabe oder soziale Freiheit. Die saint-simonistische Theorie und die Hegelsche Sozialphilosophie. Hegel-Studien, Beiheft 48. Hamburg 2007.

Schneider, Peter: Identität? Vier psychoanalytische Anläufe. In: Klaus Bittermann (Hg.): Identität und Wahn. Über einen nationalen Minderwertigkeitskomplex. Berlin 1994. S. 63 ff.

Scholem, Gershom: Tagebücher nebst Aufsätzen und Entwürfen bis 1923. 2. Halbband 1917–1923. Frankfurt a.M. 2000.

Schopf, Wolfgang (Hg.): „So müßte ich ein Engel und kein Autor sein". Adorno und seine Frankfurter Verleger. Der Briefwechsel mit Peter Suhrkamp und Siegfried Unseld. Frankfurt a.M. 2003.

Schuberth, Richard: Wer liebt Elfriede Jelinek? In: Konkret. H. 11, 2004. 54 f.

Schulz, Frank: Morbus fonticuli oder Die Sehnsucht des Laien. Zürich 2001.

Schweppenhäuser, Gerhard: Theodor W. Adorno zur Einführung. Hamburg 2000.

Seibert, Thomas: The People of Genova. Plädoyer für eine post-avantgardistische Linke. In: BUKO (Hg.): radikal global. Bausteine für eine internationalistische Linke. Berlin 2003. S. 57 ff.

Sieferle, Rolf Peter: Die Revolution in der Theorie von Karl Marx. Frankfurt a.M., Wien u. Berlin 1979.

Simon, Josef: Freiheit und Erkenntnis. In: ders. (Hg.): Freiheit. Theoretische und praktische Aspekte des Problems. Freiburg u. München 1977. S. 11 ff.

ders., Glück und Erkenntnis. Zur Motivstruktur der Wissenschaft. In: Günther Bien (Hg.).: Die Frage nach dem Glück. Stuttgart u. Bad Cannstatt 1978. S. 113 ff.

ders., Was ist Metaphysik und was wäre ihr Ende? In: Dieter Henrich/Rolf Peter Horstmann (Hg.): Metaphysik nach Kant? Stuttgarter Hegel-Kongreß 1987. Veröffentlichungen der Internationalen Hegel-Vereinigung, Bd. 17. Stuttgart 1987. S. 505 ff.

Sonnemann, Ulrich: Negative Anthropologie. Vorstudien zur Sabotage des Schicksals. Frankfurt a.M. 1981.

Stadelmaier, Gerhard: Haltungsnote Eins. In: Frankfurter Allgemeine Zeitung. 20. Dezember 2004. S. 31.

Taylor, Charles: Hegel. Frankfurt a.M. 1978.

Therborn, Göran: Dialektik der Moderne. Kritische Theorie und Vermächtnis des Marxismus des 20. Jahrhunderts. In: Sozialistische Hefte. H. 4, 2003. S. 3 ff.

Tiedemann, Rolf: Studien zur Philosophie Walter Benjamins. Frankfurt a.M. 1973.

Tomberg, Friedrich: Der Begriff der Entfremdung in den „Grundrissen" von Karl Marx. In: Das Argument. Zeitschrift für Philosophie und Sozialwissenschaften 52/1969. Berlin. S. 187 ff.

Türcke, Christoph: Erregte Gesellschaft. Philosophie der Sensation. München 2002.

Viehmann, Klaus: Stadtguerilla und Klassenkampf – revised. In: jour fixe-initiative berlin (Hg.): Klassen und Kämpfe. Münster 2006.

Wagner, Wolf: Verelendungstheorie – die hilflose Kapitalismuskritik. Frankfurt a.M. 1976.

Walser, Robert: Basta. In: Klaus Zobel (Hg.): Moderne Kurzprosa. Eine Textsammlung für den Deutschunterricht. Paderborn u.a. 1978, S. 12 ff.

Weber, Thomas: Basis. In: Wolfgang Fritz Haug (Hg.): Historisch-kritisches Wörterbuch des Marxismus, Bd. 2. Hamburg 1995. Sp. 28 ff.

Wiggershaus, Rolf : Die Frankfurter Schule. Geschichte. Theoretische Entwicklung. Politische Bedeutung. München u. Wien 1986.

Wildt, Andreas: Gerechtigkeit in Marx' Kapital. In: Georg Lohmann/Emil Angehrn (Hg.): Ethik und Marx. Moralkritik und normative Grundlagen der Marxschen Theorie. Königstein 1986. S. 149 ff.

Willemsen, Roger: Kopf oder Adler. Ermittlungen gegen Deutschland. München 1994.

Wolf, Dieter: Hegels Theorie der bürgerlichen Gesellschaft. Hamburg 1980.

Zech, Reinhold: Produktivkräfte und Produktionsverhältnisse in der Kritik der politischen Ökonomie. In: ders./Helmut Reichelt (Hg.): Karl Marx – Produktivkräfte und Produktionsverhältnisse. Entstehung, Funktion und Wandel eines Theorems der materialistischen Geschichtsauffassung, Frankfurt a.M., Berlin u. Wien 1983. S.60 ff.

*Die Autoren*

*Fabian Kettner,* geb. 1974, hat Philosophie, Geschichte und Soziologie an der Ruhr-Universität Bochum studiert. Derzeit promoviert er über Adornos Verhältnis zur Philosophie und ist als freier Autor und Referent tätig. Neuere Veröffentlichung: Die Theorie der Verdinglichung und die Verdinglichung der Theorie. In: Benseler/Jung (Hg.): Lukács 2002. Jahrbuch der Internationalen Georg-Lukács-Gesellschaft (Bielefeld 2002).

*Dirk Braunstein,* geb. 1971, promoviert über Adornos Kritik der politischen Ökonomie.

*Sven Ellmers,* geb. 1979, hat Sozialwissenschaft an der Ruhr-Universität Bochum studiert. Derzeit bereitet er eine Promotion zu dem Thema 'Karl Marx und Pierre Bourdieu. Ein Theorievergleich' vor. Veröffentlichungen: Die formanalytische Klassentheorie von Karl Marx. Ein Beitrag zur 'neuen Marx-Lektüre' (Duisburg 2007); (Hg. zus. mit Christoph Bauer u.a.): Faschismus und soziale Ungleichheit (Duisburg 2007).

*Ingo Elbe,* geb. 1972, hat Philosophie, Geschichte und Sozialpsychologie an der Ruhr-Universität Bochum studiert. Soeben hat er eine Dissertation über die neue Marx-Lektüre in der Bundesrepublik geschrieben. Neuere Veröffentlichung: Zwischen Marx, Marxismus und Marxismen. Lesarten der Marxschen Theorie. In: Hoff u.a. (Hg.): Das Kapital neu lesen (Münster 2006); Holloways 'Open Marxism'. Formanalyse als Handlungstheorie und Revolutionsromantik. In: Z. Zeitschrift Marxistische Erneuerung. Heft 67 (Frankfurt a. M. 2006).

*Christoph Hesse,* geb. 1972, hat Film- und Fernsehwissenschaft, Germanistik und Philosophie an der Ruhr-Universität Bochum studiert. Zurzeit ist er am Institut für Kommunikationsgeschichte und angewandte Kulturwissenschaften der FU Berlin beschäftigt und arbeitet dort an einer Edition von Briefen an Brecht im Exil. Er hat 2006 das Buch 'Filmform und Fetisch' veröffentlicht.

*Paul Mentz,* geb. 1975, studiert an der Ruhr-Universität Bochum Philosophie und Soziologie.

Cajo Brendel
**Anton Pannekoek**
Denker der Revolution

Die Theoretikerin Rosa Luxemburg ist zu einer Art schlechtem Gewissen sowohl der Sozialdemokratie wie des Parteikommunismus verharmlost worden. Verloren ging, daß ihre Schrift zur Kritik der Russischen Revolution von 1917 zugleich das Gründungsmanifest einer neuen Strömung radikaler Arbeiterbewegung wurde: der Rätekommunisten. Insbesondere der holländische Marxist Anton Pannekoek (1873-1960), dessen intellektuelle Biographie Cajo Brendel hiermit vorlegt, arbeitete auf den Gebieten der Erkenntnistheorie, der Politischen Ökonomie sowie der Theorie der Arbeiterräte den Gehalt dieser neuen, sowohl antileninistischen wie antireformistischen Orientierung heraus, die auf den Kommunismus nicht als auf eine Staatsveranstaltung zielt, sondern als die freie Assoziation der Produzenten.

2001 • 234 Seiten • 18,00 • • 3-924627-75-4

Eugen Paschukanis
**Allgemeine Rechtslehre und Marxismus**
Versuch einer Kritik der juristischen Grundbegriffe

„Ähnlich wie der Reichtum der kapitalistischen Gesellschaft die Form einer ungeheuren Anhäufung von Waren annimmt, stellt sich die ganze Gesellschaft als eine unendliche Kette von Rechtsverhältnissen dar." Diese Paraphrase des ersten Satzes aus dem Marxschen *Kapital* macht bereits deutlich, daß Paschukanis seine Staatskritik als Beitrag zur Kritik der politischen Ökonomie verstanden wissen wollte. Er enträtselt die hinter dem Rücken der tätigen Subjekte sich vollziehende Entstehung des Allgemeinwillens – die *volonté generale* – der mehr und anderes ist als die Summe der Einzelwillen. Der Staat als Konkretisierung der abstrakten Allgemeinheit ist kein Ergebnis eines bewußt geschlossenen Gesellschaftsvertrages, sondern der politische Ausdruck des gesellschaftlichen Verhältnisses der Warenproduktion.

2003 • 204 Seiten • 17,00 EUR • 3-924627-79-7

**ça ira**

postfach 273
79002 freiburg
0761 / 37939
info@isf-freiburg.org
www.isf-freiburg.org

Initiative Sozialistisches Forum
## Das Konzept Materialismus
Pamphlete, Flugblätter, Traktate

„Der revolutionäre Materialismus oder auch: kritische Kommunismus der Gegenwart hat die Erfahrung der Shoah und hat die Geschichte des Nazifaschismus nicht einer wie immer auch kritisch gemeinten Gesellschaftstheorie anzuhängen und aufzukleben, sondern er hat diese Erfahrung vollendeter Negativität in das Innerste seiner Kategorien aufzunehmen und zu reflektieren. Jedweder 'Marxismus', der sich weigert, auf diesen Zeitkern der Wahrheit zu reflektieren, ist Müll. Kein Materialismus ist noch denkbar, der dies nicht im Herzen der Kritik der politischen Ökonomie zu bedenken hätte. Es geht darum, der katastrophalen Entfaltung des Kapitals zu seinem Begriff, der Barbarei, kritisch inne zu werden."

*Aus dem Inhalt*

Postmoderne – der Spiritualismus der (deutschen) Barbarei • Materialismus und Barbarei • Werwolf und Djihad. Die Zerstörung des World Trade Center und der barbarische Untergang der bürgerlichen Gesellschaft • *Prêt à penser: Die Postmoderne als intellektueller Präfaschismus* (1) Philosophie für Friedhofsschänder. Mit einem Beitrag von Victor Farias (2) Gegen die Heideggerisierung der Linken (3) Schadroneure und Empiristen (4) Die Postmoderne wird kritisch. Mit Heidegger gegen das „Züchtungs- und Disziplinierungsprogramm" des Humanismus (5) Linksdenke in Frankfurt • *Feuilleton* • *Bilanz:* Das Konzept Materialismus • und anderes mehr.

*Weitere Veröffentlichungen der ISF bei ça ira*

Das Ende des Sozialismus, die Zukunft der Revolution. Analysen und Polemiken (1990); Schindlerdeutsche. Ein Kinotraum vom Dritten Reich (1994); Der Theoretiker ist der Wert. Eine ideologiekritische Skizze der Wert- und Krisentheorie der Krisis-Gruppe (2000); Furchtbare Antisemiten, ehrbare Antizionisten. Über Israel und die linksdeutsche Ideologie (2., erw. Auflage 2002); Flugschriften. Gegen Deutschland und andere Scheußlichkeiten (2001).

ça ira
postfach 273
79002 freiburg
0761 / 37939
info@isf-freiburg.org
www.isf-freiburg.org

Herbst 2008 • 160 Seiten • ca. 13,50 EUR • 3-924627-90-8

Willy Huhn
**Der Etatismus der Sozialdemokratie**
Zur Vorgeschichte des Nazifaschismus

Der Essay von Willy Huhn gehört zu den Klassikern einer linken, nicht parteikommunistischen Kritik der offiziellen sozialdemokratischen Arbeiterbewegung. Huhn stellt ideologiekritisch dar, wie es zur Staatsfixierung und am Ende zur Verstaatlichung der SPD kommen konnte. Er untersucht die Staatsphilosophie Ferdinand Lassalles, des Begründers der Sozialdemokratie, stellt dar, inwieweit Karl Kautsky die Marxsche Staatskritik im Streit um die Verstaatlichung der Schlüsselindustrien mißverstand, und greift die These holländischer Rätekommunisten auf, die die Sozialdemokratie als prinzipiell obrigkeitshörige und staatssozialistische Partei begriffen. Damit bewegt sich Huhn an den Wurzeln der heutigen Sozialdemokratie als der „Volks-Partei" des Godesberger Programms und zeigt auf, daß sich alle über die Möglichkeiten der SPD, Real- und Reformpolitik treiben zu können, gründlich irren – auch in der Berliner Republik.

*Inhalt*

*Clemens Nachtmann:* Die deutsche Sozialdemokratie als Partei des „Nationalsozialismus". Über Willy Huhns Überlegungen zum totalen Staat – *Willy Huhn:* Die Lassalle-Legende • Der Streit um den Staatssozialismus • Vom Sozialistengesetz zum Kriegssozialismus • Die Ideen von 1914 und die Folgen – Willy Huhn: • Bilanz nach zehn Jahren (1929–1939) • Willy Huhn: Karl Marx gegen den Stalinismus • *Christian Riecher:* Willy Huhn (1909–1970) • *Joachim Bruhn:* Avantgarde und Ideologie. Nachbemerkung zum Rätekommunismus • *Ralf Walter:* Bibliographische Information

2003 • 224 Seiten • 18,00 EUR • 3-924627-05-3

Assoziation Antideutscher Kommunisten (Hg.)
**Antideutscher Katechismus**
2003 • 32 Seiten • 1,00 EUR • 3-924627-82-7
Eine lehrreiche Posse über die deutsche Linke, wie sie ist und wie sie nicht bleiben sollte.

ça ira
postfach 273
79002 freiburg
0761 / 37939
info@isf-freiburg.org
www.isf-freiburg.org

Léon Poliakov
## Vom Antizionismus zum Antisemitismus

Dieses Pamphlet Léon Poliakovs, des Autors der achtbändigen „Geschichte des Antisemitismus", beschreibt die Karriere des Antizionismus seit Lenin. Was zu Beginn als Kritik des jüdischen Nationalismus auftrat, verwandelte der stalinsche „Sozialismus in einem Land" nach und nach zum Tarnwort des sowjetischen Antisemitismus. Poliakov denunziert die Feindschaft gegen Israel als – gerade unter den Linken – moderne Form des Antisemitismus. – *Aus dem Inhalt:* Zionismus und Sozialismus vor der Oktoberrevolution • Die groben Säuberungen • Das Zeitalter der Verfolgung • Der arabische Nationalismus • Der Sechs-Tage-Krieg und seine Folgen in Frankreich • Der Fall Polen • Zur Logik des bundesdeutschen Antizionismus. Mit einem Vorwort von Detlev Claussen und einem Beitrag von Thomas Haury

2. Auflage 2007 • 160 Seiten • 9 • • ISBN: 3-924627-31-2

Emile Marenssin
## Stadtguerilla und soziale Revolution
Über den bewaffneten Kampf und die Rote Armee Fraktion. *Mit einem Vorwort von Joachim Bruhn*

Emile Marenssins Broschüre erschien erstmals 1972, vor der Verhaftung des „historischen Kerns" der „Baader-Meinhof-Bande", und kursierte als „graue Literatur" in deutscher Übersetzung. Marenssin, radikaler Situationist der Schule Guy Debords, kritisiert die Lebenslüge der RAF, die Abschaffung von Ausbeutung und Herrschaft ausgerechnet mit den Mitteln einer Herrschaftsideologie, mit dem Marxismus-Leninismus, in die Wege leiten zu wollen – aber „die Leninisten sind die Clochards der Geschichte."

*Aus dem Inhalt:* Die autonome Akkumulation des Kapitals • Die Landguerilla • Von Marx zu Lenin • Lenin und der Terrorismus • Die Stadtguerilla • Der Mai '68 • Die Praxis der Bewegung und ihre ökonomische Basis • Die Epoche der kommunistischen Revolution • Die Strategie des Kommunismus

ça ira
postfach 273
79002 freiburg
0761 / 37939
info@isf-freiburg.org
www.isf-freiburg.org

2. Auflage 2007 • 140 Seiten • 13,50 EUR • 3-924627-55-X

**BAHAMAS**

Der Antiimperialismus ist ein Meister aus Deutschland: Die Verständnisinnigkeit, ja die kaum verhohlene Begeisterung, die insbesondere das sozialdemokratisierte deutschfreundliche Europa dem brachialen Antisemitismus und dem zivilisationsfeindlichen Kollektivismus, wie ihn der Djihadismus propagiert und praktiziert, entgegenbringt, läßt nur einen Schluß zu: Der antiwestliche Krieg spricht ihm aus der Seele. Im Djihadismus findet es alle Ingredienzen des historischen „deutschen Weges" (Schröder); jene Ingredienzen, die von Beginn an das ausmachen, was deutsch ist: die Installation des Kapitalismus nicht durch sondern gegen das Bürgertum; Konkurrenzfähigkeit ohne Krise, Frieden ohne Freiheit, Gemeinschaft statt Gesellschaft, die Feindseligkeit gegen die Individuation, die Verteidigung der Regression als höhere Kulturstufe; allgemein gesagt: der Affekt gegen das Fremde, Unordentliche, Vermischende, gegen Liberalismus, Tauschbeziehungen, Abstraktheit, Kritik und Aufklärung, und die selbstbezügliche Liebe zum Hergebrachten, Kindlichen, Vorbegrifflichen, zur fraglosen Autorität.

**Die BAHAMAS erscheint 3 bis 4 mal im Jahr.
Sie kostet pro Heft 4 EUR (auch Briefmarken).
Das aktuelle Heft oder Nachbestellungen bei:**

BAHAMAS, Postfach 62 06 28, 10796 Berlin
Telefon: 030 / 623 69 44
mail@redaktion-bahamas.org
www.redaktion-bahamas.org

Gerhard Stapelfeldt
**Der Liberalismus**
Die Theorie der bürgerlichen Gesellschaft

Die vorliegende Schrift ist die zweite einer Reihe über die Epochen der bürgerlichen Ökonomie, deren Ziel es ist, das System der bürgerlichen Ökonomie und dessen Geschichte historisch-genetisch darzustellen. Der Liberalismus stellt die erste Epoche dar, in der die bürgerliche Gesellschaft nicht länger nur in der Form der Geselligkeit des Hauses wie in der Renaissance oder in der Form der politischen Gesellschaft wie in der Epoche des Merkantilismus und Absolutismus existiert, sondern als Gesellschaft verselbständigt ist. Diese Verselbständigung erfolgt in der Form der Ausdifferenzierung des „Tauschwertes" (Adam Smith). Auf diese Weise wird die bürgerliche Ökonomie zum ersten Male zu einem sich reproduzierenden System, das zu seiner Existenz keiner nicht-kapitalistischer Weltregionen mehr bedarf: zu einem Weltsystem.

Die Darstellung wendet sich sowohl gegen die instrumentalistische Lesart der klassischen Politischen Ökonomie durch die Sozialwissenschaften als auch gegen die Verkürzung dieser klassischen Gesellschaftstheorie auf eine Fachwissenschaft durch die Wirtschaftswissenschaften. Im Mittelpunkt steht die kritische Diskussion der Politischen Ökonomie – der Gesellschaftstheorie – Adam Smith's, in der der liberale Kapitalismus zuerst expliziert worden ist, und die Fortentwicklung der liberalen Wissenschaft der Politischen Ökonomie durch David Ricardo. Dabei zeigt sich, daß der Liberalismus sein Selbstbewußtsein erst durch die Kritik erlangt – weshalb ausführlich auf die Marxsche Kritik an Adam Smith, David Ricardo und Samuel Bailey eingegangen wird. Dabei steht naturgemäß die Werttheorie im Mittelpunkt, an deren sachliche Tragweite in diesem Buch erinnert wird: das prekäre Verhältnis von liberaler Utopie und realer Fortdauer der Gewaltgeschichte.

**ça ira**
postfach 273
79002 freiburg
0761 / 37939
info@isf-freiburg.org
www.isf-freiburg.org

2007 • 520 Seiten • 29 EUR • 3-924627-78-9

Bereits erschienen: *Der Merkantilismus. Die Genese der Weltgesellschaft vom 16. bis 18. Jahrhundert*